D0789772

Laura RESTREPO

Historia de un entusiasmo

punto de lectura

Laura Restrepo nació en Bogotá en 1950. En 1986 publicó su primer libro, *Historia de un entusiasmo* (Aguilar, 2005), al que le siguieron *La Isla de la Pasión* (1989; Alfaguara, 2005), *Leopardo al sol* (1993; Alfaguara, 2005), *Dulce compañía* (1995; Alfaguara, 2005), *La novia oscura* (1999; Alfaguara, 2005), *La multitud errante* (2001), *Olor a rosas invisibles* (2002; Alfaguara, 2008), *Delirio* (Premio Alfaguara 2004) y *Demasiados héroes* (Alfaguara, 2009). Sus novelas han sido traducidas a más de veinte idiomas y han merecido varias distinciones, entre las que se cuentan el Premio Sor Juana Inés de la Cruz de novela escrita por mujeres; el Premio Alfaguara de Novela 2004; el Prix France Culture, premio de la crítica francesa a la mejor novela extranjera publicada en Francia en 1998; el Premio Arzobispo Juan de Sanclemente 2003, y el Premio Grinzane Cavour 2006 a la mejor novela extranjera publicada en Italia. En la actualidad escribe para el diario *El País* de España y es profesora de la Universidad de Cornell en Estados Unidos.

Laura
RESTREPO

Historia de un entusiasmo

© 1995, Laura Restrepo

© De esta edición:
2010, Distribuidora y Editora Aguilar, Altea, Taurus, Alfaguara, S.A.
Calle 80 No. 9-69, Bogotá (Colombia)

ISBN: 978-958-704-972-5
Impreso en Colombia - *Printed in Colombia*

© Imagen y diseño de cubierta: Ignacio Martínez-Villalba

Impreso en el mes de septiembre de 2010
por Nomos Impresores.

«Siempre habrá un mar para lavar el alma»,
escribió desde la prisión el turco Álvaro Fayad.

A su memoria

Divulguen inmediatamente a la opinión pública
que estamos clamando por el cese al fuego… Si no cesa
inmediatamente el fuego habrá una hecatombe.

ALFONSO REYES ECHANDÍA
Presidente de la Corte Suprema de Justicia

La paz es como la felicidad, no
se tiene sino por momentitos.
Uno no sabe que la tuvo sino
cuando ya pasó.

GABRIEL GARCÍA MÁRQUEZ

Si preguntan dónde fue todo eso, díganles que fue
debajo de este cielo. Si preguntan cómo fue todo eso,
díganles que fue para que todos seamos hermanos y
para que cada uno haga lo que le dé la gana.

EL LIBRO DE LOS INDIOS KOGI

Contenido

Prólogo

[nota manuscrita: Esta carta a admiración]

Este libro relata un instante de fervoroso entusiasmo.

[nota manuscrita: (1)] Durante doce extraordinarios meses fue tal el estado de exaltación que se apoderó de nosotros, que no volvimos a comer ni a dormir. Corría 1984 y Colombia iniciaba, por primera vez en la historia de América Latina, una negociación de paz entre el gobierno y las guerrillas insurgentes. En junio de ese año fui nombrada miembro de la comisión negociadora que sirvió de intermediaria entre las partes en conflicto. *[nota manuscrita: Nos eriza la piel]*

A todos los que de una manera u otra participábamos en el proceso nos embargaba la exuberante sensación de que, después de decenios de violencia en nuestra patria, la paz estaba por fin al alcance de la mano. Un soplo de futuro nos erizaba la piel y nos dejábamos arrastrar por la alegría. Nuestras vidas y destinos personales nos parecieron pequeñitos, insignificantes, porque los mirábamos desde lo alto de un edificio de cien pisos, o más alto todavía, desde una de las cumbres de los Andes. Creíamos con ahínco y nos sentíamos dispuestos a mover montañas: *teníamos veinte años, éramos bellos y estábamos convencidos de que nunca íbamos a morir.* Aquel fue un momento tan estremecedor para miles de colombianos, incluyéndome a mí, que el mismo día en que se eclipsó dejamos de ser jóvenes.

[nota manuscrita: (1) 10 años diez]

13

Me es difícil describirle tal estado de exaltación y ebriedad a quien no lo haya experimentado alguna vez. Me es difícil explicármelo aun a mí misma, años después, cuando no lo siento con igual nitidez. Mirando hacia atrás se me aparece como un fulminante trance colectivo: colorido y frenético como un carnaval.

Y como todo carnaval, refundida entre la alegría y vitalidad de sus comparsas, tuvo siempre presente a la muerte. Reconozco que ella también cumplió su parte, exacerbando hasta el extremo, con su posibilidad inminente, todo lo que le era antagónico: la aventura, el valor, la juventud, el amor, el deslumbramiento de estar vivos.

Si no se miran al calor de esta llamarada, si se los mete en formol y se los coloca sobre la mesa de disección, muchos de los hechos que aquí se narran pueden parecer disparatados, contradictorios y absurdamente audaces, como los pases de un torero inspirado pero inexperto.

Nunca pude mantener una actitud distante frente a lo que acontecía; me fascinaba y me dolía demasiado. Fui escribiendo este libro en caliente, en el escenario de los hechos, sobre tiquetes de avión y servilletas, y lo terminé en el exilio, hirviendo de indignación y angustia, cuando en Colombia se cerraba el ciclo con un baño de sangre que acababa con la vida de casi todos sus protagonistas. De ahí su título original: *Historia de una traición*.

Recién aparecido se dijo que era un libro subjetivo, parcial, que pasaba por alto incontables errores de los rebeldes y que se negaba a reconocer las razones de la contraparte. Todo eso debe ser cierto. No está escrito con la neutralidad periodística que tanto se alaba. Pero sí con honestidad, con documentación estricta, testimonios auténticos, vivencia directa de los hechos y profundo respeto por estos.

Al releerlo tantos años después, lo que más fuerte me vuelve al alma no es el recuerdo del trágico final, sino el sabor de un entusiasmo que hace tiempo no sentimos tan intenso. Por eso he querido cambiarle el nombre por el de *Historia de un entusiasmo.* Preciosa palabra esa, entusiasmo, que encierra el vocablo griego θεος —Dios— y que significa «fogosidad de ánimo debido a la presencia divina».

Salud, pues, al entusiasmo de entonces, para que cuando regrese nos encuentre otra vez jóvenes, alertas y dispuestos.

Belisario

De un lado de la mesa de juego está la guerrilla. No es la primera vez que entra a discutir la posibilidad de la paz con el gobierno de turno, y hace ya tres años que las diferentes agrupaciones, bajo diversas fórmulas, levantan la consigna de la amnistía. Son, pues, ellos, los alzados en armas, los que han barajado y repartido las cartas.

El jugador ubicado al otro lado de la mesa es el presidente de la República, Belisario Betancur. Tampoco es el primer presidente que se mete con el tema. De hecho, lo heredó de su antecesor, Julio César Turbay Ayala, quien, después de un agitado amanecer en su palacio, cuando fue despertado a morterazos por una guerrilla que exigía la paz, tuvo que presentarle al país un par de proyectos de amnistía, buscando que actuaran como válvula de escape para la recalentada caldera en que se había convertido el país, donde bullían las detenciones y los allanamientos, los consejos verbales de guerra, la tortura, las desapariciones y la impunidad para los grupos paramilitares. Sin embargo, la propuesta de amnistía de Turbay fue tan burda que nunca fue tenida en cuenta, ni por los militares ni por los guerrilleros, ni siquiera por el propio gobierno que a pesar suyo se veía obligado a sacársela de la manga.

De esta caricatura de amnistía quedó, sin embargo, una semilla. Surgió una primera Comisión de Paz, sugerida y después encabezada por el ex presidente Carlos Lleras Restrepo, quien tomó la iniciativa para entablar conversaciones con los guerrilleros del M-19, cuya plana mayor estaba casi toda recluida en la cárcel de La Picota. Esta comisión, aunque no llegó a concretar acuerdos, sí contribuyó a crear el clima necesario para que en las elecciones presidenciales de 1982, la paz fuera el eje obligado de todas las candidaturas. De ellas, la que triunfó fue la de Belisario Betancur, quien, una vez electo, retomó el tema de la paz de ese incipiente punto de partida y puso el pie en el acelerador.

¿Quién era ese hombre que desde la presidencia se animaba a agarrar por los cuernos al toro bravo de la guerra y que se jugaba su prestigio en una delicada operación política que incluía una amnistía operante, una tregua entre los guerrilleros y el ejército y alentadoras promesas de paz? ¿Cómo lo veían los colombianos en el momento en que se jugó el todo por el todo a esta carta, o sea entre marzo y agosto de 1984? Una imagen congelada en ese preciso momento lo mostraría así:

Conservador por convicción y por ataduras orgánicas al partido del mismo signo, tenía sin embargo Belisario Betancur cierta aureola de independencia. En un país donde los políticos tradicionales, desde el momento mismo en que nacen, salen liberales o conservadores, como quien sale hombre o mujer, Betancur se daba el lujo de permitirse un margen de maniobra que lo colocaba un tanto por encima de su propio partido. Unos centímetros solamente, pero eso ya era toda una novedad. A través de su larga carrera política, que incluía tres candidaturas previas frustradas, había ido centrando su discurso en la necesidad de un gobierno de carácter nacional y no partidista, discurso que machacó hasta que en el 82 logró vendérselo a los votantes, de tal manera que la mayoría que se inclinó a su favor provino no sólo del conservatismo, sino también del liberalismo, del populismo y aun de la izquierda.

Al llegar a la presidencia, Betancur, con su sólido empaque de antioqueño emprendedor, logró con los colombianos lo que no había logrado ninguno de los que lo habían precedido en palacio: que lo quisieran y que le creyeran. En un país envenenado contra los políticos y acostumbrado a confiar más en el diablo que en ellos, consiguió que la gente lo considerara bueno y honesto; a pesar de estarse enfrentando a un pueblo resabiadamente abstencionista y marcado por la orfandad política, se las arregló para recuperar el poder para un partido minoritario, presentando una imagen acogedora y paternal. Un patriarca: eso era para los colombianos Belisario, sin el «Betancur», porque así era como le decía la gente; primero porque alguien con tan inverosímil apelativo no necesitaba apellido, y segundo porque a los abuelos se los llama así cariñosamente.

Cierta magia en el trato con las masas, sumada desde luego a un manejo hábil y científico de los medios de comunicación, ayudaron a que se produjera el fenómeno. En los momentos más difíciles el presidente aparecía en televisión, y bastaba su voz de confesor de cabecera, sus gestos de Papá Noel y su tono campechano, para que sus compatriotas se sintieran invadidos por un cierto efecto tranquilizador.

Además Belisario, rompiendo la tradición de presidentes hijos de ex presidentes, era, como él mismo acostumbraba recordarles a los colombianos en sus arrulladoras charlas con ritmo de bambuco, el hijo del arriero de Amagá, y proyectaba la imagen del hombre que tuvo que compartir el seno materno con veinte hermanos, espartano proceso de selección natural que mató a diecisiete de ellos de cólico miserere, mientras él y otros tres sobrevivían en un rancho con macetas de geranios a la orilla de la carretera, correteando vagones para venderle a los pasajeros rodajas de piña y quesillo fresco, y después hasta la madrugada tarareando boleritos con voz infantil mientras repartía aguardiente de mesa en mesa para ayudarle a su padre, porque en sus épocas sedentarias el arriero de Amagá ejercía el oficio de cantinero. De adolescente siempre fue el primero de la clase, aunque la pobreza de la familia lo obligara a depender de una beca de los curas y a dormir en los bancos de los parques. Más adelante fue destacado y distinguido alumno de la facultad de derecho, de día, y de noche seductor de bailarinas, bohemio de cafetín, tango y vino tinto, o insomne traductor de Kavafis, alternativamente. Después, ya de grande, fue periodista libertario, próspero hombre de negocios y presidente de la República, sucesivamente.

¿Quién, si no alguien exactamente así, podía hablar de paz, y lograr que le creyeran? Sobre todo lograr que le creyeran, porque hablar, lo habían hecho también los demás. Lo había hecho por ejemplo el ex presidente Alfonso López Michelsen al postularse para la reelección, planteando el problema en términos sin duda mejor estructurados y más sesudos de lo que lo hizo su rival electoral, Belisario Betancur. Pero el ademán de estrecharle la mano a un guerrillero montaraz no le cuadraba, ni siquiera visualmente, a López, ese lúcido caballero de humor fulminan-

20

te y exquisito gusto cuyo defecto era no haber nacido en Londres. Claro que López intentó crearse la imagen apropiada para el abrazo interclasista: en el afiche central de su campaña apareció retratado con sombrero vallenato, camisa desabrochada, pañuelo rabo de gallo al cuello y gesto combativo en el rostro. Pero a pesar del esfuerzo del fotógrafo, su inocultable sangre azul traicionó al candidato, y quedó demostrado que aunque un López se vista de arriero, López se queda; antes de imprimirlo, tuvieron que retocar el afiche para borrarle el exclusivo reloj Cartier, claramente detectable en el desafiante puño en alto.

Semejante fiasco no le hubiera ocurrido a Belisario, quien aun de terno oscuro se hubiera visto a tono tomando aguardiente con Tirofijo o con Jaime Bateman y de quien se hubiera podido jurar, aun sin habérselo visto, que usaba reloj Quartz digital de números fosforescentes, el mismo de cualquier taxista que se respete. Lo cual, a la hora de la verdad, no pasaría de ser pura literatura, porque lo que Betancur realmente usaba era un antiguo reloj de bolsillo con leontina de oro, cosa que, por otra parte, no debilita el argumento, pues buena parte del arte y de la ciencia del presidente radicaba en eso, en lograr que todos hubieran perjurado que lo suyo, lo acorde con su estilo y su ideología, era un reloj de taxista.

El reloj con leontina de oro obedecía al hecho de que Belisario, además de ser el hijo del arriero de Amagá, era el socio del Jockey Club de Bogotá, y en el fondo de su ser, al llegar a la presidencia, tenía un 90% de lo segundo mientras que sólo le quedaba un 10% de lo primero. Pero Amagá le había servido para adquirir el *feeling* necesario para hablar de democracia; le había dado el gusto por el aguardiente, la música de carrilera, las bailarinas del espectáculo de variedades, los teóricos marxistas y los poemas de Kavafis, y otra serie de elementos que le permitían compartir un mismo sustrato cultural con los dirigentes guerrilleros con los que se sentaba a hablar de paz.

Además de ser el hijo del arriero y el socio del Jockey, era el humanista que abría las puertas de sus salones a historiadores ingleses, pianistas consagradas y aprendices de zarzuela; que consideraba blasfemia perderse una presentación de la cantante de tango Susana Rinaldi en el Teatro Colón; que tenía por asesor en materias de Estado al premio Nobel de literatura Gabriel García Márquez y se daba el lujo de llamar pintor de la corte a Fernando Botero.

Era también la figura internacional que amparaba bajo su ala al Grupo de Contadora; que ponía de pie a las Naciones Unidas con un vehemente discurso de resonancias rubendarianas; que sonaba en Oslo para premio Nobel de la paz. Y era el demócrata que no sólo se paraba de la mesa del rey de España para irse a charlar con un par de guerrilleros colombianos, sino que además, teniendo un hijo militante del maoísmo, en vez de llamarlo hampón y de aplicarle el Estatuto de Seguridad, le decía Diego y jugaba ajedrez con él.

En medio de la trayectoria del humanista, del demócrata, del padre bueno con sus hijos y con su pueblo, había una sombra tenebrosa: la matanza de obreros cementeros, años atrás, en Santa Bárbara, cuando Betancur era ministro de Trabajo del presidente Guillermo León Valencia y ordenó reprimir una huelga. Pero después, en medio de su momento de gloria, esta escena se desdibujaba en la memoria colectiva como si fuera el viejo documental en blanco y negro que precedió a la superproducción en tecnicolor. De vez en cuando alguien decía: «*Remember Santa Bárbara*».

Pero la multitud entusiasmada prefería olvidar el dato incómodo de que había sangre en el pasado de su presidente bondadoso.

El *quid* del éxito de Belisario Betancur parecía radicar en el hecho de que en él se conjugaban el hombre y su circunstancia: el candidato elegido se ajustaba al tipo de gobierno necesario para un momento de crisis interna y de fuerte propensión a que el descontento social se transformara en explosiones; momento de ebullición de guerras y procesos revolucionarios en el entorno internacional.

Betancur era, entre los candidatos barajados, el más indicado para realizar el intento de desactivar el detonante aproximándose a él en actitud conciliadora. De John Kennedy se decía que era el presidente más izquierdista que podían tolerar los Estados Unidos; de Belisario habría que decir que era el presidente más izquierdista que podían tolerar las altas esferas económicas, políticas y militares colombianas.

Al inicio de su gobierno, Belisario optó por ubicarse frente al panorama nacional como una especie de gran árbitro, determinando las reglas del juego y sacándoles tarjeta amarilla o roja a quienes no las observaban. Se situó por encima, como el Zeus olímpico, para controlar desde allá las relaciones entre las clases sociales, entre las colectividades políticas, entre el ejército y la guerrilla. Y así, manejando el tinglado pero sin enredarse en él, empezó a orquestar su jugada maestra, que consistió en seguirle el juego a la guerrilla en su propuesta de amnistía y tregua, apoyándose en los de abajo cada vez que su política incomodaba a los de arriba, y buscando soporte en los de arriba cuando subía la marea del descontento y la protesta por abajo.

Quiso hacer del problema de la paz el principal interés del Estado, entendiéndolo literalmente como lo que era, un asunto de vida o muerte. Como si al leer las *Memorias de Adriano*, de su escritora de cabecera, Marguerite Yourcenar, el nuevo presidente colombiano, quien era hombre propenso a dejarse llevar por la literatura, hubiera quedado hechizado por las palabras del emperador romano: «Traté de infundir a aquellas negociaciones todo el ardor que otros reservan para el campo de batalla; forcé la paz».

Así empezó su gobierno Belisario Betancur: como agente alado de la historia. ¿Qué pasó después?

Inventario de una guerra irregular

Si de un lado de la mesa de juego hay un hombre, el presidente, del otro lado hay siete mil. Son los siete mil hombres armados que conforman la guerrilla más antigua de América Latina, la colombiana; dividida en diez grupos distintos, de desarrollo exclusivamente rural y crecimiento aritmético hasta 1974, fecha en la cual empieza a multiplicarse también en las ciudades.

DIRIGENTES. Charro Negro, el cura Camilo, Tirapavas, Guaracas, el Comandante Uno, Balín, Pedro Brincos, La Chiqui, los hermanos Vásquez Castaño, los gemelos Calvo, Tirofijo... son unos pocos de la larga lista que va desde los ya sesentones «históricos» de Marquetalia hasta los comandantes de dieciséis años de Yarumales; desde supervivientes cualificados de la Violencia hasta doctorados en universidades extranjeras; desde maestros de escuela hasta niños de bien de la rancia aristocracia; desde ex parlamentarios anapistas hasta hijos de pájaros conservadores.

IDENTIKIT:
FARC - EP. Fuerzas Armadas Revolucionarias de Colombia, Ejército Popular. Ideológicamente se identifica

con el Partido Comunista. Con sus treinta y cinco años de lucha, es la más antigua de la guerrillas revolucionarias. Surge en el campo como desarrollo de la Violencia de los años cincuenta. Con aproximadamente tres mil hombres-arma, es el grupo más grande. Está distribuido en pequeños frentes a lo largo del territorio nacional. Su dirigente histórico, un campesino que lleva 36 años en el monte, se llama Manuel Marulanda Vélez y es conocido como Tirofijo. Luego de firmar la tregua con el gobierno de Betancur, las FARC se lanzan a elecciones creando un organismo legal que denominan Unión Patriótica, UP.

M-19. Movimiento 19 de abril. Se identifica como guerrilla nacionalista y como democracia en armas. Surge en 1973 como confluencia de ex militantes de las FARC, dirigentes inconformes del movimiento populista Anapo y cuadros cristianos, estudiantiles y profesionales. Llega a tener aproximadamente dos mil hombres-arma, concentrados fundamentalmente en las zonas desarrolladas del occidente del país. En su momento, es el grupo que cuenta con el espectro más amplio de simpatía popular, y el único que logra afianzarse políticamente en las ciudades. Su dirigente histórico, un costeño llamado Jaime Bateman Cayón, muere en el 82, a los 44 años, en un accidente de aviación. Lo reemplaza un equipo de cinco hombres, todos ex universitarios o profesionales: Iván Marino Ospina, Álvaro Fayad, Carlos Pizarro, Antonio Navarro Wolf y Gustavo Arias Londoño.

ELN. Ejército de Liberación Nacional. Grupo marxista inicialmente ligado a la Revolución cubana, hoy independiente. Nace en 1963 y tiene su época de auge cuando se vinculan a él el sacerdote Camilo Torres y su movimiento. Desde entonces mantiene una estrecha ligazón con el cristianismo revolucionario. Su dirigente histórico, Fabio Vásquez Castaño, después de un negro recorrido, abandona la lucha armada. Hoy (1986) existe una dirección nueva que trabaja desde la clandestinidad, de la cual el único miembro que se conoce es otro sacerdote, Manuel Pérez. En este momento tiene aproximadamente ochocientos hombres-arma, afianzados en el Magdalena Medio y en la frontera con Venezuela.

EPL. Ejército Popular de Liberación. Marxista leninista, inicialmente maoísta, surge como escisión del Partido Comunista. Se estructura como brazo armado de un partido político, el Partido Comunista marxista leninista. Sus fundadores son asesinados por el ejército en los primeros años de actividad. Con cerca de seiscientos hombres-arma, tiene fuerza en Córdoba y Antioquia. Su máximo dirigente, Francisco Caravallo, es un hombre a quien la opinión pública no conoce. Las cabezas visibles son dos hermanos gemelos: el uno, Óscar William Calvo, representa el partido; el otro, conocido como Ernesto Rojas, es comandante militar de la organización guerrillera.

(Existen además otros grupos guerrilleros menores.)

HOJA DE VIDA. Meses de resistencia en zonas campesinas cercadas y bombardeadas por el ejército cuando Marquetalia; ajusticiamiento por «veredicto popular» de un burócrata sindical; treinta días de guerra del fin del mundo en el páramo helado de Yarumales; asesinato del general en ejercicio Rincón Quiñónez; «serenata presidencial» con morterazos a palacio; negociación de un pliego de peticiones con el gerente secuestrado durante la huelga de Indupalma; combate naval desde el barco *Karina*; invasión desde el exterior que se frustra al desembarcar en territorio nacional; tráfico aéreo de armas en un avión de Aeropesca; toma durante dos meses de una embajada con 13 embajadores dentro; feroces purgas internas; cobro de millones de dólares por el secuestro de la hija de un capo de la mafia; cobro de millones de pesos por el rescate de muchas otras personas; propuesta de paz que define la vida política del país; robo de la espada del Libertador Simón Bolívar; sustracción, a través de un túnel, de un arsenal de cinco mil fusiles del ejército; pérdida de la casi totalidad de esos cinco mil fusiles al ser recuperados por el ejército; una bomba que vuela una torre de comunicaciones de la Policía; diecisiete bombas, colocadas en tanques, que no estallan; bombas que estallan y matan civiles, bombas que estallan y matan a quienes las colocan; tacos de dinamita que revientan los oleoductos de las grandes compañías petroleras; claveles colocados en la boca de los fusiles en tregua; guerras a muerte contra los disidentes; entrevistas en el exterior con el presidente de la República; actos masivos que llenan las plazas públicas; saturación del territorio nacional con frentes guerrilleros; movilización de las barriadas marginales con milicias y campamentos urbanos; participación en una campaña electoral; mil emboscadas; mil atentados, decenas de ataques contra cuarteles; toma de una ciudadela industrial; toma de una capital de departamento; secuestro de un banquero en el Ecuador; toma de un pueblo en Venezuela; toma de otros cien pueblos.

CONTEXTO INTERNACIONAL. Número en aumento de victorias guerrilleras sobre los ejércitos regulares. La primera se da en China en 1948. En 1959 se repite en Cuba, más adelante en Argelia, y entre 1975 y 1980 se desata en una cadena de países: Vietnam, Laos, Camboya, Mozambique, Angola, Nicaragua, y Zimbabwe…

De las decenas de países donde el conflicto social y político es particularmente crítico, en veintiocho de ellos las organizaciones guerrilleras constituyen la principal fuerza de oposición, y son el más serio reto para la estabilidad del gobierno. Entre ellos se cuenta Colombia.

PRESENCIA NACIONAL. Antes de asumir la presidencia, siendo ya candidato electo, Belisario Betancur ordena un sondeo para recoger la opinión del país sobre la guerrilla. Más adelante, su ex ministro de Comunicaciones, Bernardo Ramírez, revela que, según los resultados de tal sondeo, un 80% de los colombianos son simpatizantes, tolerantes o indiferentes frente al fenómeno, y que sólo un 20% se pronuncia tajantemente en contra. Según Ramírez, este es el dato que le hace tomar la decisión a Betancur de centrar su política en una propuesta de paz.

Posteriormente, hacia finales del año 84, cuando ya se ha firmado la tregua, el Instituto de Estudios Liberales encarga una encuesta en las cuatro ciudades principales del país para registrar la opinión «positiva» o «negativa» que suscitan los grupos guerrilleros que han firmado el acuerdo. Esta revela que el porcentaje de respuestas favorables es el siguiente: por el M-19 el 36,4%; por las FARC 14%; por el EPL el 10,4%. No hay encuesta que señale el porcentaje de opiniones positivas en el campo.

PARTE DE GUERRA. ¿Qué tan explosiva era la situación social y política colombiana en el momento en que se firmó la tregua? Algunos personajes de la escena nacional contestaban a esa pregunta así:

General Miguel Vega Uribe, ministro de Defensa encargado: «¿Que si estamos en guerra? ¿Y me lo preguntan a mí, que vengo de enterrar a uno de mis subtenientes? Pero no hay que exagerar, se trata de una guerra subversiva, no de una guerra regular».

Jaime Castro, ministro de Gobierno: «Debemos lograr la paz para evitar una guerra civil».

Carlos Jiménez Gómez, procurador general de la nación: «Vivimos en medio de un conflicto que amenaza al país como una hoguera».

Antonio Navarro Wolff, dirigente del M-19: «Aquí no hay una guerra civil generalizada, pero estamos más cerca de ella que nunca».

Gabriel García Márquez, premio Nobel de literatura: «Colombia está en guerra y nadie quiere aceptarlo».

General Gustavo Matamoros, ministro de Defensa: «Ni nos derrotan ni los derrotamos».

Perdón y olvido

El primer paso indispensable para poner en práctica la nueva política de paz era hacer borrón y cuenta nueva frente al periodo de guerra de la era Turbay. Tal como hasta entonces venían las cosas, los guerrilleros no tenían otro *status* jurídico que el de delincuentes comunes, y se encontraban, o bien ocultos en la clandestinidad urbana o en el fondo de la selva, o bien detrás de las rejas. Para empezar a negociar con ellos era necesario quitarles de la frente la marca de Caín, reconocer el carácter político y no delictivo de su actividad y dejarlos a paz y salvo con la justicia. Esta compleja movida quedaba resumida en una sola fórmula: la ley de amnistía.

Este no era, en absoluto, un tema nuevo. Por el contrario, si de algo estaba plagada la historia del país era de amnistías, al punto de que los estudios contabilizaban entre treinta y cuarenta, desde aquella que negoció Berbeo, el capitán comunero, cuando estaba con su tropa en las puertas de Santa Fe, hasta aquella otra, perdida en la memoria no escrita de las FARC, mediante la cual don Manuel Marulanda, en algún momento de los años cincuenta, en algún lugar del Tolima, dejó temporalmente el fusil para ocupar un impreciso puesto de empleado del Ministerio de Obras Públicas, que bien pudo ser el de volquetero, o el de jefe de cuadrilla de trabajadores de la carretera.

La amnistía volvió a cobrar vida como debate nacional en el año 80, cuando 15 guerrilleros del M-19 sorprendieron a 13 embajadores —entre ellos el de Estados Unidos y el Nuncio Apostólico— en medio de algún brindis en una recepción en la Embajada Dominicana, se tomaron la casa y durante dos meses mantuvieron la toma y retuvieron a los rehenes, exigiendo a cambio un avión a Cuba y la libertad de los 314 presos políticos que ocupaban las cárceles durante el gobierno de Turbay. Inicialmente el presidente puso oídos sordos a los tratos propuestos por La Chiqui, la guerrillera encapuchada que salía a negociar, argumentando que satisfacer demandas hechas con fusiles y rehenes equivalía a violentar en forma irreparable el orden constitucional. Sin embargo, después de dos meses de soportar tanto las presiones de los 13 gobiernos afectados, como la arrolladora campaña de la prensa nacional e internacional que lo señalaba como violador de los derechos humanos, permitió la salida del país del grupo de embajadores y guerrilleros, después de que estos últimos recibieran la suma de un millón de dólares por concepto del rescate. A los 314 presos políticos, sin embargo, no les permitió abandonar sus celdas, y así, en esa ocasión, no hubo libertad ni hubo amnistía. Pero el tema empezó a rodar como bola de nieve, y se convirtió en el peor dolor de cabeza del presidente y en la principal consigna del periodo.

Por ese entonces, el veterano y reconocido dirigente socialista Gerardo Molina y el conservador Alfredo Vásquez Carrizosa, eterno defensor de los derechos humanos, pusieron sobre la mesa una propuesta concreta de amnistía y se convirtieron en portavoces de la preocupación generalizada por la suerte de los presos políticos y por la polarización extrema que en esos días amenazaba con descuartizar al país.

El gobierno debió ponerle la cara a la situación y presentó un proyecto de amnistía que al mismo tiempo que se discutía públicamente en las cámaras, se consultaba secretamente, a través de intermediarios, con Jaime Bateman, principal dirigente del M-19. Pero el presidente Turbay se movía con criterios estrechos, y ante la presión por que le diera piso real, y no formal, a su amnistía, contestó contraatacando y acusando hasta al propio ponente del proyecto oficial de estar sirviendo de agente inconsciente de la guerrilla.

Finalmente Turbay Ayala y el Congreso optaron por ensayar una jugada política que consistía en aprobar una amnistía inoperante, sin posibilidades prácticas de aplicación, pero que podría servir para limpiar imagen. Expidieron entonces una ley según la cual las Fuerzas Armadas abrían un compás de espera de 30 días, durante los cuales harían un cese unilateral de operaciones. Si durante ese lapso los guerrilleros entregaban las armas, quedarían cobijados por la amnistía y se les concedería la libertad a sus presos.

La respuesta del M-19 fue inmediata, y esta vez, como tantas otras a lo largo de esta historia, la realidad copió a la literatura. En un pasaje de *Cien años de soledad* un capitán le frece a una muchedumbre de huelguistas cinco minutos para retirarse, y antes de que venza el tiempo advierte: «Un minuto más y se hará fuego». Nadie se mueve, y en medio de la tensión y el silencio que preceden a la masacre, alguien entre la masa grita: «¡Cabrones! Les regalamos el minuto que falta». El telegrama que le enviaron los presos políticos de La Picota a Julio César Turbay, a manera de respuesta a su propuesta de amnistía, decía más o menos lo mismo: «Señor presidente, le regalamos sus 30 días».

Al término de la administración Turbay, Belisario Betancur, al ser elegido, rescató lo que pudo del naufragio de la amnistía turbayista, dándole nuevo contenido y nuevo impulso al proyecto. Se elaboraron ponencias y contraponencias, los congresistas se agotaron en la discusión infinita y durante un par de meses el país entero no habló de otro tema.

Pese a la buena voluntad presidencial, en la formulación de la ley aparecieron dos nudos ciegos que no cedían a pesar de las muchas vueltas que se les daban. Uno era el de los llamados «delitos conexos»: el otro, el de la entrega de armas por parte de los alzados.

Era sencillo decretar una amnistía que abarcara los «delitos políticos» —es decir, los que atentan contra el orden institucional: la rebelión, la sedición y la asonada— y que excluyera cualquier acción colateral que estos pudieran arrastrar consigo. Pero como la guerra contra un Estado y su ejército implica además tiros, muertos, secuestros, incendios y saqueos, era difícil que alguien incurriera en la rebelión, la sedición y la asonada en forma pura, sin embarrarse con «delitos conexos». El gobierno de Turbay pretendió amnistiar los delitos políticos pero no los conexos, lo cual equivalía a absolver los pecados capitales pero no la envidia, la lujuria, la gula, la ira, ni la soberbia. Para entender que esta fórmula no le servía a la guerrilla, bastaba con recordar que hasta Manuel Marulanda cargaba, desde su participación en la llamada «matanza de Inzá», un rosario de condenas por delitos conexos.

En medio del enredo, el presidente envió una carta al Congreso fijando su posición personal al respecto: quedarían cobijados todos los delitos conexos, salvo los «atroces». Este pronunciamiento, que parecía ser la última palabra sobre el tema, resultó ser, en cambio, la fuente de una nueva polémica bizantina. Todo el mundo empezó a opinar sobre la frontera entre la atrocidad tolerable y la intolerable. ¿Había sido, o no había sido, atroz quemar a una monja entre un carro en un acto terrorista? Sí, había sido atroz. ¿No le quitaba atrocidad el hecho de que los subversivos no supieran que la religiosa se encontraba escondida dentro del vehículo en el momento de prenderle candela a este? Tal vez. ¿Tal vez sí, o tal vez no? El diario *El Siglo* azuzaba la intrincada discusión preguntando desde su página editorial qué tan atroz era, por ejemplo, sacarle un ojo a un niño por motivos políticos, y un alto prelado de la iglesia contribuía a enredar el ovillo exigiendo que entre los delitos atroces no amnistiables se incluyeran las estafas de los grandes banqueros a los pequeños ahorradores, que por esos días eran motivo de escándalo en el país.

Al final, el texto de la ley le puso término a esa babel de argumentos, al incluir todos los delitos salvo «el homicidio fuera de combate, si es cometido con sevicia o colocando a la víctima en situación de indefensión». Tal fórmula permitía que salieran de la cárcel todos los presos políticos, salvo los cuatro o cinco asociados al asesinato del ex ministro de Gobierno Rafael Pardo Buelvas y al del general Arturo Rincón Quiñónez.

Solucionado este escollo, quedaba pendiente el de las armas. En octubre del 82 el senador Germán Bula Hoyos, ponente ante el Congreso del proyecto de amnistía, viajó hasta el Caquetá para pedirle al M-19 que sincopara su lema «Con el pueblo, con las armas, al poder», suprimiendo las molestas e inconstitucionales palabras del medio. El M-19 contestó que no consideraba la posibilidad, porque «lo que hay que entregar no son las armas sino la voluntad de guerra». Ante la misma petición, las FARC respondieron lo mismo: «Nosotros no hemos hablado de disolvernos como grupo armado ni antes, ni ahora, ni después».

Debido a la negativa radical por parte de la guerrilla y al hecho real de que no había medios efectivos para presionar el desarme de unos grupos que no habían sido vencidos militarmente, el gobierno resolvió no menear más ese asunto y reasegurarse más bien por otro lado: al mismo tiempo que votaba una ley de amnistía que no exigía entrega de armas, modificaba un artículo del Código Penal para sancionar más duramente que antes a quien, sin autorización, tuviera cualquier cosa que ver con armas, desde repararlas, hasta dispararlas. Así logró que ese gran problema, que más adelante habría de convertirse en el meollo de todos los conflictos, se quedara por el momento de ese tamaño.

Finalmente, la amnistía fue aprobada, y en el instante en que esto sucedió, el 20 de noviembre de 1982, un estrépito de aplausos y de gritos se oyó en las barras del Senado. Provenía de un grupo de mujeres de chales blancos sobre los hombros. Eran «las Madres». Durante cuatro años habían movido cielo y tierra para ver a sus hijos vivos y libres, y por eso habían aguantado allanamientos e interrogatorios, habían desafiado amenazas y detenciones, habían derrotado el cansancio y la desesperanza, haciendo que todos los jueves sus marchas en silencio se convirtieran en el más sonoro símbolo de la lucha democrática. A ellas se les debía en gran parte ese enorme triunfo popular que era la amnistía. Ese 20 de noviembre las vieron abrazarse unas a otras llorando de alegría.

Días después la ley dio a luz y en el país se abrieron las puertas de las cárceles. La multitud que se apeñuscaba frente a las penitenciarías de La Picota, La Modelo, El Barne, El Buen Pastor, vio salir a 400 hombres y mujeres con maletines y cajas de cartón en una mano y la V de la victoria en la otra, quienes al volver a gritar vivas a la libertad en plena calle, enterraban una época de patios oscuros, de juicios de guerra perdidos de antemano y de húmedas noches de tortura.

De los guerrilleros que salieron de la cárcel, la gran mayoría retornó a la lucha armada, y los grupos reactivaron las tomas de pueblos y las acciones militares. Para el gobierno este era un riesgo calculado, que tenía como contraprestación el ganar iniciativa induciendo un razonamiento de sentido común: el presidente tiende la mano y perdona en aras de la paz, en cambio la guerrilla persiste en la violencia y juega con las cartas marcadas. Este sentimiento cundió entre la opinión pública, y de boca en boca corrió una frase que tuvo el peso de un veredicto: «Los guerrilleros estafaron a Belisario».

El M-19 trató de explicar sus razones recordando lo que venía diciendo desde hacía meses: «La amnistía no es la paz». Entre los matorrales del solar de una casa en Ciudad de Panamá, el periodista Juan Guillermo Ríos le hizo una entrevista a Jaime Bateman, quien apareció en las pantallas de televisión, «desde algún lugar de las selvas colombianas», diciendo que la amnistía era sólo el comienzo, y que la guerrilla no depondría las armas hasta tanto no se abrieran paso las reformas y la democracia. Bateman se deshizo en razones, y otro tanto hicieron las FARC. Pero el país estaba eufórico con el cambio de un presidente como Turbay a uno como Belisario, y frente a las grandes expectativas que este despertaba, la gente se tapaba los oídos ante cualquiera que viniera a aguar la fiesta, a ponerle peros al cuento de hadas. No había nada más que hablar: para la opinión pública la amnistía había fracasado, y no por culpa del presidente sino de unos desgraciados beneficiarios, los guerrilleros.

Apoyándose en el estado de ánimo colectivo, los altos mandos militares afirmaron que la amnistía era capítulo cerrado y que marcaba el límite de la benevolencia. «La amnistía ya tuvo su vigencia», decía el general Bernardo Lema Henao, y el ministro de Defensa, Fernando Landazábal, anunciaba el fin del experimento de paz aduciendo que las exigencias planteadas por la guerrilla eran la prueba fehaciente de su traición. El propio presidente, en un gesto teatral durante un banquete por la paz, trazó una raya y dijo: «De aquí no paso».

Más adelante tendría que pasarla, pero en ese momento, Belisario Betancur, triunfante, podía decir: «El aura popular que parecía rodear a la guerrilla se ha transmutado». Por entonces tenía razón, y esta transmutación de la cual hablaba, obraba sin duda a favor de él.

Simultáneamente la guerrilla, mientras rumiaba su aislamiento, debía pensar que es verdad aquello de que nadie sabe para quién trabaja: ella puso los presos, ella levantó la consigna de amnistía, ella luchó tres años por imponerla, y al final, como en el cuento infantil de los dedos de la mano que prepararon un huevito, fue el pícaro gordo el que se lo comió.

Los hombres del presidente

La amnistía estaba concedida y los presos estaban libres, pero los tiros continuaban. El siguiente paso era, pues, buscar el cese al fuego: pactar una tregua entre el gobierno y los grupos guerrilleros. ¿En quién se podía apoyar el presidente para iniciar el complejo, sinuoso y maratónico proceso de negociaciones? ¿Qué organismo existía que tuviera la autoridad suficiente para mediar entre parte y parte, la amplitud necesaria para sintonizar en una misma onda psicológica con la guerrilla, y el espíritu tan aventurero como para emprenderla con los contactos secretos, las llamadas clandestinas, las razones por interpósita persona, los mensajes cifrados, las noches de forcejeo en torno a una mesa?

Evidentemente esto no podían —ni querían— hacerlo ni los partidos tradicionales ni el parlamento, esas paquidérmicas instituciones patrias que dormitaban cómodamente al ritmo de su propia inercia, y para quienes la paz no era algo imprescindible, ni necesario, ni siquiera demasiado interesante, sino más bien objeto de desasosiego, y disgusto, cuando no de abierta indignación o, en el mejor de los casos, tema de un discurso de cajón o pretexto para ganar votos.

Un experimento audaz y novedoso como el que iba a acometer Betancur no podía encauzarse por las rígidas y angostas vías tradicionales, de ahí que el presidente optara por ingeniarse sus propios medios y organismos.

Se necesitaban, ante todo, instancias ágiles y representativas. Llegó entonces la era de las comisiones; se desempolvaron las existentes y se crearon las que faltaban, y empezaron a funcionar a toda máquina la Comisión de Paz, la Comisión de Negociación y Diálogo, La Comisión de Verificación, cada una de ellas con medio centenar de miembros.

Entre los comisionados había de todo, como en botica. Estaban desde Alfonso Gómez Gómez, ex ministro de Gobierno, hasta Carlos Efrén Agudelo, líder del ADO, el grupo guerrillero que reivindicaba el asesinato de Pardo Buelvas, otro ex ministro de Gobierno; desde la hermosa Gloria Zea, eje de la cultura oficial y del *jet-set* del país, hasta la aguerrida Socorro Ramírez, la maestra que se había convertido en la principal figura femenina de la izquierda colombiana; desde el senador Hugo Escobar Sierra, orgulloso autor del Estatuto de Seguridad, hasta el guerrillero Israel Santamaría, quién había sido condenado a 26 años de cárcel en aplicación de ese mismo Estatuto de Seguridad. Estaba también el ex ministro de Educación Rodrigo Escobar Navia, compartiendo butaca con su adversario Abel Rodríguez, el dirigente sindical que movilizaba a los maestros en contra suya. El senador Cornelio Reyes y el presidente de la Federación de Ganaderos, Hernán Vallejo Mejía, dos de los más feroces opositores a la Reforma Agraria, se topaban codo a codo con los representantes de las comunidades indígenas que habían expropiado a la brava 35.000 hectáreas de tierra. El juez Antonio Duque, quien había tenido que caminar día y noche por la selva durante los largos meses en que estuvo secuestrado por las

FARC, se tomaba sus tragos con los delegados de esa agrupación y, por si todo eso fuera poco, a través de una de las comisiones volvieron a cruzarse los caminos, con un cuarto de siglo de por medio, del general retirado José Joaquín Matallana, otrora implacable *pacificador* de Marquetalia, y de Manuel Marulanda Vélez, jefe de la resistencia guerrillera en esa misma zona.

A las sesiones de las comisiones llegaban todos con toda suerte de propuestas, como el rector de la Universidad Gran Colombia que le hacía propaganda a lo que él mismo llamaba su «gran utopía». O como Horacio Serpa, presidente de la Comisión Política Central del Liberalismo, que explicaba cómo el futuro del país sería socialista. O también como Óscar William Calvo, representante del Ejército Popular de Liberación, quien a la salida de una reunión plenaria en el palacio presidencial, ante los ojos atónitos de los presentes, reconoció que su grupo guerrillero aún mantenía secuestrados en su poder.

Ya existían, pues, la comisiones, y eran, sin duda, indispensables por cuanto significaban el apoyo ciudadano e institucional que los partidos políticos no le brindaban al proyecto de paz, y porque eran lo suficientemente representativas como para que en ellas se pudieran ventilar ampliamente las discusiones. Pero visto desde otro punto de vista, estas ollas de grillos, multitudinarias y heterogéneas, eran, como diría el Chapulín, «más ágiles que una nevera», y carecían, además, de autoridad efectiva y poder decisorio.

Hacía falta, entonces, un verdadero motor ejecutivo, un mecanismo de alta eficacia, desembarazado de cualquier traba burocrática. El presidente lo produjo recurriendo a su estilo muy propio de mover los asuntos claves en términos más personales que oficiales. Tácitamente se fue apoyando en un grupo selecto de personas, todas vinculadas, por diversas vías, a las altas esferas, y todas de su confianza. Estos elegidos empezaron a actuar, bien a nombre del presidente o bien a nombre propio, pero manteniéndolo minuciosamente al tanto de su gestión. Algunos de ellos, en virtud del cargo que ocupaban, asumían su función públicamente; los demás, sin nombramiento oficial alguno y sin otro compromiso que su vocación de paz, se movían por debajo de cuerda y evadiendo el despliegue publicitario, convirtiéndose en los actores de la historia secreta del proceso.

Posiblemente en cumplimento de un deliberado plan presidencial, más probablemente empujados al azar por las circunstancias, esta media docena de personas —«los hombres del presidente»— acabaron conformando en los hechos una suerte de *petit comité* en el cual se concentró, en último término, el manejo real de la situación.

¿Quiénes eran ellos? En primer lugar, el amigo íntimo de Belisario, Bernardo Ramírez. Los dos se habían conocido muchos años atrás, siendo ambos jóvenes, conservadores y periodistas. De ahí en adelante compartieron toda una vida de amistad entrañable y sintonizaron milimétricamente afinidades en las mil y una noches de jarana en que cantaron los mismos tangos, escarbaron el alma de los mismos poetas, se enloquecieron por las mismas mujeres y, entre el humo de los bares y la lucidez de las copas, concibieron una meta política común: llevar a Belisario hasta la Presidencia de la República.

Mientras Betancur asumía su papel de aspirante a presidente con la misma naturalidad con que otros se desempeñan como estudiantes de ingeniería o aprendices de zapatero, Bernardo Ramírez vivía su vida con la certeza de que bien valía la pena cambiar el reino por un buen libro, un domingo sin ver a nadie o una botella de coñac compartida con los amigos. Su tendencia a la infidelidad política se fue acentuando y, como se preciaba de rendirle más culto a la inteligencia que a las etiquetas, acabó haciéndole campaña electoral al liberal López Michelsen, lo cual volvió tan etéreas sus ataduras partidistas con el conservatismo que él mismo acabó por reconocer que, en ese terreno, su única definición era la de ser amigo de su amigo Belisario y su única ambición la ambición de su amigo Belisario.

Si los partidos no lo amarraban tampoco lo hacían los lazos matrimoniales, y se había casado tantas veces que uno de sus amigos contaba que, «antes de llamarlo, uno tiene que cerciorarse de quién es su mujer para no meter la pata».

Se trataba de un hombre con una figura peculiar. Cuando la guerrilla necesitaba referirse a él en clave lo llamaba el Calvo Mechudo, haciendo alusión a su irrepetible cabeza bordeada por una ondulada melena gris, coronada por una calva reluciente, y adornada, en la parte de la cara, por unas gafas de intelectual pobre y un tremendo mostacho.

Fanático de las comunicaciones y de las relaciones, Ramírez se ganaba la vida en el mundo de la publicidad y era presidente de una de las empresas grandes cuando Belisario llegó por fin a palacio y lo llamó para que se colocara a su lado, dándole extraoficialmente la asesoría de cabecera y oficialmente el Ministerio de Comunicaciones, en cuyo desempeño se ganó otro sobrenombre, el de Goebbels, porque puso a funcionar su capacidad de publicista para manejar la imagen del gobierno.

Más adelante el presidente le pediría que renunciara a su cargo para asumir una suerte de ministerio sin cartera: el de la paz. En este campo debería actuar como representante personal suyo, con amplios poderes y plena autoridad, concentrándose en un punto específico y particularmente espinoso: las relaciones con el M-19 y el EPL. Desde el momento en que tomó las riendas de las negociaciones, les imprimió el ritmo de su propia energía y de su dinámica desbordante. Para él, el tire y afloje con la guerrilla era un juego de fina inteligencia y de penetración psicológica, y era también entusiasmo de *boy scout* al montarse en los helicópteros, al ponerse el sombrerito inglés de paño con que se aparecía en el monte, al escaparse de sus propios guardaespaldas para llegar a las citas clandestinas. Pararse en medio de una balacera, ordenar a gritos que se suspendiera y lograr que le obedecieran: ese era el estilo de Bernardo Ramírez.

Tras unos meses de gestión, cuando salió rumbo a Londres con el título de embajador, dejó atrás a medio país queriéndolo con locura y al otro medio odiándolo con saña. Y no es arriesgado decir que tanto al principio, cuando hizo su aparición en la escena de la paz, como al final, cuando desapareció de ella con un discreto mutis por el foro, se estaba guiando por su única brújula política: la fidelidad a su amigo Belisario.

Otro de los hombres del presidente era John Agudelo Ríos, abogado conservador, veterano en las lides de tratar con la guerrilla. Cuando las posibilidades de firmar un acuerdo con las FARC eran aún un parto difícil que amenazaba con terminar en aborto, Agudelo recibió una carta en la cual esta organización le destapaba su juego y le solicitaba una intermediación. Esta carta fue la llave que le abrió camino hacia la presidencia de la Comisión de Paz.

Si Bernardo Ramírez era el *enfant terrible* de la paz, John Agudelo resultó ser más bien el funcionario apacible que, con nadadito de perro, se las arreglaba para mantenerse a flote en ese mar embravecido y lleno de tiburones que había de por medio entre la guerrilla, el ejército y el gobierno. Hacía años que presidía una oficina de abogados laboristas, y su habilidad en ese campo le permitió manejar la negociación con las FARC con el mismo profesionalismo con que manejaba los pliegos de peticiones. Consciente de su papel de conciliador universal, de hombre-Valium en los momentos álgidos, John Agudelo sabía dejar enfriar en los cajones de su escritorio documentos y datos que hubieran hecho saltar por los aires el proceso de paz.

Pero el tono rutinario, un tanto burocrático, que le imprimía a lo que hacía, no obstaba para que le metiera además buenas dosis de calor humano. Alguna vez, cuando le señalaron con recelo que le decía «Manuel» a un antisocial como Tirofijo, John Agudelo contestó: «A Manuel Marulanda Vélez le digo Manuel porque acostumbro llamar por el nombre a mis amigos». También sabía ponerle valor: las decenas de cartas que recibía con amenazas de la Mano Negra eran para él un gaje más de los de su oficio. Y además le gustaba ponerle optimismo, «mucho optimismo», aun en los momentos en que este no tenía ninguna justificación porque a las cosas se las estaba llevando el diablo. Pero así era John Agudelo. Tanto en los días tranquilos como en los que llovía plomo, podía verse su cara sonriente asomándose por la pantalla del televisor para pronunciar incansablemente las mismas frases entusiastas y consoladoras.

Si Bernardo Ramírez era el hombre de las relaciones con el M-19 y John Agudelo el intermediario con las FARC, quien mantenía aceitados los contactos con el EPL era Álvaro Leyva, un joven abogado conservador de pensamiento independiente y fresco que no le impedía, sin embargo, mantenerse en la pomada: miembro de la cuerda del ex presidente Misael Pastrana, figuraba entre las fichas pesadas del aparato conservador.

Hijo de Jorge Leyva, uno de los cocos de la Violencia goda, Álvaro defendía a capa y espada la memoria de su padre, que consideraba perversamente macartizada, y sostenía que de él había heredado la afición por la democracia. Además se permitía otras herejías, como conocer la obra de Trotsky y como parar en La Habana, cuando iba de paso hacia Miami, para saludar a su amigo Fidel Castro, y saludar con entusiasmo delante de este a la Revolución cubana, en un discurso en el cual condenaba, de paso, la invasión de Afganistán.

Belisario lo nombró ministro de Minas, cargo que no le permitía meter baza en el tema de la paz —que lo apasionaba bastante más que los pozos de petróleo o la exportación de carbón— pero eso no fue obstáculo para que él lo siguiera haciendo extraoficialmente.

Alto, culto, de una apostura apenas reblandecida por los kilos de más de los cuarenta, visitante habitual de las pistas de esquí de las montañas austriacas, orgulloso del francés perfecto de su hijo de nueve años, violinista de alta escuela aunque no tocaba en público, deportivamente impecable en sus chaquetas de gamuza, sus mocasines italianos y su jaguar amarillo pálido, Álvaro Leyva era el ministro *dandy*. Al lado de la acogedora chimenea prendida de la biblioteca de su casa, que parecía sacada de las fotos en colores de un *Good House Keeping*, más de una vez se serenaron los ánimos de los representantes de la guerrilla y del gobierno, se limitaron las diferencias y se lograron recomponer los acuerdos rotos.

Mucho más adelante de esta historia, cuando ya no era ministro y cuando ya no era bien visto insistir en la paz, Álvaro Leyva se negaba a olvidarse del asunto y se obstinaba en desempolvar verdades y responsabilidades que otros tapaban con versiones oficiales.

El cuarto hombre del presidente era un periodista. Vivo como una ardilla; siempre al tanto de lo que ocurría hasta en los rincones más ocultos del país; con fuentes de información directas en todos los ambientes, el gubernamental, el político, el deportivo, el subversivo o el que fuera, Juan Guillermo Ríos era el personaje clave para manejar la endemoniada trama de citas y contactos indispensables para adelantar las conversaciones de paz.

A él mismo le encantaba relatar la telenovelesca historia de cómo había empezado siendo un gamín golpeado por la vida para terminar convertido en el periodista de más alto *rating* de audiencia. Y el más controvertido también, porque el telenoticiero diario que dirigía y protagonizaba, al mismo tiempo que despertaba el entusiasmo incondicional de la masa, le ponía los pelos de punta a la gente distinguida que veía a Ríos improvisar cada noche los más inesperados gestos populacheros, como besar rosas y arrojárselas a las cámaras; trasladar el estudio a un barrio de invasión e informar sobre inundaciones y desnutrición rodeado de niños, perros y gallinas; despedirse de los espectadores deseándoles que durmieran bien acompañados; trasmitir el Día de la Madre un video en el cual aparecían no sólo una mamá sonriente meciendo a su criatura sino también una mujer de Etiopía con el hijo moribundo en los brazos. O también acariciar al descuido, mientras hablaba de las fluctuaciones de la bolsa, un muñequito de E.T. colocado porque sí sobre su mesa de *anchor man*.

Ríos no sólo tenía las vías necesarias para concretar en media hora una cita entre un ministro que se encontraba en su despacho en Bogotá y un guerrillero que andaba en algún punto impreciso de la costa atlántica, sino que, cuando no las tenía, se valía de su noticiero para mandar mensajes comprensibles sólo para el destinatario: una corbata roja, por ejemplo, podía querer decir que el asunto estaba confirmado para el primer lunes del mes siguiente.

Pero además, como gracias a su habilidad periodística solía saber lo que pensaban tanto los de un bando como los del otro, podía meterle el hombro al proceso pasando un dato aquí, sosteniendo una discusión allá, y eso lo hacía porque, a pesar de sus gustos adquiridos por los automóviles último modelo, las mujeres despampanantes y los restaurantes costosos, Juan Guillermo Ríos seguía siendo un hombre de raigambre popular y de entusiasmo democrático.

El quinto hombre del presidente era, desde luego, Gabo. Gabo, porque si a Betancur la gente le decía Belisario, al novelista y premio Nobel de literatura, Gabriel García Márquez, todos lo llamaban Gabo, salvo alguno que un día le gritó por la calle «¡Adiós, Don Premio!».

Y a Don Premio, a pesar de que no tenía ganas de hacer política, los colombianos querían convertirlo en líder, seguramente sospechando —como en el piropo de «Si cocinas como caminas…»— que si el Nobel gobernaba como escribía… De ahí que *Cien años de Soledad* se hubiera convertido en el texto bandera de la patria, desplazando al *Almanaque Bristol*, *María* y el *Catecismo Astete*, de ahí que, como el parlamento, como el Partido Liberal, como los pandeyucas de Panfino o los champús de Lola, Gabo fuera una institución nacional. Una institución cuya presencia en el país no les resultaba a ciertos sectores tan inofensiva como la de los pandeyucas —tal como quedó claro la noche en que los García Márquez tuvieron que pedir asilo en la embajada mexicana de Bogotá—, mientras que en otros sectores sus esporádicos comentarios políticos tenían más peso que los discursos de todos los parlamentarios juntos, y eso lo demostraba el hecho de que en las encuestas electorales apareciera misteriosamente un significativo porcentaje de opiniones a favor de una candidatura fantasma, no postulada, de García Márquez.

Entre los varios gobernantes y presidentes con quienes Gabo tenía relaciones estrechas, estaba Belisario Betancur. Llevaban años de ser amigos y contertulios literarios y no dejaron de serlo cuando el novelista le aclaró al candidato que no iba a votar por él porque «A ti te falta carácter». Meses después, cuando García Márquez empezó a formularle críticas al gobierno, tampoco cortó la línea roja que mantenía el contacto permanente entre el palacio del presidente en Bogotá y la residencia del novelista en el Pedregal de San Ángel, en Ciudad de México.

Todo eso explica el hecho cierto, aunque no siempre conocido por la opinión pública, de que detrás de muchos de los episodios del proceso de paz, Gabo haya sido La Mano Invisible.

Muerte y milagros de Jaime Bateman

«Se me fue la luz», dicen que dijo Álvaro Fayad un día de mayo de 1983, cuando llegó a la certeza de que había sucedido lo único que no podía suceder: Jaime Bateman había muerto en un accidente de avioneta, y sus restos, perdidos entre los corales del fondo del mar o enredados en los bejucos de la selva, habían desaparecido de la faz de la tierra.

Con su muerte quedaba a oscuras no sólo Fayad, sino todo el M-19, porque ese costeño alto y narizón, con un hervidero de ideas y un afro eléctrico en la cabeza, a quien le decían El Flaco porque hacía años lo había sido, era el hombre que se había inventado el Eme, el que lo había dado a luz; el que les había enseñado que la revolución era una gran aventura y que para hacerla había que explorar las posibilidades de la locura y confiar en la eficacia de la pasión: «A esto hay que meterle locura, mucha locura apasionada».

Les había enseñado también que ya no era la hora del revolucionario de panfleto y dogma, macilento de trasnochadas y sacrificios, porque el pueblo sólo sigue al líder que lo sabe enamorar: «No se puede hacer la revolución sin desatar los sentimientos y los afectos más profundos de la gente».

y ante todo y por so breto de persona integra.

Le recordaremos con los mas vivos sentimientos y afectos Maestra del año ---, Maestra Bilingüe del año

51

Como costeño que era, entendió que a orillas del mar Caribe una revolución no podía ser un parto doloroso, como habían dicho los chinos, sino un derroche de vida y de alegría: «La revolución es una fiesta».

La noche en que hizo que unos muchachos muertos de la emoción y de la risa, luego de amarrar a una silla al viejo guardia, sacaran la espada de Bolívar de su polvorienta vitrina de museo para «ponerla de nuevo a combatir», Bateman revivió una frase tremenda que dormía amansada en los poemas cursis y los discursos de ocasión: «Luchar por la Patria».

Basó su política en la convicción de que lo que los colombianos querían era sencillamente la democracia que siempre se les había negado, y que el andamiaje que la tradición tenía montado para bloquearla era tan poderoso, que se necesitaba no sólo una guerrilla, sino un ejército popular para conseguirla. Por eso concibió el M-19 como «Democracia en armas».

«Es paradójico, brutalmente paradójico, que debamos optar por la guerra, el procedimiento más autoritario y menos democrático, para imponer el pluralismo, la democracia. Pero es la realidad.»

El horror que sentía por la guerra lo llevó a poner en marcha una última fantasía antes de morirse: la de la guerrilla que se juega la vida por imponer la paz.

Lo que dejó por herencia teórica no fueron tomos de ideología sino unas cuantas palabras rescatadas. Palabras elementales que aprenden los niños en las cartillas de lectura, les llegan al corazón a los hombres y les dan razón de ser a los pueblos: alegría, patria, democracia, paz.

Hacía tantos años que a Jaime Bateman la muerte le seguía los pasos que había aprendido a sacarle el quite. Co-

52

mo la vez que antes de entrar a una casa se quedó mirando los ojos de una vecina y supo por ellos que adentro estaba el ejército; como cuando huyendo de unos soldados se tiró a un río y se hizo tan invisible que le pasaron por encima y no lo vieron; como una noche en un retén de la carretera en que un sargento le ordenó descubrirse la pierna izquierda, marcada por una gran cicatriz que lo delataba, y cuando obedeció, la pierna no tenía señal alguna y el sargento lo dejó pasar, sin darse cuenta de que le había mostrado la pierna derecha.

Cuando ya hasta él mismo se creía inmortal, un 28 de abril, después de celebrar sus 44 años abrazando a los viejos amigos y comiendo mangos, se embarcó con un piloto, una guerrillera y un muchacho en una avioneta que, faltando pocos minutos para llegar al aeropuerto de Paitilla en Panamá, se borró del radar de la torre de control y erró para siempre su destino.

Tan pronto tuvieron indicios de que Bateman se había perdido, sus compañeros del M-19 emprendieron un angustioso y maratónico plan de rescate por selva y mar, que incluía helicópteros contratados, equipos de hombres a pie, aparatos para detectar metales, grupos especializados de la guardia panameña, brujos que profirieron pistas ambiguas y videntes que en medio del trance lo adivinaron vivo. Por su cuenta también empezaron a buscarlo el ejército colombiano, los periodistas que perseguían la chiva y las hordas de aventureros que partieron a la caza del tesoro cuando el M-19, para motivar colaboración adicional, hizo correr la falsa especie de que en el vuelo Bateman llevaba consigo una fuerte suma de dinero.

En Ciudad de Panamá los del M-19 montaron una oficina donde trabajaron día y noche recopilando meticulosamente las docenas de informes, versiones y rumores que llegaban, sin pasar por alto ni los más descabellados. Un día oyeron a un amigo que con voz trémula les juró por su madre que venía de cierto pueblo perdido donde había visto aparecer a Bateman con la ropa desgarrada y negra de barro, que Bateman lo había mirado con ojos ciegos de *zombie* y había desaparecido sin decir palabra. A ese pueblo fueron a parar los equipos de rescate, pero allá nadie les dio razón ni del hombre ni de su espectro. Otra vez fue a verlos un piloto que decía haber vislumbrado en el fondo de la selva algo que podía ser una avioneta. Volaron hasta el lugar y se abrazaron emocionados cuando comprobaron que, en efecto, salían destellos metálicos de la vegetación. Pero lo que descubrieron fue un viejo avión alemán perdido desde la segunda guerra.

Después de dos meses de búsqueda permanente, cuando habían gastado millones de pesos y quemado todas las esperanzas, apareció un aviador con un dato concreto: dijo haber visto un ala blanca sobre la copa de los árboles en un punto que les señaló con precisión en el mapa. Todo concordaba: el color de la avioneta, su ruta probable… Antes de dos horas estaban sobrevolando el lugar, una vuelta, dos vueltas, veinte vueltas, y no vieron nada; lo que fuera había desaparecido, así que se devolvieron y abandonaron definitivamente el empeño.

Exactamente en ese lugar, en el punto donde el piloto había visto el ala blanca, ocultos por la vegetación, estaban los cadáveres de Bateman y de los demás ocupantes de la avioneta, y también los restos del aparato. Pero esto no lo sabrían los del M-19 sino un año después, cuando hicieron el hallazgo unos indígenas que le avisaron a la guardia, la cual a su vez le avisó a la madre del guerrillero.

Unos papeles de identidad milagrosamente protegidos de la humedad por un maletín de cuero, unos zapatos inconfundibles por su tamaño demasiado pequeño con relación a la estatura y los huesos de la pierna izquierda —la de la cicatriz— con las señales de numerosas operaciones e incrustaciones, disiparon toda duda: eran los restos de Jaime Bateman Cayón, el Comandante Pablo.

Tal vez fue porque se rompió la cadena de afecto que el grupo de gnósticos organizado por su madre había tejido alrededor de él para librarlo de todo mal, o tal vez fue simplemente porque su avioneta se perdió en medio de la tormenta; tal vez no alcanzó a darse cuenta de que esta vez la muerte lo había alcanzado, o tal vez pasó horas viéndole la cara de cerca, pero en medio de tanta circunstancia incierta hubo una cosa contundente, que fue su muerte.

En su último día Jaime Bateman iba a Panamá a encontrarse con un vocero del presidente Betancur para hablar de la paz, su obsesión antojadiza desde los días de Turbay Ayala, cuando sonaba delirante mencionarla. En ese entonces Bateman se valió de Pacheco, el popular animador de la televisión, para hacerle llegar al presidente su propuesta de deponer las armas a cambio de tres cosas: levantamiento del estado de sitio, amnistía general y diálogo. El día de la posesión de Betancur le envió un telegrama reiterando su disposición de paz y más adelante, sobre una servilleta de papel en un restaurante chino, firmó con el senador liberal Germán Bula Hoyos una frase que decía: «Juramos luchar por la paz en Colombia».

Un año y cuatro meses después de la muerte de su líder, el M-19 firmaba la tregua con el gobierno, disparaba simbólicamente la última descarga de fusilería y se comprometía a aparecer en las plazas públicas. En ese momento todos sintieron que no había sido en la selva panameña sino ahí, refundido entre la bullaranga y el gentío que celebraba la paz, que habían vuelto a encontrar al Comandante Pablo. O al menos eso fue lo que afirmó después uno de ellos, Otty Patiño: «Desde las sombras de mi poca fe tuve entonces la certeza de que Pablo ya no moriría de nuevo. Que nunca había estado muerto. Y que nosotros éramos apenas los protagonistas de unos sueños que él seguía tejiendo desde la realidad luminosa en donde sigue gozando, riendo y soñando».

Ejército de sombras

Ya han iniciado su actuación en escena el presidente, la guerrilla, los hombres del presidente. Un actor destinado a representar un papel clave, Jaime Bateman, ha quedado excluido por su muerte repentina. Ahora otro personaje hace su aparición: amorfo y múltiple, se mueve siempre en las sombras, y como no tiene cara ni nombre, se esconde detrás de una fría sigla de tres letras: MAS. El público, que no puede precisar su escurridiza presencia, se limita a ser el testigo horrorizado de lo que sucede con sus víctimas.

Una de ellas —entre cientos— es el profesor de la Universidad Nacional, Alberto Alava Montenegro, a quien la muerte no cogió desprevenido, sino simplemente retardado. El 21 de agosto de 1982, fecha de su asesinato, faltaban quince días para que viajara con su familia al Canadá, donde se zafaría de la pesadilla de amenazas, atentados y detenciones que había sido su vida en los últimos años, desde que habían empezado a acusarlo de pertenecer al ELN. Pero quince días son demasiados para quien tiene las horas contadas. Ya le habían disparado una vez, erraron e hirieron a quien estaba a su lado. Por eso Alava no se movía con la prisa de un perseguido, sino con la parsimonia de quien sabe que más que viajes a Canadá, son simples albures como ese lo que puede salvarlo.

Esa mañana, como todas, madrugó a trotar por los prados enrejados de la universidad, compró el pan y el periódico El Tiempo, volvió a su casa para desayunar: los mínimos actos cotidianos que deben ser precisos para quien sabe que puede estarlos haciendo por última vez. Su mujer y sus hijos le salieron al encuentro, y pudieron ver cómo esta vez lo alcanzaba una bala certera, profesional. Sobre los muros descascarados de la universidad, con pintura fresca sobre viejas consignas borroneadas, el asesino puso su firma: MAS.

Días después del asesinato de Alava, un muchacho se asila en la Embajada de México en Bogotá, desde donde escribe una carta que destapa una historia tenebrosa cuya veracidad es confirmada por la prensa. Se trata de Óscar Ortega, de Popayán, militante del M-19, detenido en Cali junto con otros tres compañeros bajo la acusación de haber planeado e intentado el secuestro de la esposa del conocido y millonario constructor Ezequiel Pinsky. A partir del momento de su detención, los cuatro muchachos viven infiernos diferentes, pero al final todos, salvo el que se asila, terminan muertos. A uno de ellos, Marcos Zambrano, lo ahogan en la piscina del Batallón Pichincha durante una sesión de tortura. A los otros tres —Floresmiro Chagüendo, Camilo Restrepo y el autor de la carta, Óscar Ortega— se los deja en libertad por falta de pruebas. Días después, en la misma fecha en que se posesiona el presidente Betancur, Chagüendo es asesinado en Popayán por guardias de la Escuela de Suboficiales Inocencio Chincá. Pasan algunas semanas y Camilo Restrepo es detenido nuevamente en Cali, en casa de una tía, por hombres armados que dicen pertenecer al MAS. Su madre lo busca y lo encuentra en las dependencias del F2 de la policía adonde vuelve para recogerlo, según le han indicado, al día siguiente. Lo dejan salir con ella pero unas cuadras más adelante un hombre lo mata por la espalda con una pistola con silenciador.

En mayo de 1983 un hombre llama desde un cuarto de un hospital del sur de Bogotá a la sala de redacción de la revista *Semana* y dice: «Intentaron matarme. En cualquier momento vuelven a hacerlo, quiero dejar una denuncia pública antes de que sea tarde».

Cuando los periodistas llegan, encuentran, inmóvil en una cama, con los ojos fijos en el techo, a un hombre que meses antes ha recibido seis balazos, uno de los cuales le ha penetrado el canal medular de la columna vertebral, dejando todo su cuerpo irreversiblemente paralizado. Se llama Armando Calle y tiene 31 años.

Pausadamente, sin otra expresión de sobresalto que un parpadeo continuo, aspirando de tanto en tanto un cigarrillo que alguien pone y retira de su boca, empieza a hablar para la grabadora.

Había nacido en la Dorada, Caldas, donde vivía y trabajaba como jefe de cuentas corrientes del Banco Ganadero. Seis meses atrás, un día de semana cuando salía del banco a almorzar, unos hombres lo forzaron a subir a un jeep, lo esposaron y le taparon la cabeza. Cuando pudo volver a ver se encontraba en el Batallón Patriotas de Honda, amarrado a un palo. Un coronel le dijo que estaba detenido por pasarle datos a las FARC sobre quiénes tenían jugosas cuentas corrientes en el banco, para que la guerrilla supiera a quién extorsionar o secuestrar. Estuvo preso diez días, hasta que un juez de instrucción penal militar le comunicó que lo dejaban en libertad por falta de pruebas, pero que tenía que presentarse al batallón periódicamente. Calle se reincorporó al trabajo y fue a rendir indagatoria cado ocho días. La última vez llegó a contarle a su madre que había recibido amenazas de muerte durante el interrogatorio, y cinco días después, estando con ella en el porche de su casa, vieron pasar varias veces por el frente un jeep con hombres del batallón, uno de los cuales se acercó a pie, se paró a dos metros de distancia y disparó siete tiros: los seis que le dieron a Calle y otro que hirió a su madre.

Hacia finales del año 83, 16 familias campesinas abandonaron sus parcelas en la vereda La Pizarra, municipio de Puerto Boyacá, en el Magdalena Medio, y llegaron a Bogotá a pedir ayuda. Se instalaron en los sofás imitación cuero de una sala oscura del edificio de la Procuraduría, los adultos callados y los niños inmóviles, y se dispusieron a esperar horas, o días, o semanas, a quien los escuchara.

Tres años atrás habían invadido los predios abandonados de las fincas La Chica y El Edén, en esos momentos sin escriturar y enredadas en un largo proceso de sucesión. No tardaron en empezar los enfrentamientos entre los invasores y quines se reclamaban herederos de las tierras, y lo que al principio fue un cruce de malas palabras, unos perros envenenados y algún rancho quemado, terminó en la militarización de la zona: los campesinos tuvieron que sacar carné militar para identificarse en los retenes y los soldados controlaron entradas de alimentos y salidas de cosecha. A los diez meses llegó un funcionario del Incora, les reconoció oficialmente la propiedad de parcelas de 10 hectáreas a cada una de las 16 familias, y en presencia de uno de los supuestos herederos, de un oficial del ejército, del procurador agrario y de otros funcionarios del Incora, les entregó las escrituras. Después de celebrar con gallina y guarapo, los nuevos propietarios delimitaron sus parcelas con mojones y se dedicaron a sembrar pasto, plátano, yuca y maíz hasta el día en que dieciocho hombres armados y encapuchados llegaron en un camión a la vereda, se llevaron a siete de los jefes de familia y los degollaron a machete, escribiendo sobre la piel de los cadáveres, con la punta de un cuchillo, la palabra MAS.

En medio de estos sucesos, y de docenas de otros similares, el presidente Belisario Betancur, que había prometido que durante su gobierno no se derramaría ni una gota de sangre, viendo que no sólo se derramaban gotas sino que corrían chorros, hizo el primer reconocimiento oficial de la existencia de grupos paramilitares en el país y, comprometiendo a su gobierno con la tarea de acabar con ellos, le pidió al procurador general de la nación, Carlos Jiménez Gómez, la lista de los responsables. El procurador le entregó al presidente y a la opinión pública los nombres de 163 personas acusadas de pertenecer al MAS, de las cuales 59 eran militares en servicio activo. Tan pronto se conocieron los resultados de la investigación del procurador, el entonces ministro de Defensa, general Fernando Landazábal, escribió un editorial amenazante y fulminante en la revista de las Fuerzas Armadas, que fue reproducido por los principales diarios del país, en el cual advertía que si se seguía adelante con las acusaciones contra las Fuerzas Armadas, estas, «ante las perspectivas del desdoro de su dignidad, podrían disponer su ánimo para una contienda de proporciones incalculables e imprevisibles que llevarían al país a una nueva fase de violencia».

El presidente nunca más insistió en el tema, el procurador tampoco, y el silencio oficial volvió a cerrarse sobre el MAS.

Ninguna de las 163 personas de la lista del procurador fue condenada.

Encuentros del tercer tipo

El primero de octubre del 83, el entonces ministro de Comunicaciones Bernardo Ramírez llega a Ciudad de México y se hospeda en uno de los hoteles más lujosos, el Camino Real, y ya en su habitación, abre un libro, pide un coñac al *room service* y se instala parsimoniosamente sabiendo que no podrá moverse de allí hasta tanto no reciba una llamada telefónica que no sabe exactamente cuándo va a producirse. A pesar de su alta jerarquía, ningún colombiano en México, ni siquiera el embajador, sabe de su presencia. Nadie ha sido informado debido al carácter confidencial de su gestión: el presidente le ha solicitado que haga un primer contacto personal con la dirección del M-19 para abrir las discusiones sobre el acuerdo de paz. La reserva absoluta es imprescindible porque el presidente no quiere dar pie para que se arme un escándalo nacional.

En su habitación del Camino Real, Ramírez espera, sin que el teléfono suene, todo el día, toda la noche, toda la mañana siguiente, y empieza a pensar que la cita se ha malogrado nuevamente. No sería la primera vez que sucediera.

El primer intento de encuentro se había frustrado el mes anterior, cuando el ministro hizo, como ahora, un viaje a México para encontrarse con el M-19, sin avisarle a nadie salvo a su amigo el escritor García Márquez, quien residía en esa ciudad. El dato, sin embargo, se filtró a través de la compañía de aviación Avianca, cuyos funcionarios, por exceso de celo y pendientes de que el funcionario tuviera la recepción que merecía, informaron a la Embajada Colombiana sobre su llegada. Notando el revuelo, la prensa olfateó que algo iba a pasar y se puso en movimiento, de tal suerte que los primeros periodistas que llegaron al aeropuerto se toparon con García Márquez, que entraba sigiloso para recoger discretamente a Ramírez. Cuando vio gente de prensa, Gabo pensó que se trataba de una desafortunada casualidad, y les insinuó que estaba allí por un asunto privado, embarazoso para él si se hacía público. Intuyendo lío de faldas, los periodistas sonrieron cómplices y comprensivos y se retiraron. Pero cuando Bernardo Ramírez aterrizó ya lo estaban esperando funcionarios, señoras de funcionarios y niños con ramos, y el ministro, viéndose envuelto en un homenaje en el que no faltaba sino la Banda de Guatavita y dando por fracasado el plan conspirativo, improvisó declaraciones de amistad entre los pueblos, justificó su presencia inventando que iba a hablar con el gobierno mexicano sobre exportaciones de carbón, y se devolvió a Bogotá en el siguiente vuelo.

La presión en el país es grande porque se firmen por fin los tan esperados acuerdos y un nuevo fracaso en la cita de México significaría una demora adicional con un costo político alto. Por eso en el hotel Camino Real, Bernardo Ramírez, quien mira impacientemente su reloj, registra que son las cuatro en punto de la tarde cuando golpean a la puerta de su cuarto. Al abrir se encuentra con un tipo bajito, de evidente ascendencia árabe, con unos ojos retintos de mirada cáustica: es Álvaro Fayad.

Álvaro Fayad: El Turco, segundo en la dirección del M-19, valluno, 37 años, psicólogo. Estando preso en la cárcel de La Picota, cuando la periodista Patricia Lara le preguntó por su vida, Fayad le habló del día en que los conservadores asesinaron a su padre, y él, de cuatro años, trató de revivirlo con un vaso de agua. Le habló de su madre, una maestra «de pelo negro y mirada limpia». De sus años en el seminario, donde pasaba las noches escondido en la biblioteca privada de los curas leyendo los libros del Index: Victor Hugo, Goethe, Sartre. De un río en Cartago, Valle, donde siempre que volvía a su casa de vacaciones encontraba reunida a la gallada. De Camilo Torres, de quien se hizo amigo siendo estudiante de la Universidad Nacional. Del Flaco, al que conoció un día en un teléfono público y lo convenció en pocas horas de que se fuera para el monte: Jaime Bateman.

El Turco es un hombre de inteligencia veloz que dispara en frases afiladas su visión extrañamente literaria de la política. Tímido y noctámbulo, se mueve a sus anchas en el ambiente conspirativo y confidencial: en cambio le tiene miedo a hablar en público y cuando da entrevistas no puede mirar de frente las cámaras de televisión. Enérgico, acelerado, siempre soltando corriente, arriesgando ideas nuevas, siempre en tensión; tanto, que el apodo que le han puesto sus compañeros es Frenesí. Tiene un físico tan menudo que cuenta que cuando un alto oficial del ejército lo vio en la Escuela de Caballería, desnudo, deshecho a golpes y más flaco que nunca después de soportar un mes de torturas, comentó: «¿Y este renacuajo es el que se quiere tomar el poder?».

En la habitación del Camino Real, el saludo de Ramírez y Fayad, quienes hasta ese momento no se conocen, se interrumpe de golpe porque el guerrillero ve algo que lo atrae hipnotizado: la mesa con las pilas de libros que el ministro ha traído consigo. Fayad los revisa uno por uno, acaricia morosamente sus tapas, y comenta: «Hacía meses que no veía juntos tantos libros, y tan buenos…».

Más adelante Bernardo Ramírez confesaría, recordando el episodio: «Hubo algo en Fayad que me gustó de entrada, y yo creo que fue su amor por los libros. Me di cuenta de que me había encontrado con un hermano en el vicio de la lectura, y me conmovió cuando me contó que en el monte leer es una afición muy pesada, porque hay que cargar los libros sobre la espalda, en el morral. Me dijo que un libro pesa lo mismo que una panela y que es un dilema optar por uno de los dos, y que a pesar del horror que experimentaba al descuartizar un libro, él solucionaba parcialmente el problema arrancando las páginas ya leídas y deshaciéndose de ellas para aligerar el peso».

A su vez, Fayad, quien en adelante siempre que oyera mencionar al ministro respondería con una sonrisa inconsciente y un subliminal «¡Bernardo Ramírez, qué tipo!», le comentó después a la periodista Olga Behar: «Me gustó tratar con Bernardo Ramírez; es un pereirano, paisa que va directo, sin rodeos (…) sin prepotencias. Y tiene además la inmensa ventaja de no poseer ese estilo oligárquico que tienen los funcionarios oficiales en nuestro país…».

Después de hablar un rato de literatura discuten el único punto en el cual les cuesta trabajo ponerse de acuerdo: a dónde ir a almorzar. Preocupado por su seguridad, Fayad insiste en que lo hagan en una casa particular que él tiene prevista para la ocasión, pero, dejándose ganar por la confianza que le inspira Ramírez, acepta que sea en un restaurante del centro de la ciudad. Escoger cuál tampoco resulta fácil, porque mientras el ministro tiene fama de ser el colombiano más aficionado y resistente al picante, el otro tiene fama de padecer la peor de las úlceras.

Una vez sentados frente a las tortillas, las carnitas y el guacamole, entran rápidamente en el asunto específico que tienen que concretar: un encuentro entre los dirigentes del M-19 y Belisario Betancur, pocos días más adelante, en Madrid, ciudad que este visitará en una gira por Europa. Los guerrilleros habían solicitado una reunión pública, dentro del país, con presencia de los otros grupos rebeldes proclives a la firma, pero se habían transado por la opción más discreta que abría el presidente con una condición:

«Díganle a Betancur que estoy dispuesto a verlo en privado donde quiera y cuando quiera, para hablar con él de los poetas griegos que traduce y para acordar una segunda reunión, esa sí abierta, de cara al país, para discutir los acuerdos», había mandado decir Fayad.

Nunca antes se habían sentado frente a frente un presidente de la República en ejercicio y los dirigentes de una guerrilla activa para intercambiar puntos de vista y mitigar hostilidades. Por eso, si la reunión se realizaba, sería un hecho sin precedentes en la historia del país; más que eso, sería un verdadero milagro en la sostenida tradición de menosprecio y agresividad que había mediado entre gobiernos y oposición.

Fayad y Ramírez se despiden después de precisar los detalles para la cita en Madrid. Más adelante habrán de encontrarse muchas otras veces a lo largo de todo el proceso de paz, desayunando huevos pericos en la cocina del apartamento del ministro en Bogotá, comiendo fríjoles junto a la hoguera de un campamento guerrillero o tomando aguardiente en la cantina de algún pueblo. Algunos de esos encuentros fluirán despreocupadamente como este primero; otros serán tensos y difíciles en la medida en que cada uno, al enfrentarse como contraparte en una intrincada negociación, aguce hasta la última de sus neuronas para jugar favorablemente hacia su lado. Los dos hombres intercambiarán confesiones del fondo del alma, palabras de mutuo aliento, indirectas afiladas como cuchillos y verdades disparadas como directos a la mandíbula, pero siempre el trato entre ellos estará marcado por la amistad y el respeto mutuo que nacieron en México y que se irán afianzando de encuentro en encuentro.

Tras tres días por fuera, el ministro regresa a Bogotá, y esa misma noche, a las cuatro de la mañana, va a ver al presidente, quien se prepara para partir hacia Europa al otro día. Revisan juntos el apretado itinerario de viaje de Betancur, y llegan a la conclusión de que el día y la hora para el encuentro con el M-19 sólo podrán ser fijados sobre la marcha. El presidente anota el dato clave para establecer contacto: el nombre de un hotel de cinco estrellas en Madrid, donde un hombre del M-19 estará permanentemente a la espera de señales suyas.

Todo parece indicar que esta vez las cosas van a marchar sobre ruedas, y que se mantendrán en reserva hasta que el gobierno las anuncie. Pero nuevamente una infidencia desata una comedia de errores. El jueves 6 de octubre, mientras Betancur se encuentra en El Vaticano en una audiencia con el papa Wojtila, en Bogotá Bernardo Ramírez, quien va rumbo a su despacho con el radio del automóvil prendido, escucha la voz del periodista Yamid Amat pregonando desde Madrid el *top secret* como quien anuncia la aparición de la mujer barbada en un circo:

«¡Atención! Repito: en esta ciudad esta a punto de ocurrir el más trascendental suceso relacionado con la paz…». A partir de ahí la prensa se desata. RCN lanza un falso *flash* según el cual en Madrid se encuentran los máximos líderes de las FARC, el M-19, el ELN y el EPL. Decenas de periodistas buscan afanosamente cupos en los aviones para viajar a España.

Mientras tanto, el ministro Ramírez intenta atajar la bola de nieve que crece por minutos y, pegado al teléfono, trata de localizar al presidente en Roma, para ponerlo al tanto del desastre. Por fin logra comunicarse con él en Bruselas, interrumpiéndolo en una cena con el rey Balduino. Belisario opina que de todas maneras hay que seguir adelante con el plan y, preocupado porque el M-19 se eche para atrás, llama a Felipe González. Este lo tranquiliza diciéndole que él personalmente se encargará de que tan pronto lleguen los dirigentes guerrilleros, les sea informado que la cita sigue en pie, tal como ha sido acordada.

A todas estas Iván Marino Ospina, el hombre que ha reemplazado a Bateman en la comandancia del M-19, y Álvaro Fayad, vuelan a bordo de un jet de Iberia, pidiéndole entretenidos, Bloody Marys a la azafata, y son los únicos colombianos que no se han enterado de que su plan secreto se está ventilando a los cuatro vientos. Por eso al llegar al aeropuerto de Barajas, cuando unos agentes de la seguridad española les transmiten el mensaje de Felipe y les aseguran que no hay motivo para preocuparse porque todo está bajo control, ellos lo interpretan como una simple confirmación de rutina. Después Fayad confesaría: «Si nos llegamos a enterar no vamos. Nadie se le hubiera medido a una ratonera de esas».

La noche en que ha de realizarse el encuentro, Belisario asiste antes, con su familia, a una cena ofrecida en su honor por los reyes de España, la cual se celebra, como es de rigor en el protocolo real siempre que llega un jefe de otro Estado, en el palacio del Rey. Bajo los 148.000 bombillos de las arañas de cristal del palacio, la sonrisa radiante del presidente colombiano refleja la cadena de éxitos que ha obtenido durante su gira internacional: en Nueva York ha sido ovacionado de pie en la asamblea de las Naciones Unidas y en España ha recibido, por sus esfuerzos de paz, el premio Príncipe de Asturias. Ha entrado triunfal en el viejo continente, con la imagen de gobernante capaz de mantener la cordura democrática en un nuevo mundo sumido en la locura de la violencia, y su nombre suena cada vez más fuerte como candidato al premio Nobel de la paz. Junto con su esposa Rosa Helena, Belisario Betancur es conducido a través del Salón de los Espejos, en los cuales se había multiplicado la maciza figura de matrona de la reina María Luisa de Parma; de la Recámara de Porcelana, donde Carlos III se solazaba con interminables baños de agua caliente; de la capilla privada de los reyes, bajo cuyo altar barroco un santo niño momificado mira atónito hacia el vacío desde su sepulcro de cristal; del Salón de los Relojes, donde marcan el tiempo al unísono los 50 caprichosos ejemplares coleccionados por Carlos IV. Finalmente pasan al comedor, donde se escucha la música que un cuarteto de cuerdas interpreta en la recámara contigua, y se sientan, al lado de los reyes y en medio del centenar de comensales frente al banquete. A pesar de la charla fraternal y amena del rey Juan Carlos, del aroma de las rosas color salmón que se derraman en cascada de los centros de mesa de plata antigua y de la coqueta frescura que sopla desde los Jardines de Sabatini renovando el aire bajo las bóvedas del palacio, Belisario Betancur mira preocupado su reloj, consciente de que la cena se está prolongando demasiado y que esto puede frustrar su encuentro con el M-19. Captando su inquietud, Felipe González hace apurar el ritual del café y del coñac, y Betancur parte apresurado hacía otro palacio, el de El Pardo en el cual se encuentra alojado. Antes de que alcance a cambiarse el frac, llega a recogerlo Julio Feo, el secretario privado de Felipe.

Ospina y Fayad lo están esperando en la casa de Feo, en un barrio de clase media al norte de la ciudad, a una hora de El Pardo. Es la una de la mañana. Por las calles del vecindario, normalmente desiertas y silenciosas a esa hora, se ven hombres que silban despreocupadamente. Son los agentes de la seguridad española que velan por los tres colombianos. Adentro, en el pequeño estudio de la casa, algunos de ellos conversan con los dos guerrilleros, que les hablan de la diferencias entre el carácter democrático y masivo de la lucha armada de Colombia y los métodos y objetivos del terrorismo individual de corte europeo. Cuando están en esas entra Belisario, quien rompe inmediatamente el hielo saludándolos calurosamente por su nombre de pila y pidiendo un whisky. Julio Feo saca la única reserva que le queda, una botella con sólo cuatro dedos, y la reparte equitativamente. Los dejan solos a los tres y se cierra la puerta.

¿De qué se habla en esa reunión? De todo y de nada. Se mencionan los obstáculos, las posibilidades, las urgencias, las expectativas en torno a la obsesión común que los ha reunido allí: cómo terminar con la guerra. Hay un solo punto que se precisa y se concreta con compromisos recíprocos, y es que habrá una segunda reunión. Al abrir la puerta se encuentran con el director del diario *El País*, que quiere una entrevista. Por distintas razones, ninguno de los tres está convencido de las conveniencias de darla desde España, y Fayad aprovecha para saltar largo:

«Entonces viajemos juntos de regreso a Colombia, presidente» le propone. «Mañana mismo, en el mismo avión, y al llegar damos una rueda de prensa.» «Usted lo que quiere es desestabilizarme», lo frena, risueño, Betancur.

En ese momento, seguramente pensando en la caterva de enemigos que se le vendrá encima al presidente de Colombia si se mantiene fiel a su propósito de paz, e intuyendo el valor y la decisión que este tendría que desplegar para enfrentar sus críticas, sus presiones, sus golpes militares, Álvaro Fayad le suelta, de repente, una frase cargada de presagios que suena extraña y fuera de contexto en esa cálida noche madrileña, tan ajena a los sacrificios, a los fracasos o a las claudicaciones, en la cual brilla en su punto más alto la buena estrella de Belisario Betancur: «Póngase el casco de Allende, que el pueblo y nosotros lo apoyamos», le dice.

Se despiden antes de la madrugada. Quieren dejar un testimonio gráfico del encuentro y le piden una cámara al dueño de casa. Como este no tiene ninguna, en los archivos de la historia colombiana nunca aparecerá una curiosa fotografía: la de un presidente de frac desabrochado y, a lado y lado, disfrazados de civiles, dos dirigentes guerrilleros.

En las selvas del Carare-Opón

Hasta finales del año 83, a juzgar por los escasos comunicados que la opinión pública conocía de las FARC, se deducía que ese grupo tenía más argumentos en contra que a favor de firmar un acuerdo con el gobierno. Después del encuentro en Madrid se creía que el asunto con el M-19 ya estaba al otro lado, pero que lograr que siguieran el mismo camino las FARC, que andaban retrecheras, sería más complicado.

Sin embargo, en diciembre de ese año las FARC decidieron acabar con las lacónicas misivas que unos mensajeros huidizos traían escondidas entre el forro de la chaqueta desde las selvas hasta las salas de redacción, y optaron por soltar una chiva con gran despliegue publicitario, trasteando con todo hasta los campamentos: periodistas, máquinas de escribir y cámaras de televisión. Querían hablar largo y dejar clara de una vez su posición frente al proceso de paz.

A mí me llevaron en calidad de periodista a la celebración de la reunión cumbre de uno de sus frentes, el doce, que operaba en lo que entonces era plena zona de candela, el Magdalena Medio. Una región en la que no había concejal de oposición que no fuera asesinado, ni campesino que no estuviera aterrorizado, ni ganadero que no fuera extorsionado. Allí se registraban las tres cuartas partes de los asesinatos, los secuestros y los éxodos campesinos que se vivían en el país.

En Bucaramanga nos buscó un muchacho mulato al cual llamaban Comandante Óscar, que andaba cojo por un accidente sufrido semanas antes. Por él supimos que nos dirigíamos a algún punto de las selvas del Carare-Opón, pero era imposible precisar por dónde andábamos porque nos llevaban desinformados. Partimos de Bucaramanga y el primer trayecto lo hicimos en tren; después seguimos por un río ancho de aguas oscuras en una chalupa que encallaba en todos los vados, obligándonos a mojarnos hasta la cintura para empujarla. Los guerrilleros que venían con Óscar contaron que siempre llevan ropa húmeda contra la piel, porque cuando no están entre el río, están aguantando lluvia. Uno de ellos dijo que le entraba nostalgia cuando pensaba en la camisa que todas la mañanas su mamá le entregaba tibia y oliendo a ropa recién planchada.

El río nos iba metiendo poco a poco entre la selva. El viaje era lento y cuidadoso, pues no sólo había que eludir al ejército, sino también a los grupos paramilitares que rondaban la región. Los campesinos que nos topábamos traían y llevaban historias sobre ellos: que Los Grillos se llevaron al hijo de don Humberto; que Los Menudos incendiaron el rancho de los Quintero, que aparecieron cinco cadáveres castrados y sin ojos.

De vez en cuando los correos guerrilleros que iban adelante para informar de cualquier presencia extraña volvían y cuchicheaban con el guía. Entonces se interrumpía el trayecto por el río, la chalupa seguía sola con el boga y los demás caminábamos por entre la selva hasta encontrarla más adelante en un lugar seguro. Lo mismo cuando aparecían los retenes de control ubicados cada tanto en la orilla. En una ocasión pasamos frente a uno de ellos sin escondernos, diciéndole adiós al guardia con la mano. «Ese policía es nuestro», nos dijo el guía.

Al atardecer parábamos en el rancho de algún campesino para comer y dormir un par de horas. Son solitarios tambos de guadua al borde del agua, a kilómetros de cualquier manifestación de la civilización, y quienes los habitan permanecen horas sentados en los porches, pensando en nada, esperando que el río traiga algo nuevo: una chalupa que recoja los plátanos, unos guerrilleros buscando pertrechos, unos soldados que persigan guerrilleros, algún cadáver hinchado y descompuesto de los que pasan flotando; cualquier cosa que el agua quiera llevar o traer, que ayude a ocupar en algo la imaginación y a matar un tiempo largo e inútil; cualquier cosa que cree la ilusión de que la vida transcurre, aunque no sean más que troncos podridos arrastrados por la corriente. Para entretener la miseria tienen un par de hamacas, una estufa de leña, algunas herramientas, cajas de madera para sentarse y media docena de niños panzones que van creciendo involuntariamente, sin ver nunca un médico ni un maestro. En uno de esos ranchos nos dieron la bienvenida con viudo de pescado, arroz y yuca frita y después se sentaron a oír noticias del país con la expresión de quien escucha historias de otras épocas o películas de extraterrestres. Mientras tanto, una mujer tranquila mecía de vez en cuando una hamaca en la que brillaba de fiebre un niño quieto y ausente.

Para esas gentes la guerrilla es una presencia familiar bien recibida, y colaborarle es lo único que rompe su rutina. Lo hace el boga del motor, el hombre que esconde las cámaras de televisión entre los racimos de plátano, la señora que prepara el pescado, el que presta el camión, el que alquila las mulas. No sólo conocen a los guerrilleros, sino que muchos están ligados a ellos por parentesco. Esta propensión natural a apoyar a la guerrilla no quiere decir que el campesino no se mueva entre dos miedos. Los soldados y los paramilitares a menudo los matan o torturan por considerarlos «cómplices de la subversión», y a veces también les sucede que la guerrilla los acusa de «sapos», de desertores o de traidores, pecados que las FARC cobran con la pena de muerte.

Las últimas seis horas de recorrido las hicimos por tierra, de noche. A medida que oscurecía, los guayacanes y los robles negros, los sangregaos y los palos de milpán se iban fundiendo en una masa fantasmagórica que sólo se hacía real cuando las ramas nos golpeaban la cara o nos arañaban los brazos. Un aire espeso y húmedo taponaba las narices, y no se podía fumar porque la lumbre del cigarrillo y sobre todo su olor, delatan la presencia. Caminábamos en silencio, oyendo el chasquido de las botas que se hundían en el barro y atentos a los ruidos de imprecisos animales.

A medida que avanzábamos se hacía más alucinante un raro juego de luces blancas sobre el espacio negro: al lado de nuestros pies, los focos de las linternas de los guías se prendían sólo el instante necesario para insinuar el camino; más lejos brillaban y se opacaban, también intermitentes pero con ritmo más rápido, las luces diminutas de las luciérnagas; encima de nuestras cabezas, cuando la vegetación se abría, aparecían otros miles de puntos de luz blanca, las estrellas, que en ningún lugar abruman como en el corazón de esas selvas del Carare-Opón. De repente, apareció a la distancia una larga hilera de luces de linterna que serpenteaba velozmente hacia nosotros. «Son los compañeros que bajan a recibirnos», nos dijeron, y empezamos a distinguir las siluetas de unos cincuenta hombres y mujeres uniformados y armados que fueron pasando a nuestro lado dándonos la mano. Un cuarto de hora más tarde, Óscar nos anunció: «Llegamos a Ciudad Perdida». y entró al campamento arrastrando penosamente la pierna herida.

La instalación de luz eléctrica permitía ver con claridad la plaza central despejada en medio de la selva, rodeada por un tambo grande para reuniones al que llamaban «el aula», una enfermería, dos casinos, el cambuche de abastecimiento y pertrechos y unas cuarenta carpas en cuyo interior se veía colgar media docena de hamacas con mosquitero. Esperándonos en el aula estaban los diez hombres que componían la plana mayor del doce frente, encabezados por el Comandante Alonso, un campesino cuarentón que había sido maderero de oficio, y que tras dos decenios de militancia guerrillera dirigía las operaciones del Magdalena Medio.

La atracción turística del campamento era su hijo Alberto, un muchachito de doce años, espigado y de grandes ojos negros, que manejaba bien las armas y que hablaba con desenvoltura de política y de guerra ante la cámara de televisión.

La vida en el campamento de las FARC era tan disciplinada y puntual como sólo puede serlo en un cuartel militar. Pitazo para lavarse a las cuatro y media, rigurosos ejercicios bajo el sol o la lluvia, desayuno liviano a las seis, aseo personal y del campamento, estudio de los materiales del congreso y corte para recibir un almuerzo poderoso; por la tarde, sesiones plenarias de discusión y votación, comida espartana, dos horas de sobrio recreo, y en la noche, a diferencia de las rumbas del M-19, pitazo a las ocho en punto para acostarse, diez minutos para hacerlo y cierre definitivo con apagón de planta eléctrica. Los guerrilleros —hombres y mujeres— están bien armados y, en contraste con los del M-19 que mezclan prendas militares con jipas, yines y pañuelos de colores al cuello, los de las FARC son de riguroso verde oliva e incluso hacen formar aparte a los de uniforme incompleto, como en cualquier colegio de monjas. Al ver aquello no se sorprende uno de que los campesinos, que a los del M-19 les dicen los muchachos, a los de las FARC les den el apelativo más formal de compañeros, o que para llamarse entre ellos mismos los primeros digan hermano mientras que los segundos recurran al camarada.

El congreso del doce frente, siguiendo la política conjunta de toda la organización, votó firmar la tregua y aceptar el cese al fuego, y entró a discutir su eventual participación en las elecciones y las bases para crear un movimiento legal. Con esto el proceso de paz daba un paso más: las FARC tomaban la decisión de incorporarse a él.

Después de dos días, emprendimos el camino de regreso y pasamos incontables horas fustigando unas bestias tercas bajo la tormenta de agua. Atrás quedaba Ciudad Perdida, y perdidos en ella unos hombres que empezaban a prepararse para vivir en paz.

De cuando en cuando volvimos a tener noticias del doce frente. Una buena; las demás no.

A Óscar lo vimos en febrero del año siguiente, un día que se apareció por Bogotá, adonde había viajado para hacerse operar la pierna. Supimos otra vez de él en agosto, en Bucaramanga, cuando un grupo de personas se acercó para denunciar la desaparición de un muchacho barranquillero de las FARC, conocido con el nombre de Óscar. Nos llamó la atención, sin embargo, que las FARC no hubieran denunciado públicamente su desaparición. Semanas después supimos por boca de un alto mando de esa organización, que habían descubierto que Óscar era un infiltrado en la guerrilla, un tira que aprovechaba el rango que había alcanzado para pasarle al ejército información de alto nivel.

También en Bucaramanga nos dijeron que el hijo del Comandante Alonso, un niño guerrillero, había sido detenido, y que andaba por las calles en un automóvil militar señalando gente.

Más adelante el general Vega Uribe, cuando aún no era ministro de Defensa, me dio una entrevista en su despacho para pasarme unos datos que, en su opinión, este libro debía reseñar si quería ser objetivo. Me sentó frente a un aparato de betamax y me mostró una serie de videos donde aparecían supuestos detenidos de las FARC que hablaban de secuestros realizados por esa organización después de firmado el acuerdo de tregua. En medio de las caras anónimas que pasaban por la pantalla, de repente reconocí una, la de un muchachito que aún no llegaba a adolescente, flaco y de grandes ojos negros. Se sostenía la cabeza entre las manos, con los codos sobre la mesa, y relataba atropelladamente historias inconexas de caletas, dineros, operativos. Era él, Alberto. Meses después supe que el niño ya no estaba vivo, pero no pude conocer las circunstancias de su muerte.

La noticia buena vino en una carta que me enviaron algunos de los muchachos que conocí en el campamento. En ella hablaban del Magdalena Medio, donde la violencia había ido cediendo y se recuperaban momentos de relativa tranquilidad que permitían que la gente vislumbrara lo que era la paz. Hablaban también del entusiasmo con que las FARC se preparaban para firmar la tregua con el gobierno.

El destape

¿Qué pasaba mientras tanto con otros personajes claves en esta historia, los militares? Aún no habían hecho una aparición demasiado notoria en escena. Las declaraciones esporádicas indicaban que se estaban tragando el proceso de paz como quien se toma una cucharada de aceite de hígado de bacalao, y aunque les sabía a feo, lo hacían por disciplina y seguramente por el sentido de la inoportunidad histórica de un golpe. Lo cierto es que durante más de un año habían guardado un relativo silencio, al menos en público, evitando chocar de frente con el ejecutivo.

Pero llegó la hora en que se aburrieron de tomarse su aceite callados. La impaciencia de los altos mandos empezó a bullir, primero a fuego lento, después a borbotones, y como si tanto descontento silenciado encontrara por fin una válvula de escape, un día de enero de 1984 el general Fernando Landazábal, entonces ministro de Defensa, perdió los estribos y la prudencia y resolvió destaparse en una entrevista de televisión con la periodista Margarita Vidal. Culto y sonriente, con la serenidad de quien recita el Padrenuestro, Landazábal fue soltando una a una las afirmaciones que habrían de costarle la cabeza: no habría cese al fuego; el gobierno mostraba debilidad ante la guerrilla; la amnistía creaba un espacio psicológico y político favorable para la guerrilla; la guerrilla no estaba interesada en la amnistía porque prefería seguir beneficiándose del tráfico de coca; el presidente no tenía por qué rebajarse entrevistándose con guerrilleros. O sea que en el curso de la media hora que duró su charla informal por televisión, el ministro de Defensa en ejercicio desautorizó de plano la política de paz del presidente, dejando saber que las Fuerzas Armadas no estaban dispuestas a acatarla. Pero el general Landazábal no se quedó ahí, sino que además propuso una política de recambio al asegurar que el ejército estaba en capacidad de destruir militarmente a la guerrilla.

Si alguna vez un militar deliberó a sus anchas, sin timideces, sin prejuicios, fue el ministro de Defensa en esa ocasión. Y como para recalcar que pensaba seguirlo haciendo, le advirtió a Margarita Vidal: «El país se acostumbrará a escuchar a sus generales».

Los intoxicados con la política de paz aplaudieron las palabras de Landazábal, y tanto algunos sectores de la gran prensa como todos aquellos que habían dado en llamarse a sí mismos «los secuestrables», respiraron más tranquilos al sentirse por fin respaldados. Muchos militares, estimulados por el ejemplo de su superior, empezaron a raparse la palabra para hacerse oír ellos también, y hubo una semana en la que cada día se pronunció uno distinto, despotricando contra la actitud conciliadora, pregonando la mano dura y haciéndole eco, arandela más, arandela menos, a lo dicho por el ministro: no al intento de paz.

A todas estas el presidente guardaba silencio; pasaba el tiempo y no decía nada y el país se preguntaba si estaría pensando en volver a tragar entero y comer callado, como lo había hecho cuando Landazábal pisó fuerte e impidió que se siguiera adelante con la investigación sobre los paramilitares. Pero esta vez el asunto era de vida o muerte para la autoridad presidencial, y no ponerle el tate quieto a las osadías del general era entregarse a su voluntad y quedar en su manos. Así que, aunque no hubiera respuesta inmediata, la procesión iba por dentro y al final habría crucificado. Y esta vez no sería el presidente.

Cinco días después de la explosiva entrevista —que hasta el momento sin embargo no había causado ninguna reacción—, los altos mandos militares invitaron a Betancur y a los ministros a una reunión secreta, en la cual proyectaron diapositivas, extendieron mapas, expusieron razones y cifras y entregaron un memorando, que meses después fue publicado por la prensa, en el cual explicaban que había «un plan del comunismo para tomarse el poder en Colombia» y reafirmaban que, en consecuencia, las Fuerzas Armadas «no aceptan el cese de fuego, la tregua y/o la desmilitarización».

Terminada la exposición, todos se voltearon hacia Betancur. ¿Iría finalmente a pedirle cuentas a Landazábal por el público desacato a su autoridad? El presidente evadió el tema, y evitó también cualquier comentario sobre las inquietudes planteadas en la reunión. Con expresión impasible, lo único que dijo fue que había tomado nota de lo dicho y que conocerían su respuesta ocho días después, en un documento que presentaría ante el Consejo Nacional de Seguridad. Advirtió el carácter reservado de todo lo que se había hablado allí, y se despidió.

Sin que el país se enterara de ello, transcurrieron ocho días de expectativa para el reducido grupo de personas que habían estado presentes en la reunión, y que sabían que detrás de cada palabra, de cada silencio, se estaba expresando un tenso mano a mano para ver cuál de las dos autoridades se imponía sobre la otra: la de Betancur o la de Landazábal.

Tal como estaba previsto, el día 17 de enero, a las siete de la mañana, los militares asistieron a la citación del presidente. Daban por descontado que esta tendría el mismo carácter reservado de la anterior, y sin embargo se encontraron de entrada con que el documento preparado por Belisario, que ellos aún no habían leído, ya había sido entregado a la prensa. Sin dejar que se repusieran de la sorpresa, Betancur remató ese primer golpe con otro seguido: abrió la reunión diciendo que cuando los militares entran a deliberar lo hacen armados, lo cual determina que no vayan tras el entendimiento sino tras la aniquilación. En medio de su discurso fue hilvanando frases de otro, pronunciadas por el ex presidente Lleras Camargo en 1958, equiparando así el momento a aquel vivido recién caída la dictadura del general Gustavo Rojas Pinilla, cuando con el Frente Nacional el poder civil se volvía a imponer sobre el militar.

La respuesta de Betancur al golpe de opinión de Landazábal fue la confirmación del poder presidencial y la delimitación de las funciones de los distintos órganos del poder público. Durante el periodo presidencial anterior se había sentado el precedente de que los generales, en particular el ministro de Defensa, asumían un papel decisivo en el gobierno, colocándose a la altura del presidente. Betancur, en cambio, advertía que no estaba dispuesto a compartir el poder y menos aún a cederlo. Si Turbay y el general Camacho Leyva habían operado como un solo hombre, Betancur dejaba en claro que él era el presidente y que Landazábal no era más que uno de sus varios ministros. Esta vez no habría llave. El presidente se reafirmaba en su voluntad de ejercer un gobierno que procurara la estabilidad, utilizando dosis mayores de instrumentos ideológicos y políticos y dosis menores de Teoría de Seguridad Nacional. Les propuso a las Fuerzas Armadas que se fortalecieran, pero por vías distintas a la de interferir con el poder ejecutivo y de situarse en el centro de la controversia política. El énfasis en la democracia presidencial que hizo Belisario Betancur se ajustaba al propósito de consolidar un sistema político que combinara un ejecutivo fuerte, sustentado por los partidos liberal y conservador —o fracciones de ellos— y unas Fuerzas Armadas reforzadas en su papel coercitivo, antiinsurgente, sin que ello les implicara una privilegiada injerencia en la función gubernamental o en la administración de la justicia.

No se sabe cuántos generales comulgaron con el sentido del mensaje del presidente, pero es seguro que al menos uno sí lo hizo: el general Gustavo Matamoros D'Acosta, segundo en jerarquía después de Landazábal con quien Betancur se había puesto previamente de acuerdo sobre las reglas del juego en extensas charlas sostenidas en secreto durante toda esa semana.

Porque el presidente no se quedó en filosofías y generalidades, sino que saldó cuentas con el ministro de Defensa, y lo hizo con una frase que apuntó directo a su cabeza: como Landazábal ya había cumplido el tiempo reglamentario de servicio, Betancur alabó el gesto de los jefes militares que, llegada la hora, le abren campo a quienes los siguen en rango. Para cerrar, reiteró una vez más su posición sobre el manejo de la política interna: «…en la búsqueda de la paz hay en mí un vasto horizonte de perdón y una capacidad inmensa de reconciliaciones…».

Como fulminado por un rayo, ese mismo día Fernando Landazábal presentó su renuncia, y fue inmediatamente reemplazado por el general Matamoros.

La pata coja

En la medida de lo posible, las cosas en el terreno de las negociaciones de paz marchaban por el buen camino: el presidente se mantenía firme, y así lo había demostrado al enfrentarse a un opositor bravo y fuertemente respaldado como era el general Landazábal. Los dos grupos guerrilleros claves parecían bien dispuestos, y los militares estaban momentáneamente bajo control. Pero no sucedía otro tanto con el panorama social del país.

En febrero del 84 el escritor argentino Ernesto Sábato hizo una corta visita a Colombia, y en una de sus declaraciones que le valieron que algunos medios locales lo calificaran de «persona non grata», dijo que veía la situación «muy convulsionada por graves problemas de fondo. Si esto sucediera en la Argentina, ya se habría producido un golpe de Estado». Sábato podía haber pecado de torpeza en materia de diplomacia, pero su olfato para captar cómo venía la marea no le había fallado. En efecto, ese febrero acabaron revueltos en un mismo hervidero un elevado número de conflictos que venían recalentándose de tiempo atrás. El año 84, Año de la Paz, se estrenaba con un pico de agitación social y descontento colectivo. Para que un extranjero como Sábato llegara a las drásticas conclusiones que expresó, bastaba con que durante tres o cuatro días ojeara los noticieros de televisión y las reseñas de prensa, enterándose al vuelo de escenas como estas, que diariamente ocurrían a todo lo ancho del país:

BOGOTÁ, JUEVES 9. 30.000 personas llenan la Plaza de Bolívar en una jornada de protesta encabezada por los empleados estatales que han decretado un paro nacional.

FREDONIA, ANTIOQUIA, DOMINGO 19. Tres conceja-les del Partido Comunista son asesinados en distintas cir-cunstancias, pero simultáneamente. No es coincidencia: los tres estaban trabajando en la organización del paro cí-vico que habría de realizarse en esa localidad al día siguien-te. El triple asesinato hace estallar la ira popular, y miles de personas recorren las calles tras los tres cadáveres al gri-to de «Con sangre no se calla la conciencia del pueblo». Paros similares se extienden por todas las poblaciones de ese departamento.

AMAGÁ, ANTIOQUIA, LUNES 20. También aquí el pa-ro es total. La población amontonada en las carreteras im-pide la salida de las flotas para sabotear el transporte. Uno de los buses arranca velozmente atropellando a la multi-tud y mata a uno de los principales dirigentes populares. La marcha pacífica se convierte en un enfrentamiento a piedra con la policía.

SAN CARLOS, ANTIOQUIA, LUNES 20. Intensos des-órdenes se han registrado durante todo el día. Al ano-checer un policía de civil se filtra entre la gente. Alguien lo señala «¡Ese es tira!», la multitud lo cerca y de algún lado sale un disparo que lo mata.

Barrio Castilla, Medellín, martes 21. En una volqueta son conducidos a la estación de policía 11 detenidos. Una docena de encapuchados asaltan el camión con grandes ametralladoras. Del encontronazo, 20 personas salen heridas, y muertos uno de los detenidos y un policía.

Bogotá, miércoles 22. El ministro de Trabajo oye ruido y vocinglería al otro lado de la puerta de su oficina. Son los trabajadores de Fenaltrase que se han tomado el edificio del ministerio.

Bogotá, jueves 23. Estalla un paro de trabajadores estatales y un paro nacional del magisterio. Cerca de 300.000 personas en el país entran simultáneamente en huelga. La ciudad padece de infarto telefónico y el aeropuerto marcha en cámara lenta por una operación tortuga.

Pasto, jueves 23. Cinco maletas llenas de papel son enviadas al palacio presidencial, en Bogotá. Contienen las 300.000 firmas de apoyo al pliego de reivindicaciones que ha sido levantado por toda la población de Nariño, y que será respaldado, de ese día en adelante, por un paro cívico que afecta a la capital del departamento y a todas sus poblaciones. La semana anterior el propio presidente, con buena parte de su gabinete, había viajado a Pasto para tratar de arreglar la situación antes de que la gente optara por la medida de fuerza, pero no había logrado ningún acuerdo.

Estas imágenes eran sólo la punta de un iceberg cuyo cuerpo oculto era una gran conmoción social contenida, que empezaba a aflorar de repente. La película completa incluía paros cívicos, huelgas, protestas estudiantiles, tomas de tierras por parte de los indígenas y otras formas de protesta masiva que pusieron en pie de lucha, en una sola semana, a dos millones de colombianos. La cifra de muertos oficialmente reconocida como saldo del mes fue de ocho; la extraoficial le añadía un cero.

Los acontecimientos de febrero pusieron en evidencia que a pesar de los cambios políticos y de las libertades democráticas vividas bajo la administración Betancur, el descontento que se traducía en acciones de amplios sectores y de poblaciones enteras marcaba un cierto hilo de continuidad entre este periodo presidencial y el anterior. La causa inmediata que los motivaba era la recesión económica descargada sobre la población más pobre, recesión que se había iniciado en 1981 y que a principios del 84 seguía golpeando por el mismo camino, agudizando cada vez más las secuelas del desempleo y subempleo, caída de los ingresos familiares, crisis de los servicios públicos y alza generalizada de las tarifas. Esta situación, que no había cambiado pese al relevo de gobernante, confluyó en un momento dado con la apertura de las válvulas de escape tolerada por el nuevo estilo de manejo político, haciendo que la protesta, al sentir que ganaba libertad para expresarse, lo hiciera subiendo al máximo el volumen. Y desde luego, como en el monótono círculo del perro que se muerde la cola, esto derivó en violentos choques de la ciudadanía con las fuerzas policiales, y en un índice de represión marcadamente alto.

El proceso de negociación de paz se vio envuelto en la turbulencia de la conmoción social. El presidente insistía en llegar a un acuerdo con la guerrilla, pero la gente empezaba a ver claro que aun si esto se lograba, la verdadera paz era una meta que estaba mucho más allá. Tal vez, a lo mejor, Manuel Marulanda Vélez e Iván Marino Ospina accedieran finalmente a poner su firma sobre el papel. Pero con los millones de colombianos descontentos, movilizados a través de lo que algún político llamó la guerrilla cívica, ¿quién podría llegar a un acuerdo más o menos permanente, como no fuera ofreciéndoles reformas de fondo que significaran un cambio real de su situación?

En caso de que se lograra pactar la paz política, ¿cuánto iba a durar si no se ganaba además la paz social?

FARC-NARC Connection

Después de que un avión con radar suministrado por la embajada norteamericana detectó una pista de aterrizaje clandestina en la zona del Yarí, en las selvas del Caquetá, el Grupo Antinarcóticos planeó un golpe relámpago sobre el lugar. El 10 de marzo del año 84, dieciséis agentes altamente calificados del Grupo de Operaciones Especiales cayeron intempestivamente del cielo en dos helicópteros, abrieron fuego con sus ametralladoras y en unos pocos minutos se tomaron lo que resultó ser Tranquilandia, uno de los mayores centros de procesamiento y distribución de coca jamás descubiertos. Aunque el grueso de las personas que trabajaban allí huyó en dos aviones que alcanzaron a despegar, dejando rezagados a unos cuantos empleados sin importancia que no opusieron resistencia, las autoridades decomisaron 5 aviones, 15 vehículos, tractores y palas mecánicas, varios millones de pesos en efectivo para el pago de los jornaleros, 19 laboratorios en 6 centros de procesamiento de droga y 12.500 kilos de cocaína de la mejor calidad.

Cuando la prensa reseñó el hecho, aparecieron algunos artículos que involucraban en el asunto a las FARC, aunque no citaban evidencias concretas en su contra. No era la primera vez que se hacía este tipo de acusación; era una más dentro de una vasta campaña sobre lo que dio en llamarse narcoguerrilla, campaña que tenía su sede de operación en la Embajada Norteamericana en Colombia.

El embajador Lewis Tambs, uno de los funcionarios extranjeros que más había dado que hablar en el país, logró hacer una escandalosa aparición pública unos días después de la operación del Yarí, cuando, en una entrevista con Hernando Corral del Noticiero de las Siete, planteó personalmente, y ante millones de televidentes, la vinculación de las FARC al narcotráfico, implicando también al Partido Comunista colombiano al decir que, dado que era el tronco legal de su agrupación guerrillera, las responsabilidades recaían igualmente sobre él.

Entre la opinión pública hubo airadas reacciones. En primer lugar, el solo hecho de que el embajador se permitiera una injerencia tan destapada en los asuntos internos, ya de por sí irritó a muchos y le valió el apodo de Virrey Tambs. A esto se sumaba la poca credibilidad con que fueron recibidas sus acusaciones contra el Partido Comunista, pues a nadie le cuadraba la idea de que su secretario general, el anciano y respetable Gilberto Vieira, fuera narcotraficante.

Pero ahí no acababa el problema. Mr. Tambs no había escogido cualquier momento para desatar la polémica, sino que lo había hecho la víspera de la fecha fijada por las FARC para firmar la tregua con el gobierno. Pudo ser casualidad. Como pudo ser casualidad también que el presidente Reagan tuviera de embajador en Colombia, en medio del intento de apertura democrática y de negociación con la guerrilla, precisamente a Lewis Tambs, el hombre que había propuesto arrasar con todo en las zonas de El

Salvador donde tenía influencia la guerrilla. Pudo ser de buena voluntad, o por exceso de ingenuidad, pero lo cierto es que al hablar de narcoguerrilla el embajador se había agarrado de la preocupación de los dos países por ponerle coto al narcotráfico, para aterrizar en plancha en los asuntos internos del país y meter de lleno las narices en la política nacional.

La deducción directa que se sacaba del señalamiento de Tambs era que el gobierno no estaba pactando con una fuerza política, la guerrilla, sino con delincuentes comunes, los narcoguerrilleros. El silogismo salía redondo: con el hampa de la droga no se dialoga ni se negocia, sino que se la encarcela o se la extradita. Unos periodistas de Medellín resolvieron ponerle tiza al cuento y enumeraron la serie de conclusiones insospechadas que podían sacar de la vinculación guerrilla-mafia que hacía Mr. Tambs; por ejemplo, que había que combinar la CIA con la DEA y experimentar el injerto en Colombia, o que, dado el nexo que el narcotráfico tenía con el Partido Comunista, se podía extraditar a cualquiera de sus militantes por el hecho de serlo.

Personalidades democráticas y agrupaciones sindicales denunciaron a Tambs por presionar descaradamente por una política represiva y exigieron su salida del país. El escándalo fue creciendo hasta que el presidente Betancur tuvo que tomar cartas en el asunto, dada la delicada situación que se le había creado. Era evidente que un paso más por ese camino podía reventar el difícil equilibrio que estaba a punto de lograrse con las FARC. Entonces, sin desmentir directamente a nadie y sin hacer alusiones personales, afirmó en un discurso televisado que una cosa era la guerrilla y otra distinta el narcotráfico.

A manera de respuesta, la embajada norteamericana publicó un informe con un sonoro nombre, *The FARC-NARC Connection*, en el cual precisaba las evidencias que tenía para sustentar su ataque. Más cuidadosos esta vez, no hablaban allí de que la guerrilla cultivara, procesara o traficara con la droga, sino más bien que convivía pacíficamente con el problema sacándole provecho. Decían que de los veintiocho frentes de las FARC, más de la mitad operaban en áreas de cultivos de cocaína y marihuana, en donde les cobraban cuotas a los narcos a cambio de suministrarles protección contra las incursiones del ejército; decían que las FARC se ganaban para su política a los trabajadores migratorios que recogían las cosechas de coca, y utilizaban los barcos que salían cargados con droga para fletar de vuelta armas en ellos.

Esos datos, o al menos algunos de ellos, bien podían ser ciertos; no para las FARC como organización, sino para algunos de sus frentes. En un país infestado de narcotráfico hasta los tuétanos, era altamente improbable que la guerrilla se mantuviera virginal al margen del fenómeno. Quien hablaba de Colombia hablaba de coca, eso lo sabía cualquier gringo aunque no supiera cuál era la capital del país ni pudiera precisar si sus habitantes eran caníbales o pingüinos, y aquí adentro sucedía que el cultivo de la hoja no sólo incumbía a capos y mulas, sino que se había convertido en alternativa económica para millares de familias campesinas. Con el dinero que durante un año le transferían los consumidores de Norteamérica a los traficantes locales, seguramente se podía pagar toda la deuda externa colombiana y sobraba para la propina. La droga mataba, destruía el cerebro, corrompía la nación y causaba todos los desastres que con razón señalaban los anuncios publicitarios, pero constituía además un *modus vivendi*.

Dentro de este contexto, lo que el informe de Tambs hacía era darle categoría política global a lo que eran actos delictivos particulares. Que guerrilleros y cultivadores de coca coincidieran en las mismas zonas geográficas no era demostración contundente, si se tenía en cuenta que unos y otros estaban regados por todo el territorio nacional. En cuanto al cobro de cuotas, ese sí parecía ser un dato con más pulpa. Existía un exhaustivo informe de un militar, el teniente coronel Mario López Castaño, que decía que en zonas de coca las FARC le habían impuesto a los cultivadores una suerte de impuesto llamado gramaje. Este era sólo uno de los puntos que figuraban en un completo reglamento, el cual, dándole una a Dios y otra al diablo, al mismo tiempo que imponía el gramaje, prohibía el consumo de coca por parte de la población, obligaba a cultivar maíz y plátano en una extensión que duplicara la de la hoja e imponía como norma salarial el pago de un jornal mayor a quien se dedicara a actividades agropecuarias normales. Los documentos oficiales de la VII Conferencia de las FARC hacían una condena abierta a esta situación, mencionando medidas drásticas destinadas a cortarla de tajo en los frentes en los que se presentara, porque amenazaba con relajar la disciplina y la moral militar.

El problema ciertamente era grave, era grave y nefasto. Pero no era esto lo que obsesionaba a Tambs. El relajamiento de la moral guerrillera no era lo que lo desvelaba, ni las penas de los campesinos coqueros a fuerza de hambre lo que le quitaba el sueño. Por encima de todo eso, lo que el embajador estaba empeñado en demostrar era que la guerrilla actuaba como puntal del narcotráfico y como rama de la mafia internacional. Así que si acuñaba el término narcoguerrilla no era para denunciar las irregularidades que mencionaban tanto el teniente coronel en su minucioso informe como las propias FARC en las resoluciones de su conferencia, sino para montar una maniobra política de alto y complejo vuelo. Maniobra que no era invento original de Tambs ni exclusiva para Colombia, sino que se enmarcaba dentro de un plan más amplio que también involucraba a Cuba y a Nicaragua, países acusados una y otra vez por el gobierno de Reagan de amparar, promover y beneficiarse del narcotráfico, aduciendo como pruebas de ello historias que unían entre sí datos falseados o fragmentarios para configurar un panorama universal de droga y comunismo aliados.

En el caso colombiano, partir del hecho cierto de que algunos frentes de las FARC cobraban gramaje o de que el M-19 se hubiera valido de la ayuda de narcos para meter al país las armas del *Karina*, para llegar a la acusación de que la guerrilla era narcoguerrillera, era como si alguien a partir de los 48 militares untados de narcotráfico en la operación Roncador 83 pretendiera hablar de narcoejército; como si por algún representante apresado en Nueva York por ofrecer perica en Central Park se pudiera hablar de narcocongreso; como si por unos gramos de coca enviados a Europa a través de palacio en una valija diplomática se pudiera hablar de narcodiplomacia; como si por unos cheques de dinero caliente invertidos en campañas electorales se pudiera hablar de narcoliberales; como si por los periódicos que le publicaban avisos pagos de página entera al capo Carlos Ledher se pudiera hablar de narcoperiodismo; como si por un obispo que recibía limosna de los narcos para repartirla entre los pobres se pudiera hablar de narcoiglesia. Como si acaso, por todos estos hechos ciertos y lamentables, hubiera que hablar de narcopaís. Puede ser. Lamentablemente así parece ser. Como puede ser también que por 30.000.000 de consumidores habituales de cocaína en Estados Unidos se pueda hablar de narcoimperio.

La fuerza tranquila

La reunión en Madrid del presidente con el M-19, que terminó en un acuerdo para una segunda reunión, no tuvo sin embargo continuidad. Belisario no se volvió a ver con Ospina o con Fayad, y tampoco volvió a contactarlos Bernardo Ramírez. Todo parecía indicar que las exigencias que hacía este grupo guerrillero de reformas sociales y diálogo amplio entre los sectores de la nación como contrapartida para deponer las armas, eran más de lo que el presidente podía comprometerse a ofrecer. Tampoco se veía satisfecho el gobierno con el método del M-19, que consistía en mantener las acciones armadas mientras negociaba, como medio de presión para poderle subir el volumen a sus exigencias. El asunto estaba, pues, empantanado por este lado; en cambio el panorama se había despejado sorpresivamente por otro: las FARC, antes lejanas y reticentes, en los últimos meses parecían dispuestas a allanar cualquier dificultad para llegar rápidamente a la firma. A través del presidente de la Comisión de Paz, John Agudelo, y de Alberto Rojas Puyo, miembro del Comité Central del Partido Comunista, quienes habían jugado un papel clave como intermediarios, el gobierno y el estado mayor de las FARC habían llegado a un acuerdo y, cada uno por su lado, había anunciado la firma para el martes 27 de marzo del año 84.

Por eso el día anterior había revuelo en el Sello Negro, un pequeño bar al norte de Bogotá, con bancos altos y máquinas de *pin-ball*, en el que los periodistas solían reunirse los lunes por la noche para tomarse unos tragos intercambiando chivas y complementando datos. Todos estaban pendientes de la firma con las FARC, pero nadie había podido conseguir el dato del lugar en que se realizaría, porque las FARC, aduciendo motivos de seguridad, habían preferido mantenerlo en secreto.

Hacia la media noche llegó al Sello Negro Juan Guillermo Ríos, se sacó un mapa del bolsillo, lo desdobló y señaló un punto perdido en la zona montañosa del departamento del Meta: un pueblo llamado La Uribe. Ese sería el lugar. Inmediatamente se formó un *pool* para pagar un helicóptero entre tres medios de comunicación —el noticiero de televisión de Ríos, la revista *Semana* y el noticiero radial de Caracol— y algunos periodistas nos preparamos para viajar al día siguiente a La Uribe. En el helicóptero llegaríamos en pocas horas y tendríamos primicia y monopolio de una noticia de primera plana.

Al otro día partimos al amanecer. Llegamos a La Uribe, un caserío despoblado y polvoriento, y allí no encontramos ni guerrilleros ni comisionados; no había sino tropa… y otra media docena de periodistas. El dato no sólo le había llegado al ejército y a otra gente de prensa, sino que además era falso. Sin embargo, aquella era zona tradicional de las FARC, y todo indicaba que si la reunión no era ahí, sí debía ser por lo menos cerca. Como si se tratara de una carrera de observación, los periodistas nos disparamos a interrogar campesinos, para ver si alguien daba indicio. Frías las pistas. Aunque se suponía que por allí entraban y salían las FARC como Pedro por su casa, los habitantes de La Uribe juraban que la última vez que los habían visto era hacía cinco años. Creímos estar tibios cuando alguien contó que a pocos kilómetros, en medio de la selva, había una pista de aterrizaje que utilizaban Tirofijo y sus hombres. Otra vez al helicóptero para buscar la pista, hasta que la encontramos: abandonada y ya semicubierta por la vegetación, no llevaba a nada ni a nadie. Durante dos días sobrevolamos la región, mirando hacia abajo con binóculos y aterrizando en los escasos claros que la selva toleraba. No tuvimos ningún éxito: nos resignamos a devolvernos sin haber encontrado nada.

Mientras tanto, debajo de nosotros, en un pico de la Cordillera Oriental en el límite entre el Meta y el Huila, a orillas del río Duda, ocultos guerrilleros de las FARC veían pasar una y otra vez nuestro helicóptero sobre sus cabezas y lo ponían en la mira de sus ametralladoras, por precaución, por si se trataba de un atentado aéreo contra su plana mayor, que se encontraba toda reunida en ese lugar, firmando el acuerdo con los comisionados de paz. Allá abajo sucedía la noticia que los periodistas no pudimos presenciar: Manuel Marulanda Vélez, de suéter azul celeste y toalla de flores al cuello, saludando efusivamente a la comisionada de paz Margarita Vidal, muerta de frío en su vestido de algodón sin mangas, porque alguien le había pasado el falso dato de que eso era tierra caliente; los dirigentes guerrilleros Jacobo Arenas, Jaime Guaracas, Alfonso Cano y Raúl Reyes compartiendo lechona y cerveza con los doctores John Agudelo Ríos, Rafael Rivas, Alberto Rojas Puyo, César Gómez y Samuel Hoyos, mientras acababan de pulir las tildes y las comas de un texto cuyo contenido ya estaba previamente acordado, pues había pasado mil veces de las manos del presidente a las de los altos mandos guerrilleros, enredándose a veces en escollos que duraban semanas en encontrar solución: que las FARC pedían que los militares —que al fin de cuentas estaban directamente involucrados en la guerra que se buscaba suspender— se comprometieran en las negociaciones y en la firma, y el gobierno respondía que no, que sólo al presidente, como jefe de las Fuerzas Armadas, le correspondía tomar decisiones de paz; que las FARC exigían compromiso explícito por parte del gobierno de acometer una reforma agraria y una reforma urbana y de sentar las bases para una real apertura política, y el gobierno aclaraba que en materia de cambios lo más que podía hacer era, «de manera muy sucinta, una declaración de intención»; que las FARC pedían que el primero en decretar el alto al fuego fuera el gobierno, y este respondía que por el contrario, debía ser la guerrilla quien tomara la iniciativa para dar una demostración de buena voluntad. En estos tres puntos la guerrilla fue cediendo hasta que se impuso la posición del gobierno. Sin embargo, en otro de los tópicos fundamentales, el de las armas, las FARC se mantuvieron inflexibles: no harían entrega de ellas, ni real ni simbólica. Así lo expuso uno de los hombres del comando superior de la agrupación, el Comandante Alberto: «El pacto de no agresión no contempla, en absoluto, la entrega de armas». Y así lo reconocieron los voceros del propio gobierno quienes, según una carta publicada en el libro *Cese al fuego* de Jacobo Arenas, segundo hombre del estado mayor de las FARC, habrían dicho que «la fórmula no exige entrega de armas ni de hombres». Este punto, que más adelante sería replanteado cuando el gobierno, el ejército y los partidos tradicionales empezaron a exigir al unísono que la guerrilla se despojara de sus fusiles, en el momento de la firma quedó descartado.

Superadas estas diferencias, faltaba enfrentar un tremendo inconveniente que hacía que el clima fuera adverso al acuerdo: cada día más personas denunciaban haber sido víctimas de secuestros de familiares por parte de las FARC. Por ese entonces, una poderosa banda que decía llamarse ORP, secuestró a Kenneth Bishop, técnico norteamericano de la Texas Petroleum Company, y anunció la fecha en la cual ejecutaría a su víctima en caso de que no se le pagara el rescate antes del 29 de marzo de 1983. Faltaban 10 días para la hora cero y cada minuto que transcurría acortando el plazo hacía subir la temperatura política en el país, pues aunque después se sabría que la ORP era delincuencia común, en ese momento se hacía pasar por agrupación de izquierda. Recordando esos días, Jacobo Arenas cuenta que, cuando ellos se enteraron de que ante la inminencia de la ejecución de Bishop el escritorio del presidente se había inundado de cartas y telegramas exigiéndole el restablecimiento del estado de sitio, comprendieron la necesidad de actuar rápidamente. El 26 emitieron un comunicado negando cualquier vinculación al caso de Bishop, condenando tanto este como todos los secuestros y llamando «a los bandidos que, reclamándose de las FARC, delinquen a nombre nuestro», a que soltaran a sus secuestrados. El comunicado surtió un efecto instantáneo. Al conocerlo, John Agudelo gritó: «¡Se nos apareció la Virgen!», y el gobierno, aprovechando la ayuda celestial, le envió inmediatamente un mensaje a las FARC: «Empiecen a contar 15 días a partir de la liberación del primer secuestrado sin cobro de rescate, para la fecha de una entrevista con los delegados plenipotenciarios del presidente Betancur».

Para completar el milagro, Bishop fue liberado con vida, y el acuerdo empezó a correr con viento a favor.

Como reaseguro frente a posibles incumplimientos por parte del gobierno, las FARC establecieron un complejo plan de plazos que dosificaba el acuerdo por etapas: en marzo del 83 se firmaría un cese al fuego que entraría en vigencia en mayo de ese mismo año; una vez aclimatado el cese al fuego, se acordaría una tregua que tendría duración de un año, al cabo del cual, si se consideraba satisfactorio el cumplimiento, se pactaría una paz duradera.

Al amarrar a las FARC con un acuerdo, el gobierno lograba, primero, desempantanar las negociaciones; segundo, llevar a las FARC a negociar solas, imponiendo él la mayor parte de los términos del acuerdo, y de pasada aislar al M-19 que ante los ojos de la opinión pública perdería piso para seguirle poniendo peros y condiciones a la firma.

Este fue el tejemaneje: hacia el mes de octubre del 83, por los días del encuentro en Madrid con Ospina y Fayad, Belisario Betancur estaba decidido a concretar un acuerdo a dos bandas con el M-19 y con las FARC, mediante un proceso de negociaciones en el cual los primeros asumían la vocería por las dos agrupaciones guerrilleras y tocaban el primer violín, mientras que las FARC, manifestando tener posiciones afines con las de su portavoz, se limitaban a hacer un tenue acompañamiento de fondo. Sin embargo, el tono de las exigencias del M-19 era subido, sobre todo en el punto de crear un mecanismo distinto a los institucionales para programar las reformas. Esto dificultaba y retardaba la negociación y, a medida que los días pasaban infructuosamente, el gobierno veía cómo las expectativas de paz de la gente iban degenerando en franco descreimiento. Fue entonces cuando vino el golpe de mano: Belisario, cortando súbita y sorpresivamente todo diálogo con el M-19, interrumpió las negociaciones con ese grupo y lo dejó haciendo su solo de violín en un teatro vacío. Simultáneamente estableció contacto directo con las FARC, metiendo todo el acelerador para sacar los acuerdos por ese lado. Los voceros del gobierno esparcieron la consigna de que al negociar con las FARC se solucionaba el problema con el 80% de la fuerza guerrillera colombiana, y Belisario se la jugó a la ley del arrastre, confiando en que después de que las FARC entraran por el aro de la negociación, todos los demás grupos tendrían forzosamente que seguir el mismo camino, so pena de quedar aislados y sin audiencia. Las FARC, a su vez, captaron el guiño que les hacía el presidente y se anticiparon a negociar solas, desembarazándose del acuerdo adquirido con el M-19 en diciembre del 83 y optando por otro menos exigente.

Fue así, pues, como se llegó a ese histórico momento en La Uribe, cuando, después de que Margarita Vidal pasara en limpio la versión definitiva del acuerdo y tras brindar con coñac Napoleón, comisionados y guerrilleros se fueron a dormir arrullados por la lluvia y esperando que lo pactado recibiera el visto bueno del presidente Betancur. Se creía que este haría un anuncio de paz con bombos y platillos, y sin embargo lo que hizo fue más bien pasar agachado, dejando transcurrir con discreción lo que parecía ser su cuarto de hora histórico. Sólo hasta el domingo siguiente, en medio de un prolongado discurso sobre problemas económicos y cuando los televidentes ya bostezaban distraídos, Belisario Betancur le dio lánguidamente el sí definitivo al acuerdo. De esta manera, atenuado por la sordina de la cautelosa clandestinidad de las FARC y del tono menor que adoptó el gobierno, se deslizó en el país ese momento tan ansiosa y largamente esperado. De ahí en adelante, cada vez que el M-19 armaba la jarana con una de sus actuaciones, la gente comparaba estilos para llegar a la conclusión de que mientras el Eme era el torbellino avasallador, las FARC preferían aparecer como la fuerza tranquila. Estas habían ganado lo que ellas mismas llamaban respetabilidad y no parecían dispuestas a perderla por lo que consideraban provocaciones. Tan tranquilizadora era la imagen que ofrecían, que Bernardo Ramírez, experto en bromas lapidarias, dictaminó que las FARC, «ya son parte del establecimiento», mientras que un congresista liberal —viendo la vida color de rosa y olvidando que una guerrilla no entierra fácilmente 35 años de lucha— decía en privado: «15 curules para la oposición y cerramos el negocio con las FARC; con 15 curules nuevas para la circunscripción nacional sentamos a Marulanda y a Jacobo Arenas en el parlamento y así solucionamos suavemente el asunto de la lucha armada, tal como lo hicieron en Venezuela».

El negro rabioso

«Mama, el negro está rabioso, ¿qué será lo que quiere el negro?», era el bullerengue de moda que los colombianos cantaban a voz en cuello en las fiestas, mientras que, cuando hablaban de paz, lo que preguntaban era: el Eme está rabioso ¿qué será lo que quiere el Eme?

Después de dos años de hablar de paz a los oídos sordos de Turbay, ahora que Belisario cantaba esa tonada y decretaba la amnistía, el M-19 se desbocaba a tomar pueblos y a hacer acciones militares de mayor envergadura que las que hacía antes, ante lo cual la gente se preguntaba: ¿Por qué? ¿Para qué?

Como el asalto a la población de Chía, tan cercana a Bogotá que prácticamente equivalía a meterse en uno de sus barrios periféricos, y que con sus muertos, sus detenidos y su huida cinematográfica en vehículos que chocaban dejó al país de una sola pieza. La sorpresa que causó fue grande por dos razones: la primera, porque se llevaba a cabo cuando el gobierno estaba a punto de aprobar la ley de amnistía, y la segunda, porque simultáneamente a la toma, un comando político del M-19, muy encorbatado y muy tirado a la legalidad, andaba tomando café por las salas de redacción en donde dejaba la sensación, por sus declaraciones, de que la guerrilla estaba satisfecha con la apertura de Belisario. Este comando político estaba encabezado por Ramiro Lucio, cuya versión personal de lo que debía ser la rápida legalización del M-19 lo llevó al poco tiempo a romper con este. Cuando Lucio partió para París para cambiar la vida de guerrillero por la de estudiante, aclaró que la única voz discordante en la dirección del movimiento era la suya, y que había sido derrotada por la posición del resto, que sostenía que la amnistía era el inicio de una negociación, y de ninguna manera su culminación.

En mayo de 1983 otro miembro de la dirección del M-19, el rudo comandante Boris, quien durante años había hecho de las suyas en el Caquetá, atacó la población de El Paujil en ese departamento, emboscando al ejército y quitándole 22 fusiles. Después de la balacera, cuando sus hombres se retiraron del pueblo y los vecinos volvieron a asomarse por la calle, vieron el letrero que la guerrilla había pintado en las paredes: «La amnistía no es la paz». ¿La amnistía no es la paz? La gente no entendía, pero la frase quedó sonando.

En octubre de ese mismo año, días antes del encuentro de Madrid, Belisario asistió a una asamblea de las Naciones Unidas en Nueva York y se encontró con que los delegados se pasaban de mano el volante que acababan de repartir unos muchachos. Escrito en inglés y en español, decía que el presidente colombiano quería hacer la paz en Centroamérica pero no en su propio país. Estaba firmado por el M-19.

En marzo del 84, mientras la Comisión de Paz y las FARC se sentaban disciplinadamente a discutir una por una las bases del futuro acuerdo, un periodista audaz de la cadena radial RCN, protegiéndose de las balas debajo de un automóvil, le narraba en directo al país la secuencia de una de las acciones más espectaculares que Boris acometiera hasta entonces: la toma de Florencia, Caquetá. Florencia no era ningún pueblito: se trataba de una capital de departamento de más de 150.000 habitantes, y en ella se encontraba un batallón contraguerrilla, el Juanambú, y una base contraguerrillera, la de Venecia, lo cual sumaba un total de 1.500 soldados, además de cuatrocientos policías.

Con voz atropellada el periodista contaba, cuando la balacera le permitía asomar la cabeza para mirar, cómo 150 guerrilleros se abrían paso a ráfagas y se tomaban la plaza. Mientras tanto, en el resto del país, la gente que lo escuchaba, transistor en mano parada en las esquinas, se preguntaba: pero, ¿qué es lo que quieren? El periodista narraba entonces cómo los guerrilleros bloqueaban en sus cuarteles a los soldados, inmovilizándolos, y los colombianos comentaban desde las mesas de los cafés, ¿pero por qué? A través de RCN se oía la lectura de un comunicado firmado por Boris, que decía: «Que no se engañe al pueblo con la táctica de hablar de paz sin firmarla… que no se hable de un diálogo que nunca se concreta… porque la apertura democrática no es más que una frase de cajón en los discursos presidenciales…». Y los ciudadanos que interrumpían su trabajo en las oficinas para oír la arenga se preguntaban: ¿qué les pasa que se quejan y no firman? ¿Acaso el presidente no les ofrece la posibilidad? Cuando ya la transmisión de la toma se estaba pareciendo demasiado a la de un partido de fútbol, y la gente se dividía poniéndose a favor del ejército o de la guerrilla, hacía barra por su favorito, la ministra de Comunicaciones Noemí Sanín, quien debió pensar que ya estaba bueno de foforro, ordenó suspender el radio-drama y los oyentes se quedaron sin conocer el desenlace.

Más adelante, cuando las FARC decidieron cortarse solas y firmar por su cuenta, las encuestas de opinión empezaron a señalar que mientras estas subían puntos en imagen como guerrilla seria, los del M-19 perdían simpatía popular porque cundía la impresión de que no jugaban limpio. Mientras tanto el presidente, que ante los ojos de la opinión aparecía insistiendo en su oferta de negociación a pesar de los desplantes, se afianzaba como dueño de la paz. Si en el cuatrienio anterior el malo era el presidente Turbay Ayala y los héroes los guerrilleros, ahora, ante los ojos de los espectadores, la película traía los papeles invertidos.

El M-19 insistía en las acciones de propaganda armada para develar lo que consideraba una maniobra por parte de Belisario: hablar mucho de paz, ofrecerla a diestra y siniestra, y a la hora de la verdad apretar para negociarla al costo más bajo posible; frenar en seco para no pasarse de la raya trazada con la amnistía, según las palabras del propio presidente.

Cuando en Florencia todavía había humo y cadáveres sin identificar, vino la toma de Corinto, Cauca, en la que 60 hombres del M-19 atacaron el cuartel de policía, quemaron los archivos judiciales y mataron al comandante. Al día siguiente daban un golpe en el pueblo vecino de El Palo, más adelante hacían estallar un carrobomba frente al Batallón Pichincha en Cali y ese mismo día rociaban con metralleta el Batallón de Ingenieros Codazzi en Palmira.

Los colombianos pensaron: el Eme está rabioso, y perdieron toda esperanza de que firmara. De todas maneras había una cosa que quedaba clara: si el M-19 no pactaba, el país no dormiría en paz.

Consciente de esto, y seguramente pensando que no había funcionado la teoría del arrastre, el gobierno dio vía libre a los negociadores e intermediarios para que retomaran el contacto roto con Fayad, y este volvió a sentarse de nuevo con Bernardo Ramírez en la mesa de diálogo. Pero esta vez Fayad no llegó solo: trajo consigo al representante del EPL, grupo que hasta ese momento había mantenido una actitud cerrada frente al proceso de paz y ahora manifestaba estar dispuesto a negociar conjuntamente con el M-19.

Como en un juego de poker, Fayad tenía un buen *full* para presionar por mejores términos de negociación: por un lado, una serie de hechos de fuerza; por el otro, un aliado, el EPL, cuyo acercamiento significaba para el gobierno la apetitosa posibilidad de amarrar al acuerdo a otro de los grupos guerrilleros importantes.

A todas estas entró a jugar otro elemento en la escena nacional. Las FARC habían firmado y la euforia colectiva que siguió al evento empezó a no ser unánime. La mitad del país lo aplaudía, incluyendo la Sociedad de Agricultores, la Federación de Ganaderos y la Asociación de Industriales; el directorio conservador, que dijo que las FARC sí eran de confiar, y el turbayista Jorge Mario Eastman, quien elogió la actitud de Manuel Marulanda. Para ellos el trato estaba claro y era satisfactorio: los de las FARC no iban a disparar más y el gobierno a cambio crearía las condiciones para que se legalizaran. Pero al mismo tiempo empezaron a aparecer aquí y allá artículos de prensa y sectores de opinión que sugerían que las FARC habían sido excesivamente tímidas en sus exigencias, que no parecía gran negocio cambiar 35 años de lucha armada por unas vagas garantías electorales, porque, en ese negocio más bien particular y privado, ¿qué ganaban los colombianos del montón? «A ese acuerdo le falta pueblo», decía el M-19, y por primera vez en meses la gente empezaba a reconocerle algo de razón: Mama, tal vez el negro no está tan loco...

El lunes 23 de abril se formaron colas en los puestos de periódicos para comprar un incunable: una edición de *El Bogotano*, uno de los diarios amarillos del país, redactada y editada por el M-19. La noche anterior un comando armado se había tomado las instalaciones, apoderándose de máquinas de escribir y utensilios de diagramación, para explicar en qué términos firmarían: sólo si el gobierno aceptaba ir a lo que llamaban «un Gran Diálogo Nacional», para discutir las reformas inaplazables en el país. Por eso en lugar de la tradicional rubia desnuda y de la sangrienta foto de rigor de algún descuartizado, violada o aplastado por un tren, esta vez las páginas de El Bogotano desplegaban, en grandes caracteres, el programa democrático que el M-19 proponía que fuera discutido en el Diálogo Nacional. Se trataba de 32 puntos que iban desde leche gratuita para los niños hasta nacionalización de la banca, pasando por una ley antimonopolios y por el alza general de salarios.

Días después, en una *suite* de un elegante hotel del norte de Bogotá, se celebraría una extraña boda. Había novia con ramo y velo, novio engominado, madrina con pava y guantes y padrino de corbatín, pero los invitados no eran ni parientes ni amigos, sino periodistas de todos los medios y algunos miembros de la Comisión de Paz. Se trataba del montaje de seguridad con que el M-19 encubría una rueda de prensa para aclarar conceptos. La amnistía, repitieron, no era la paz; era sólo el primer paso para lograrla. El segundo paso era la tregua, o sea, «silencio de los fusiles para que se oiga la voz del pueblo, para que el país dialogue». El tercer paso era por tanto el diálogo, o sea, «un escenario y un mecanismo para que todos nos pongamos de acuerdo sobre cuáles son las reformas mínimas indispensables para lograr la paz». Entendiendo por paz «ejecución de esas reformas y desarrollo con justicia social», porque, volviendo a empezar para los que no habían entendido, «la amnistía no es la paz», etc. Ese día la boda terminó sin que el novio besara a la novia y los periodistas se fueron sin que les dieran ni champaña ni tajada de ponqué, pero comprendiendo mejor qué diablos era lo que quería el negro.

Las acciones militares del M-19 continuaron a todo lo largo de las conversaciones de paz, y no se suspendieron ni siquiera la semana en que estaba programada la firma. Y cuando el Eme firmó, lo hizo obteniendo del gobierno —además de la amnistía— la tregua, el Diálogo Nacional y el compromiso por parte de Belisario Betancur de poner toda su voluntad en la ejecución de las reformas.

Un viejo conocido

El ministro de Justicia Rodrigo Lara Bonilla salió de su despacho a las 18:50, se subió a su Mercedes Benz y le pidió a su chofer que, para llevarlo a casa, tomara durante el trayecto precauciones extraordinarias de seguridad. Esa tarde Lara se veía particularmente preocupado: durante el día había escuchado por teléfono una voz anónima que le anunciaba su muerte, y aunque las intimidaciones por parte de la mafia hacían parte de su rutina desde que se había comprometido en la lucha contra el narcotráfico, hubo algo en esa llamada que le hizo pensar que esta vez la cosa iba en serio. Su intuición no falló. Treinta minutos más tarde, su automóvil y los dos carros escolta que lo acompañaban se enredaron en un nudo de tráfico en una de las vías que conducen a los barrios residenciales del norte de la capital. En ese momento dos individuos, pasando por su lado a gran velocidad en una moto, dispararon contra él con una ametralladora Ingram. Fue una ráfaga de 22 balas en un segundo, 7 de las cuales dieron en el blanco quitándole instantáneamente la vida. Era el 30 de abril de 1984.

Al día siguiente, 1 de mayo, y como reacción inmediata al crimen, el país se encontró nuevamente ante la presencia de un viejo conocido: el estado de sitio, que ahora

117

volvía, después de un breve receso de 21 meses, para retomar su tradición de permanencia en la vida nacional.

Matar a Lara Bonilla era el reto más descarado que los
narcotraficantes podían lanzar, y lo lanzaron. Recogiendo
el guante, el presidente contestó dando vía libre a las dos
herramientas más poderosas en su haber: el estado de sitio y el Tratado de Extradición. El narcotráfico pasó a manos de la justicia militar, a las autoridades norteamericanas
se les dio vía libre para reclamar a cualquier colombiano
acusado en ese país y, horas después de que el ministro mu-
riera, se iniciaron a gran escala los operativos contra los
capos de la mafia. Algunos de los peces gordos cayeron en
manos de las autoridades y muchas de sus bases e instalaciones, desde oficinas hasta zoológicos, fueron allanadas.
La opinión pública comprendía que medírsele a la mafia
era una tarea brava, y por eso encontró apenas razonable
que el presidente se armara lo mejor posible para acome-
terla.

El gobierno se empeñó en aclarar que no se trataba
de un estado de sitio común y corriente, sino de uno es-
pecial, que emplearía para mantener a raya a la mafia y no
para mellar los principios democráticos.

Si esto era así, se preguntaron los más suspicaces, ¿por
qué entonces no se limitaba a aplicar rigurosamente el Estatuto Antinarcóticos? ¿O por qué no especificaba en los
decretos que las medidas de excepción sólo afectarían a los
narcotraficantes? La realidad era que si bien el asesinato
de Rodrigo Lara había precipitado la medida, esta, sin embargo, se veía venir de tiempo atrás, y traía mar de fondo.

Durante los meses anteriores, la situación social había estado convulsionada, y la guerrilla particularmente ac-

tiva en Caquetá, Huila y Cauca, a lo cual el gobierno había respondido decretando el estado de sitio en estos departamentos. Una vez entreabierto este resquicio, la lógica implacable del régimen de excepción empujó la puerta hasta que la abrió de par en par: los decretos antiguerrilla fueron seguidos por otros que significaron restricciones más acentuadas. De ahí se necesitó sólo un paso para que la cobertura parcial se volviera general. Visto retrospectivamente, parecía que se hubiera ensayado en pequeño la escena que después se proyectaría en todo el territorio nacional.

Era evidente que un régimen de excepción manejado por Betancur no podía ser igual a uno manejado por Turbay Ayala, pero también estaba claro que el estado de sitio tenía su propia e incontrolable dinámica, muy difícil de frenar a punta de buenas intenciones.

El nuevo régimen chocaba con el proyecto de apertura democrática, y al tratar de manejar el país a dos bandas, el presidente empezó a hablar un disonante lenguaje dual: mientras repetía: «Es sólo para narcotraficantes», prohibía las manifestaciones públicas, las concentraciones estudiantiles y laborales y cualquier espectáculo público que pudiera afectar «el normal desarrollo del las actividades ciudadanas».

El columnista Enrique Santos Calderón, captando con nitidez el viraje que se daba a la política nacional, escribió en su columna que «el asesinato de Rodrigo Lara partió en dos el gobierno de Betancur. Lo obligó a cambiar de prioridades y de estilo. Hoy tenemos a un Belisario enérgico y autoritario. La tolerancia social cede lugar al estado de sitio. Las fuerzas militares, hasta ahora bajo relativo control civil, pasan ahora a desempeñar un papel protagónico. Las urgencias de la paz quedan relegadas ante las exigencias de la mano dura».

Mucho se especuló en esos días sobre la soledad del presidente. Se decía que mientras él seguía empeñado en su proyecto de paz y democratización, las presiones de los distintos sectores, y las de la realidad, lo habían acorralado hasta obligarlo a ponerle obstáculos a su propia política. Sin embargo, al proceder a apretar, más que quedándose solo, Belisario Betancur estaba cambiando de compañía. Si hasta ese momento sus interlocutores privilegiados habían sido los sectores democráticos y las grandes masas, su nuevo público fue más selecto: aquel que había perdido cuando empezó a hablar de apertura y tolerancia, compuesto por los empresarios, los altos mandos militares, la jerarquía eclesiástica, los editorialistas de *El Tiempo*, los ganaderos y todos aquellos que venían reclamando mano dura y que criticaban lo que el general Landazábal denominaba «democracia femenina». De tal manera que con la medida el ejecutivo logró, por un lado cohesionar sus debilitadas alianzas con los partidos tradicionales y con los gremios y, por el otro, atacar los factores de inestabilidad que se habían presentado de manera amenazante durante los meses anteriores.

Quedaba el gran interrogante de cómo reaccionarían las FARC, que justamente un mes antes habían suscrito un acuerdo en el cual el presidente se comprometía a mejorar las condiciones democráticas en el país. Pero la protesta de las FARC no fue demasiado enérgica y el gobierno se lanzó, de ahí en adelante, al esquizofrénico experimento de manejar el proceso de paz en medio de la ley marcial.

«Dentro de 30 días lo levantan», era el chisme tranquilizador que sobre el estado de sitio hacían circular los allegados al presidente por los corredores del país. Pero los 30 días se hicieron 90, después 120, llegaron a ser 360 y todo indicaba que seguirían aumentando indefinidamente.

Seguramente de cuando en cuando el presidente evocaba con añoranza el día en que se había comprometido a gobernar sin imponer restricciones adicionales a la ya bien precaria democracia colombiana, y mientras tanto sus conciudadanos se iban sumergiendo de nuevo en lo que siempre había sido su hábitat natural. El estado de sitio, ese viejo conocido, volvía a apoltronarse entre nosotros. Sólo que esta vez lo hacía con horribles dificultades, porque ese hermano siamés que llevaba pegado a la cadera, el proyecto de paz y de apertura democrática, hacía que sentarse cómodamente fuera imposible por el mutuo estorbo y el rechazo recíproco que imperaba entre esos dos seres, adheridos entre sí contra natura.

El hombre sin camisa

Las negociaciones se habían reabierto con el M-19 e iniciado con el EPL. Ya estaba instalada y funcionando la Comisión de Negociación y Diálogo, que se hacía cargo de las relaciones con estas dos organizaciones, y con otro grupo guerrillero pequeño que a última hora se les había sumado para firmar conjuntamente, el ADO —Autodefensa Obrera— de remoto origen trotskista, conocido por haber reivindicado años atrás la muerte del ex ministro de Gobierno Rafael Pardo Buelvas; este crimen había sido considerado delito atroz por la justicia y por este motivo la mayoría de sus dirigentes permanecían en la cárcel, al margen del amparo de la amnistía.

Tanto el gobierno como las guerrillas quisieron que el contacto entre ellos no quedara limitado a un negocio a puerta cerrada entre uno o dos representantes de parte y parte, sino que se ventilara públicamente, de cara al país, y para ello se programaron encuentros abiertos con presencia de la prensa. Los alzados en armas no estaban en condiciones legales de bajar a las ciudades, así que los comisionados se aperaron con sombreros, botas, máquinas de fotografiar y frasquitos de merthiolate y subieron al monte. La guerrilla, a su vez, viajó durante días hasta llegar a los pueblos escogidos, y sus hombres y mujeres prepararon lechona y se pusieron la muda limpia para recibir a la comisión. Estos encuentros tenían como prerrequisito básico el compromiso mutuo, por parte del ejército y de la guerrilla, de no ampararse en ellos para jugar sucio; debía cumplirse, por unas horas, una suerte de pacto de alto al fuego. El ejército tenía que despejar la zona prefijada y no podía aprovechar la oportunidad para caer sobre una guerrilla que se presentaba de buena fe y en son de paz. Por su parte la guerrilla no podía sacar partido de la ausencia voluntaria del ejército para hacer acciones armadas. Eran reuniones cordiales, en las que se discutía un temario específico relacionado con el acuerdo, pero que además ofrecían la oportunidad única de que funcionarios, políticos, sacerdotes y empresarios conocieran de cerca a la guerrilla y viceversa, y en las que de parte y parte se practicaba el sano ejercicio de escucharse mutuamente y de tratar de llegar a acuerdos por vías más cartesianas que las de los fusiles FAL o la de la picana eléctrica. Estas reuniones fueron sobre todo gestos de buena voluntad, pero hicieron además la veces de pequeños laboratorios donde se vivió por adelantado lo que sería la tregua. Algunas se llevaron a cabo sin inconvenientes mayores que una avioneta que se quedó sin gasolina, un comisionado que se tronchó un tobillo o una ruda discusión sobre el tema del secuestro. Otras fueron más complicadas.

Para la primera reunión con un grupo del M-19 se escogió un caserío de indígenas paeces, en el departamento del Cauca, llamado San Francisco. Se haría presente el comandante Iván Marino Ospina con una columna de hombres, y el cuarto en jerarquía, Antonio Navarro Wolff, con otra. Por parte de la comisión asistiríamos Bernardo Ramírez —quien por entonces ya se había retirado de su cargo en el ministerio—, el obispo de Pereira, monseñor Darío Castrillón, el presidente del liberalismo Horacio Serpa, y quien esto escribe. Junto con esta delegación el M-19 enviaría al dirigente Andrés Almarales, quien operaba en la semilegalidad. Arrancamos en un helicóptero alquilado a una compañía particular y cuando sobrevolamos San Francisco nos encontramos con que estaba lleno no de guerrilleros sino de soldados. Al bajarnos, un capitán del ejército nos pidió las cédulas y nos hizo permanecer en una esquina de la plaza.

«Mientras averiguo de qué se trata», dijo.

En un segundo estuvimos rodeados por una nube de indígenas, niños y perros que esperaban en silencio a que empezara allí algún espectáculo, como quien espera en la fila del cine. Las tres monjas del pueblo se acercaron y con cuchicheos que dejaban entreoír jotas y zetas madrileñas nos hicieron saber que la tropa había llegado al pueblo hacía dos días, que eran unos 150 hombres y que la noche anterior habían estado pidiendo papeles por las casas y rondando las lomas de los alrededores.

«Ramírez Rodríguez Bernardo. Dice que era ministro y que lo manda el presidente… Almarales Manga Andrés, ese es amnistiado… Castrillón Hoyos Darío, dice que es obispo…» alcanzábamos a escuchar las voz del capitán que transmitía por radio, mientras repasaba las cédulas que acabábamos de entregarle.

Un indígena se nos acercó y nos dijo entre dientes, mientras disimulaba mirando para otro lado y pateando piedritas: «La guerrilla está arriba en el monte, a media hora de camino, pero ellos no bajan porque saben que la tropa está en el pueblo». «Entonces hágales saber que vamos a Cali a solucionar el asunto y que volvemos», le indicó Bernardo Ramírez.

Volamos a Cali y desde el aeropuerto de Palmaseca el ex ministro se comunicó directamente con Betancur y lo puso al tanto del imprevisto. Sorprendido, el presidente llamó al ministro de Defensa, general Gustavo Matamoros, y le preguntó qué pasaba. El ministro le contestó que la tropa se había desplazado hacia San Francisco porque tenía información de que el M-19 iba a dinamitar carreteras en la zona. El presidente reiteró la orden de retiro de la tropa. Cuando regresamos al pueblo los soldados todavía estaban ahí, pero el capitán, esta vez muy amable, nos dijo que ya había recibido instrucciones superiores de abandonar el lugar.

Vimos a los soldados formar en la plaza, cargar sus camiones y abandonar el pueblo, y después de mandarle un mensaje a la guerrilla a través de otros indígenas que también decían saber encontrarla, nos fuimos a esperar su llegada al patio fresco de las monjitas, donde nos dieron chocolate con envueltos de mazorca sobre un mantel inmaculadamente blanco, más digno de hostias que de envueltos. A los tres sorbos de chocolate oímos los primeros tiros en la montaña, después una balacera espesa y enseguida gritos de mujeres indígenas que llegaban asfixiadas:

«¡Se están matando, se están matando!».

Averiguando pudimos hacer una composición de lugar: inexplicablemente la tropa, en vez de retirarse por donde había entrado, es decir por la carretera a Toribío, había penetrado en el monte por un camino estrecho y sin salida que sólo conducía al lugar en el que estaba la guerrilla.

Fue un indígena joven quien en ese momento produjo una idea coherente: «Los señores de la paz vienen conmigo en el helicóptero a buscar el lugar del combate para que traten de parar el fuego».

Después de media hora de volar en círculos, el indígena señaló hacia donde se veían unos puntos blancos: «Allá están».

Al volar más bajo distinguimos gente que corría hacia un descampado haciéndole señas con pañuelos al helicóptero. Aterrizamos y nos rodearon unos cien guerrilleros jadeantes y empapados de sudor. Se oía la balacera y el ajetreo del combate, que continuaba cerca de allí:

«Déjenlos, déjenlos que se acerquen y que quemen y ustedes ahorren munición».

«¡Bolívar, tu espada en pié de lucha, ayer, hoy y siempre!»

«Pásenme un rocket con alambre y pilas…»

«Mírelo ahí detrás de ese palo…»

«¡Avanzar a rastras!»

«¿Teniente Federico, están todos?»

«¡Coooño su madre!»

Segundos después llegaba un guerrillero de sombrero de paja, montado sobre un par de piernas muy largas, y se presentaba como Antonio Navarro Wolf, del estado mayor. Venía con su columna de occidente a encontrarse con Iván Marino Ospina y su gente, y los sorprendió el tiroteo cuando se bañaban en un río. Las dos columnas se juntaron en medio del combate. Después llegó al galope sobre una mula un hombre acuerpado, con un ojo ligeramente estrábico y un fusil Galil terciado:

«Esto es una trampa sucia, íbamos camino al pueblo a ver a la comisión y el ejército nos salió al encuentro», gritó desde el animal. Se bajó de un brinco, y dejando que la cara congestionada se le apaciguara por un instante, le dijo a Bernardo Ramírez: «Mucho gusto, yo soy Iván Marino Ospina, el jefe de esto», y sin dar tiempo para la respuesta, nos propuso a los de la comisión: «Hay que suspender y paralizar ese fuego ahí. Hacemos una bandera blanca. Ustedes caminan con la bandera y se colocan en medio de los dos fuegos y nosotros suspendemos nuestros tiros. Ustedes les dicen a los del ejército que hagan lo mismo; mejor dicho, si la comisión no va allá y negocia, a esto se lo llevó el diablo. Tienen que hacer otro esfuercito por la paz...».

Bernardo Ramírez aceptó enseguida y los guerrilleros buscaron un trapo blanco para hacer la bandera. Lo único de buen tamaño que había de ese color era la camisa del piloto del helicóptero, quien se la quitó y la amarró en la punta de un palo. Se acordó que Horacio Serpa se quedara con la guerrilla para que intermediara en caso de que el ejército atacara por detrás.

Con la decisión de quien va montado en un tanque blindado, Bernardo Ramírez empezó a andar enérgicamente por un camino destapado, hacia donde sonaban los tiros. Con un gorrito tipo safari sobre su alborotada melena gris, sus bigotes inverosímiles y el trapo blanco por blasón y escudo, parecía cualquier cosa entre un gran gnomo en expedición y un profeta de la salvación. Al lado de él y con la misma decisión, arrancó monseñor Castrillón, el cuello romano y la cruz sobre el pecho dándole un aire de cruzado por esa tierra santa de las montañas del Cauca. Yo me fui con ellos y a los cinco minutos el piloto, descamisado, nos alcanzó a zancadas.

«Usted no tiene que meterse en este lío si no quiere, eso no está incluido en el contrato», le dijo el ex ministro, pero el hombre contestó que eso era hacer patria, que el paseo no se lo perdía por nada.

Las balas zumbaban a diestra y siniestra. A lo mejor estábamos haciendo patria, como decía el piloto, pero aquello se parecía más a una escena de Los Tres Chiflados y nos agarró una risa incontenible. Entre más duro sonaban los tiros, más duro gritábamos en destemplada letanía: «¡Somos de la Comisión de Paz!». El ex ministro comentó que nunca pensó que acabaría coreando consignas como los del sindicato del magisterio. Insistía en que los demás camináramos detrás de él, por seguridad, y le insinuamos que su gesto era tan caballeroso como inútil, que mejor levantara más la bandera.

A la media hora de marcha los tiros pegaban tan cerca que veíamos el polvo que levantaban en el camino.

«Señor, si quieres tomar nuestras vidas como una contribución a la paz…», dijo monseñor poniéndose serio, la cabeza inclinada, un tanto torcido el cuello romano y muy empolvado el vestido negro.

«Bueno monseñor, tal vez no le entreguemos el alma a nadie todavía», protestó Bernardo Ramírez. Mientras tanto el piloto gritaba vivas a Colombia y a la paz. Nos tronó en los oídos una ráfaga disparada a menos de cinco metros de distancia, y como movidos por el mismo resorte, los cuatro saltamos a una chamba.

«¡Pongan las manos en alto y troten!», nos gritó desde muy cerca alguien a quien no veíamos. Salimos de la chamba, levantamos las manos y trotamos.

«¡Tire esa mierda, hijueputa!», le ordenaron a Bernardo Ramírez, quien seguía aferrado a la bandera. La tiró.

Enseguida aparecieron las bocas de varios fusiles que nos apuntaban, y así seguimos un trecho de camino. A lado y lado de este fueron apareciendo, entre la vegetación, las siluetas de más y más soldados, y por fin, al frente nuestro, vimos al capitán que nos había recibido en San Francisco, saliendo de un camión militar. Bernardo Ramírez le pidió explicaciones y le dijo que el fuego debía suspenderse inmediatamente. El capitán le contestó que eso no podría hacerse sin órdenes superiores y se lo llevó al camión, para que él personalmente se comunicara a través del radio. Mientras tanto nosotros nos sentamos en el pasto a esperar que las piernas recuperaran su habitual estado sólido, y desde allí veíamos a Ramírez discutir y manotear entre el camión. Había un gran charco de sangre fresca sobre la carretera, la sangre de un sargento que había sido herido. Un soldadito se nos acercó, nos estrechó afectuosamente la mano y nos dijo:

«Los admiro por su valor».

«Más lo admiramos nosotros a usted por el suyo», le respondimos de todo corazón. «Hemos estado aquí por un rato no más, en cambio usted arriesga el pellejo todos los días.»

Pasado un cuarto de hora volvieron Ramírez y el capitán, y este dio a sus hombres la orden de no disparar más. Todavía se oyó uno que otro tiro, pero después el silencio fue completo. Cumplida la misión, nos despedimos de la tropa y volvimos a emprenderla, esta vez camino arriba, hasta encontrarnos de nuevo con la guerrilla.

Allí estaban también las periodistas de televisión Olga Behar y Ana Cristina Navarro, quienes se habían juntado el día anterior con Iván Marino Ospina con el fin de cubrir la reunión con la comisión. Cuando volvimos ya estaban repuestas de la conmoción, pues durante el combate se habían visto a gatas y a brincos para ponerse a salvo. El camarógrafo que iba con ellas, Fernando Rincón del Noticiero 24 Horas, había logrado filmar toda la escena mientras corría o se escondía detrás de las matas, logrando así el primer registro para televisión de un choque entre el ejército colombiano y la guerrilla (meses más tarde, recibió por este trabajo el premio Nacional de Periodismo). Según el testimonio de las dos reporteras, los guerrilleros habían resuelto esperar a las afueras de San Francisco en vista de que los campesinos les informaron que en el pueblo estaba la tropa, y sólo se decidieron a bajar cuando les avisaron que la comisión había vuelto por segunda vez y que los soldados se estaban retirando:

«Los del Eme venían en tropel por la mitad del camino con los morrales al hombro y las armas aseguradas, y cómo estaríamos todos de confiados y de tranquilos que les dijimos que nosotras dos íbamos a bajar al pueblo adelante, para filmar desde la plaza la entrada de las columnas, y nos respondieron que no había problema. Por fortuna se nos trabó el rollo de una máquina y en vez de adelantarnos nos quedamos atrás. Estábamos en lo del bendito rollo cuando nos cogió por sorpresa la balacera. La guerrilla se había topado de frente con la tropa», relataron Olga Behar y Ana Cristina Navarro.

A las nueve de la noche, cuando el ejército se había retirado definitivamente y la guerrilla y la comisión habían bajado al pueblo, pudo hacerse por fin la reunión. No fue gran cosa. Los dirigentes guerrilleros no parecían entusiasmarse demasiado cuando les preguntábamos sobre lo que serían sus actividades legales durante la tregua o sobre lo que esperaban de la apertura democrática, e Iván Marino no se veía amigable con su fusil, que no soltaba ni un segundo de las manos. Alguno de ellos se justificó: «Cuando pasan cosas como las de hoy ¿quién puede seguir creyendo que este va a ser un cuento de hadas?».

A pesar de todo, la noche terminó en parranda en una cantina que se llamaba Grill el Romance, donde Bernardo Ramírez mojó con aguardiente un interminable diálogo con Iván Marino, quien ni aun cuando se quedó dormido sobre su butaco, al amanecer, soltó el Galil. Mientras tanto el piloto, ya con la camisa puesta y todavía eufórico, brindaba con quien se le pasara por delante: «Esto es hacer patria, hermano».

El Comandante Amable

El 10 de agosto de 1984, a las 7:30 de la mañana, Carlos Toledo Plata, quien además de ser el quinto hombre en la dirección del M-19 era médico, salió de su casa en un barrio de la clase media de Bucaramanga para dirigirse a la Clínica Chicamocha, donde le habían prometido contratarlo al día siguiente de la firma de la tregua, cuando su situación fuera legal. Mientras tanto, estaba trabajando allí sin recibir sueldo. Tenía un duro día por delante, pues para la noche había programado un acto político en un teatro local, en el cual el dirigente Andrés Almarales y él mismo serían los principales oradores. Se trataba de la instalación de la Coordinadora Distrital del Diálogo Nacional, el núcleo de un movimiento legal que Toledo pensaba montar aprovechando el respiro democrático propiciado por el presidente Betancur. Sucedía que las negociaciones de paz con el M-19, a pesar de los obstáculos, estaban saliendo adelante, y ya se había fijado el 14 de ese mes como fecha definitiva para la firma. El acto de Toledo en Bucaramanga sería preparatorio para el día 14.

La ciudad de Bucaramanga está al oriente. Al otro lado del mapa, en el occidente, está Yumbo, una ciudadela industrial a 15 minutos por autopista de Cali. De sus

50.000 habitantes, el 80% trabaja en las grandes fábricas que se concentran allí: Cementos del Valle, Eternit, Celanese, Goodyear, Phillips, Petroquímica, Curtiembres Titán, Propal y tantas otras, que hacen de Yumbo el tercer conglomerado de este tipo en el país, después de Puente Aranda en Bogotá y de Envigado en Medellín. Las barriadas obreras que rodean las fábricas son grises y es gris el aire que se respira en ellas; el polvo de cemento y el hollín de las chimeneas se han posesionado de todo, desde las tazas de café hasta las ceibas de los parques, convirtiendo a Yumbo en el lugar más contaminado de Colombia. A este récord le suma otros tres, el de mortalidad infantil, el de corrupción política y administrativa y el de desempleo.

Cientos de veces los colombianos habían visto a Toledo Plata retratado en los periódicos, porque era el dirigente popular de más prestigio del M-19. Por eso lo reconocía cualquiera que lo viera por la calle, inconfundible con sus mechones de pelo plateado que, aunque delataban los 52 años vividos, caían sobre su cara morena acentuando su buena pinta. Sin embargo, él andaba expuesto, respirando en libertad el aire libre y hablando a sus anchas con quien quisiera acercársele, sin incomodarse con medidas de seguridad. Desde hacía cuatro meses había resuelto, por su propia cuenta y riesgo, volver a vivir en la legalidad, deponiendo las armas antes de que el resto de su organización lo hiciera, para poder dedicarse a su gran pasión, la de ser dirigente de masas. Los asesinos del MAS habían tratado de intimidarlo haciéndole llegar la noticia anticipada de su muerte en notas fúnebres de letra anónima. Sus compañeros de la dirección del M-19 lo habían prevenido mil veces sobre el riesgo suicida que implicaba su decisión, que consideraban prematura, y todos los días su familia y sus amigos le rogaban prudencia: «Carlos Toledo, tú andas poniéndole el pecho a las balas», le decían.

Pero más que a las advertencias de quienes lo querían y a las amenazas de quienes lo odiaban, el hombre obedecía a su inclinación natural de caudillo de plaza pública, y mayor que su instinto de conservación era su urgencia de paz. Por eso, además del proyecto político, había echado a andar otros de carácter social, entre ellos un plan de vivienda para amnistiados y un centro asistencial para niños, el San Juan Bautista.

Los gases densos y malolientes de Yumbo no son el problema más grave que tienen sus gentes, porque peor aún es la sed que asfixia a esa ciudad sin agua. Tiene el mismo acueducto que fue hecho hace treinta años para una población treinta veces menor; y por eso a algunos barrios el agua llega una vez al mes y a otros barrios no llega nunca. Igualmente deficiente es el alcantarillado, la luz y el pavimento de sus calles rotas. Sobrepoblada, Yumbo es un hervidero de gente donde los coteros nunca paran de cargar y descargar camiones; los mineros del carbón juegan chicos de billar en las cantinas; los mil adolescentes que estudian bachillerato salen del Colegio Mayor a formar galladas en las esquinas; las señoritas van y regresan de Cali, donde trabajan como vendedoras o secretarias; los jornaleros llegan de las fincas a jugarse el sueldo en las riñas de gallos; los desempleados tratan de vender el radio o la licuadora que robaron la noche anterior; los turistas chapotean en las piscinas populares; los obreros que vuelven a su casa de la fábrica se desabrochan la camisa, se ponen las chanclas y se sientan a tomar cerveza fría; los lúmpenes meten basuco en los basureros que bordean la carrilera y los jóvenes bailan salsa hasta que se apagan las radiolas y los bombillos de los bailaderos, al amanecer.

A diferencia de otros miembros de la dirección del M-19, Toledo Plata no era ni había sido nunca marxista. De joven se fue al sur, a estudiar medicina en la Argentina, donde, encandilado por el entusiasmo de las multitudes, se dejó arrastrar por ellas y llegó al peronismo, el primer movimiento populista masivo que conoció. Al regresar a Colombia encontró algo similar en la Anapo del general Gustavo Rojas Pinilla, partido por el cual fue representante a la Cámara durante cuatro años. En 1970 se sumó al gentío enfurecido que salió a la calle a gritar fraude tras unas elecciones presidenciales en las cuales, según el conteo oficial de votos, no ganó el general. En consecuencia, Toledo concibió la idea de crear, en las bases anapistas, grupos armados de choque que defendieran futuras elecciones. En ese propósito estaba empeñado cuando recibió en su consultorio de médico la visita de un costeño alto y flaco, que no llegó por enfermedad sino para hablar de política; y que entre argumentos y carcajadas lo convenció de darle al plan original una dimensión que Toledo no había soñado. El costeño resultó ser Jaime Bateman, y con él y con otros Toledo terminó fundando, en 1973, una agrupación guerrillera a la cual le pusieron por nombre la fecha de la victoria electoral burlada: Movimiento 19 de Abril. Durante cinco años Toledo se dedicó a la actividad política amplia como dirigente de Anapo Socialista, y sólo de noche, y a escondidas, conspiraba con el M-19. Pero, según él mismo contaría después, no pudo sustraerse por más tiempo al sino que lo marcó en el momento en que el costeño entró a su consultorio, y la noche del año nuevo de 1978, siendo un hombre maduro, un profesional de éxito y buenos ingresos, ex parlamentario respetado y padre de cinco hijos, tomó la decisión más difícil de su vida, y después de bailar y brindar en la fiesta de unos amigos ricos, se despidió con una emoción atragantada que nadie captó, y se fue para la guerrilla.

A los que nacen en Yumbo no les dan trabajo en ningún lugar, porque la gente piensa que ser de Yumbo es ser guerrillero. Proporcionalmente, es la población de donde más gente ha salido para el monte, y no es casual que cuando la periodista Margarita Vidal entrevistó por televisión a los vecinos del lugar preguntándoles cuál era su candidato favorito, todos, casi sin excepción, contestaron que si el M-19 fuera a elecciones, votarían por él. «Yumbo, cuna del M-19», decía la gente, y el periodista D'Artagnan en El Tiempo anotaba que Yumbo ya no era sólo «la capital industrial del Valle» sino además su «capital subversiva». Así como el palanquero más famoso es el boxeador Kid Pambelé, el tumaqueño de más prestigio es el futbolista Willington Ortiz, en Yumbo el personaje más conocido no es un artista ni un ciclista ni una reina de belleza, sino un guerrillero del M-19: Rosemberg Pabón, primero profesor de sociales del Colegio Mayor de Yumbo y después «Comandante Uno» de la toma de la embajada dominicana. No es raro, pues, que la toma de Yumbo hubiera sido siempre uno de los sueños de Jaime Bateman Cayón.

Cuando Carlos Toledo Plata empezó su vida de guerrillero en las selvas de Santander, su nombre se volvió leyenda. Sus 46 años aguantaron con nobleza ese reto para adolescentes que es no parar nunca de subir y bajar montañas con un morral, un fusil y un costal de remesa a cuestas, y la gentileza con que en la guerra trató a amigos y a enemigos le ganó un nombre nuevo, el de Comandante Amable. Pero fue tal la aversión que el Comandante Amable sintió por los hechos de sangre que no pudo ser buen guerrero. Más que las emboscadas y que los tiros, le gustaba salir a los caminos a hablar con los campesinos y asomarse por los pueblos para arengar en la plaza, y para hacerlo se escapaba con frecuencia del campamento guerrillero, poniendo en peligro su vida y la de sus compañeros. Un año después salió de Santander y se lanzó a la aventura de dirigir el desembarco de 100 hombres armados por la costa pacífica, en el departamento de Nariño, y allí su inclinación más humanista que guerrera le jugó una mala pasada. El ejército se percató de la presencia de su columna y la rodeó, y después de varios días de defenderse y de ver morir a los suyos, Toledo optó por salvar la vida de los que quedaban y, pasando la frontera, se refugió con ellos en el Ecuador, confiando en que alguna negociación los sacara adelante. Pero el gobierno ecuatoriano debió pensar que le resultaba mal negocio indisponerse con el gobierno colombiano por cuenta de unos guerrilleros en desbandada y procedió a ponerlos presos y a repatriarlos, de tal manera que en 1981 Carlos Toledo Plata fue a dar a la cárcel de

La Picota en Bogotá, soportando una carga más pesada que el morral y el fusil: la responsabilidad por el peor desastre militar en la historia del M-19. A pesar de eso seguía siendo la figura más reconocida de su organización, y durante los tres años que estuvo preso cientos de personas de todo el país le rindieron el pequeño homenaje de pasar por su celda en los días de visita. La Bandola de Toledo, llamaban al grupo de 90 prisioneros del M-19 los presos comunes, que han aprendido a organizarse en bandas para defenderse y sobrevivir dentro de ese moridero hostil que es la cárcel de La Picota, donde al que se descuida lo apuñalan por la espalda por rabia, por dinero o por matar el tedio. Gente de afuera que quería la cabeza de Toledo contrató a los vendedores de cabezas —presos que trabajan en el negocio de asesinar a otros presos—, pero la Bandola supo defenderlo y los asesinos aprendieron a guardar distancia frente a él.

Carlos Toledo quedó en libertad por la amnistía de la administración Betancur, y así llegó a ese 10 de agosto de 1984. Cuando faltaban cuatro días para la firma del acuerdo de tregua, Toledo Plata salió a las 7:30 de la mañana hacia la clínica en la que trabajaba, sin saber que ese sería el día en que se cumplirían los temores de sus amigos y las amenazas de sus enemigos. Dos hombres llegaron en una motocicleta, se colocaron a medio metro de su automóvil y sin ninguna prisa, sin ninguna dificultad, «mirándolo con odio intenso» —según relatarían más tarde los testigos— le rociaron el cuerpo con once balas, y el Comandante Amable, quien siempre odió ver derramada la sangre ajena, murió ahogado en la propia.

Treinta y seis horas después del asesinato de Carlos Toledo Plata y como respuesta a este, el M-19 se tomaba a Yumbo en acción conjunta con el frente Ricardo Franco. En el operativo, que se llamó «De Yumbo a todos los colombianos: comandante Carlos Toledo», participaron 150 hombres que se encontraban en la Cordillera Central, y que atravesaron el valle en camiones para llegar a Yumbo el día 11 a las seis de la tarde, hora en la cual irrumpieron a bala y se tomaron la alcaldía, una escuela, un puesto de policía y la iglesia central. Fallaron en el intento de rendir a los treinta hombres que había dentro del Cuartel General de Policía, pero los mantuvieron neutralizados, impidiéndoles moverse, mientras arengaban en la plaza a las cinco mil personas que salieron a la calle a presenciar la acción de la guerrilla a participar en ella de una manera u otra, y a gritarle vivas a su ex maestro, Rosemberg Pabón. Los grupos de contención que habían ubicado en todas las vías de acceso para bloquearlas cumplieron su cometido y los guerrilleros pudieron permanecer en Yumbo durante dos horas y retirarse antes de que entraran el ejército y los refuerzos enviados desde Cali. Antes de abandonar el lugar, los guerrilleros soltaron a los presos de la cárcel y se mezclaron con la población, que les ofreció café y gaseosas.

El escándalo cundió por el país, no sólo por las implicaciones de la operación militar, sino por la participación ciudadana. Tras la salida de la guerrilla, la gente del pueblo había seguido enfrentada a piedra y a bala con la policía, y los agentes que habían resistido en el cuartel la arremetida de los alzados en armas se quejaron a la prensa de que los vecinos no sólo no los habían ayudado, sino que, según el relato que hicieron para *El Tiempo* del 13 de agosto, «en los intervalos del tiroteo, escuchábamos que les gritaban a los subversivos: "Adelante muchachos, ya los tenemos vencidos, no dejen a ninguno vivo. Vengaremos la muerte de Carlos Toledo Plata"». El alcalde de Yumbo declaró a su vez que en la toma de la alcaldía habían participado activamente el mensajero de esta, llamado Diego Cardona, otro empleado del municipio de apellido Lenis y un estudiante del Colegio Mayor, y que los tres habían sido dados de baja posteriormente por el ejército. Las autoridades oficiales informaron de la muerte de 36 guerrilleros; sin embargo, según un informe de la Oficina Nacional de Instrucción Criminal, que nunca fue publicado por presiones del alto gobierno, los cadáveres encontrados fueron 22, de los cuales 5 eran guerrilleros, dos eran policías y los 15 restantes eran civiles. Según la denuncia que posteriormente hizo la dirección del M-19, ninguno de los civiles cayó durante la toma, sino después, cuando entró el ejército.

Cuando mataron a Toledo, otro de los dirigentes del M-19, Andrés Almarales, iba en un avión hacia Bucaramanga a encontrarse con él para presidir conjuntamente el acto público por la paz. Al llegar al aeropuerto se enteró de su muerte y esa noche asistió solo al acto, lo transformó en homenaje póstumo y desde allí denunció que detrás del crimen de Toledo se movía una voluntad expresa y premeditada de boicotear el acuerdo inminente. Nadie en el país lo desmintió. Mientras tanto, una ininterrumpida cola de varias cuadras desfilaba por la casa de la alcaldía, donde se velaba el cadáver, y pasaron junto a él mujeres viejas, niños, jóvenes universitarios; unos por agradecimiento con el médico que tantas veces los atendiera gratuitamente, otros por solidaridad con el amigo, muchos en señal de in-

141

dignación por el crimen del dirigente guerrillero. Quienes se inclinaban para verlo a través del vidrio del cajón, con la aprehensión que produce mirar de cerca la violencia y la muerte, se encontraban cara a cara con un muerto sorprendentemente hermoso: el pelo reluciente echado hacia atrás, las pestañas largas y negras sombreando los ojos cerrados, ninguna palidez que destiñera su piel ni una arruga que envejeciera o tensionara su perfil. El domingo siguiente miles de personas asistieron a su entierro, y en la misa que se celebró en la catedral se mezclaron los gritos roncos de los hombres de cara cubierta y brazalete del M-19 que exigían castigo para los asesinos de Toledo, con las voces de pajaritos de un coro de niñas que imploraban descanso eterno para su alma. Frente al altar estaba el ataúd cubierto por la bandera azul, blanca y roja del movimiento, y parados a su lado, junto a los familiares, había cuatro ex ministros, varios parlamentarios, el gobernador de Santander, el alcalde de Bucaramanga y el resto de las autoridades locales. En el mitin multitudinario que se formó a la salida de la catedral, se oyó tronar a Almarales: «A Toledo lo mataron porque iba vestido de paz».

El asesinato de Toledo había indignado a la guerrilla y la toma de Yumbo al gobierno, así que las negociaciones de tregua sufrieron un colapso y el acuerdo de firmar el día 14 en la localidad caucana de Toribío se deshizo. El Consejo Nacional de Seguridad, presidido por los ministros de Gobierno y Defensa, dispuso un considerable refuerzo del pie de fuerza en el Valle y advirtió que habría mano dura para los grupos armados que desconocieran la ley, pero dejó la ventana abierta para retomar las negociaciones al afirmar que había que «continuar sin vacilación alguna la política de paz». A su vez, Álvaro Fayad hizo algo similar al emitir un comunicado que decía: «Nadie nos alejará del camino de la paz, pero ese camino no es la ruta de los blandengues o de los cobardes». Así que a la semana siguiente se reinició el diálogo y se acordó firmar el 24 de agosto en Corinto, Cauca, si se cumplía de parte y parte con un compromiso de honor: la guerrilla no dispararía un tiro más hasta esa fecha y el ejército suspendería inmediatamente la persecución a la columna que había realizado la toma de Yumbo.

La investigación oficial sobre el asesinato de Carlos Toledo nunca arrojó ningún resultado, y no se supo quiénes lo perpetraron. La dirección del M-19 acusó directamente a los altos mandos militares.

La industria del secuestro

Un hombre viejo, con la barba blanca hasta el pecho, camina solo a altas horas de la noche por una carretera desierta del departamento del Cauca. Pasa un camión, el viejo le hace señas para que se detenga, y le grita: «¡Lléveme, por amor a Dios, estaba secuestrado y me acaban de liberar!».

El camionero se detiene y se da cuenta de que es cierto porque reconoce al hombre, cuya cara ha aparecido recientemente en los periódicos. Es el hacendado Álvaro Mosquera Chaux, detenido diez meses antes por uno de los frentes de las FARC y a quien todos daban por muerto porque, a pesar de que la familia había pagado un rescate de varios millones de pesos, no se había vuelto a tener noticia de él.

Mosquera Chaux era solamente una de las 116 personas que se hallaban en ese momento retenidas por la fuerza por los grupos guerrilleros o por la bandas de delincuentes comunes, lo cual hacía del secuestro uno de los obstáculos más graves en las negociaciones de paz. Por eso, días antes de firmar en La Uribe, el estado mayor de las FARC había dado la orden a todos sus frentes de liberar a los retenidos que tuvieran en su poder, y había hecho un pronunciamiento según el cual condenaban esa práctica y anunciaban que no reincidirían en ella por considerarla «método impropio de revolucionarios porque viola los derechos humanos y contradice el ideal humanitario del socialismo». Sin embargo, la aparición de Mosquera Chaux varios meses después de hecho el compromiso, demostraba que este no había sido cumplido.

Los dirigentes del Ejército Popular de Liberación —EPL— dijeron no estar de acuerdo con la salida fácil de condenar el secuestro sobre el papel y seguirlo practicando por debajo de cuerda, y defendieron la validez política de que la guerrilla se financiara mediante el secuestro de gente acaudalada. Su representante político, Óscar William Calvo, declaró ante la prensa, nada menos que en un salón del propio palacio presidencial el día en que se instalaba la Comisión de Negociación y Diálogo, que su organización reconocía tener secuestrados en su poder, y añadió a manera de justificación: «No creo que sea mejor la mentira de otros que la honestidad nuestra».

Ciertamente no lo veía así la gran mayoría de los colombianos, saturados de secuestros hasta la desesperación, quienes, lejos de entenderlos como herramienta política, los sentía como un crimen de lesa humanidad. Lo cual quedaba reforzado por el hecho de que en el país no era práctica exclusiva de la guerrilla, ya que cientos de bandas de delincuentes comunes se habían dedicado a practicarla. El secuestro florecía como una de las más grandes y rentables industrias de todos los tiempos.

En los años 83 y 84 se había registrado en Colombia el récord más alto de secuestros en el mundo, superando aun a Italia, que antes mereciera el título. Cuánta gente era secuestrada en Colombia era un dato que nadie conocía a ciencia cierta, porque muchos de los familiares afectados no denunciaban el caso sino que preferían negociar directamente, por temor a ocasionarle la muerte al secuestrado. Sin embargo, se tenían datos parciales: sólo en enero de 1983, por ejemplo, se desató una ola fuerte durante la cual las autoridades manejaron 31 casos; o sea, cerca de la mitad de la cifra de 70, registrada en Italia a todo lo largo de uno de los años pico.

La trágica historia del secuestro en Colombia iba desde el burócrata sindical José Raquel Mercado, secuestrado en el año 76 por el M-19 y ejecutado por «traición a la clase obrera», hasta el de Hugo Ferreira Neira, gerente de la empresa Indupalma, secuestrado también por el M-19 en medio de una huelga de sus trabajadores y obligado a aprobar, desde el cautiverio, ciertas reivindicaciones en el pliego de peticiones. Pasaba por el de Nicolás Escobar Soto, alto funcionario de una empresa petrolera, muerto junto con sus captores en una «cárcel del pueblo» durante un rescate intentado por el ejército. Estos tres casos habían acaecido años atrás, pero durante el cuatrienio de Betancur se presentaron otros que marcaron para siempre al país con su crueldad alucinada y con la horrible frivolidad de su falta de sentido, como el de Gloria Lara de Echeverry, una joven señora sin grandes bienes de fortuna quien durante su vida política había mantenido una actitud democrática, a pesar de lo cual fue secuestrada nunca se supo si por la guerrilla, la delincuencia común o la ultraderecha, y a quien sus verdugos hicieron padecer meses de iniquidad y hambre antes de arrojarla muerta, con 25 kilos menos y un tiro en la nuca, en el atrio de una iglesia. Ni se supo tampoco por qué. Aunque aparecieron en los diarios fotos de ella en cautiverio enviadas por una misteriosa organización llamada ORP, nadie se puso en contacto con la familia para negociar, lo cual descartaba el móvil económico, ni se molestó en dar razones políticas, en caso de que la motivación hubiera sido de esa índole. Tampoco se aclaró el fenómeno de la bandera roja y negra con la sigla ORP que supuestamente envolvía el cadáver en el momento en que las autoridades lo encontraron; misteriosa bandera que no aparecía en las fotos de los primeros reporteros que llegaron a la iglesia, y que tuvo que ser colocada más tarde.

Hasta el propio presidente de la República se vio directamente afectado por la peste del secuestro cuando en medio de las negociaciones de paz uno de sus hermanos, el magistrado Jaime Betancur Cuartas, fue abordado a la salida de la universidad donde dictaba clases por miembros de una fracción del Ejército de Liberación Nacional —ELN—, y fácilmente capturado por ellos tras caer en la trampa de acceder voluntariamente a dejar su escolta atrás y subirse al automóvil de sus captores, pensando que se trataba de una gestión de buena fe relacionada con la tregua. El secuestro de Betancur Cuartas indignó al país y hubo marchas en las ciudades exigiendo su libertad, y cuando esta se logró, miles de bogotanos se asomaron a las ventanas agitando pañuelos blancos.

Una verdadera danza de los millones se movía en torno a la industria del secuestro. Los rescates, que inicialmente se pedían en pesos, empezaron a exigirse en dólares, hasta el punto de que por la hija del constructor y financista Luis Carlos Sarmiento Angulo, por ejemplo, llegaron a pedir 25 millones de dólares. Cualquiera que tuviera plata convivía con la obsesión permanente de ser la siguiente víctima y, para evitarlo, convertía su casa en una verdadera fortaleza de rejas, alarmas y celadores, se desplazaba en automóviles blindados con teléfono y control remoto para abrir el garaje y gastaba sumas elevadísimas pagando guardaespaldas. Uno de los hombres más ricos del país, el industrial Carlos Ardila Lulle, aseguraba que en materia de guardaespaldas no ofrecía verdaderas garantías nada inferior a un equipo mínimo de 37 hombres profesionalmente adiestrados. Desde luego, cada cual se compraba la seguridad que le permitía el bolsillo, y había desde el magnate que contaba con personal suficiente para efectuar virtuales tomas del edificio o lugar adonde se dirigía desde dos horas antes de su llegada, hasta el funcionario modesto que tenía que contentarse con contratar los servicios por horas de un ex policía o de algún boxeador en decadencia. No es de extrañar, pues, que a la sombra del secuestro hayan florecido también otros negocios prósperos, como el de los que se dedicaron a vender toda esa parafernalia relacionada con la seguridad.

Pero aún más alarmante que las astronómicas sumas que se cobraban, fue lo baratos que llegaron a ser los rescates: empezaron a proliferar los de cinco y diez mil pesos, como en el caso de una mujer secuestrada en un barrio obrero de la capital por su propio cuñado, lo cual era un síntoma claro de que el secuestro había dejado de ser flagelo exclusivo de los ricos y se había extendido a todas la capas de la población, ya que lo practicaba hasta contra sus propios vecinos cualquier jalador de bicicletas dispuesto a ensayar un renglón más rentable de la delincuencia. Llegó un momento en que cualquiera secuestraba a cualquiera, y tener o no dinero pasó a ser un factor aleatorio cuando se trataba de ser elegido como víctima: simplemente por el que era rico se cobraba mucho y por el que era pobre se cobraba poco.

Los niños se convirtieron en blanco favorito —no era difícil arrastrarlos cuando bajaban del bus del colegio, cuando jugaban en el parque o salían a hacer el mandado a la tienda— y se conocieron desgarradoras historias de menores que no sobrevivían al episodio, como la de los tres hermanos Álvarez, estudiantes de primaria secuestrados y asesinados por una banda de narcotraficantes.

Diariamente la prensa registraba casos de personas de todas las edades que habían permanecido amordazadas, sin poder distinguir el día de la noche por la venda en los ojos; encadenadas a catres, condenadas a la humedad de un agujero y al tormento seguramente peor de la ausencia total de contacto humano; ancianos forzados a interminables marchas por la selva; cardiacos sometidos a niveles de angustia que muchas veces les provocaban la muerte; mujeres que caían en profundas crisis psicológicas; enfermos que se consumían en su mal por falta de atención médica; algunos que lograban sobrellevar el trago amargo con valentía y entereza, otros que morían en un intento de fuga, en un arranque de nerviosismo de sus captores, en un rescate frustrado por parte de las autoridades.

Aunque no siempre lo hacía, la guerrilla pretendía diferenciarse del secuestro inhumano, o al menos eso se deducía del testimonio de algunos secuestrados que al volver a sus casas declaraban haber recibido buen trato, con libros, juegos de ajedrez o discusión política con sus captores y, eventualmente, un trago de licor o un plato de su comida preferida para matar las largas horas de encierro. A veces, en estos casos se producía un fenómeno tipificado como Síndrome de Estocolmo, que generaba entre secuestrado y secuestradores cierto grado de simpatía, de dependencia mutua y aun de comprensión de las ideas del otro. En medio de la oscura historia de los secuestros, se dio uno que otro caso esclarecedor, como el del abogado y juez antioqueño Antonio Duque Álvarez, detenido durante tres meses por un comando de las FARC, y quien años después contaba que la noche en que lo liberaron los guerrilleros improvisaron una fiesta de despedida y que en el momento del brindis el jefe del grupo le dijo: «Dentro de unos meses vamos a volver a brindar con ustedes, doctor, pero ya no en el monte sino en el palacio presidencial, cuando el pueblo se haya tomado el poder».

«No se preocupe, que vamos a brindar antes, aquí en el monte, cuando yo vuelva para que firmemos la paz», le contestó Duque Álvarez.

Sus palabras se cumplieron. Antonio Duque fue nombrado por el presidente Betancur, junto con otros tres colombianos, Alto Comisionado de Paz, y fue uno de los hombres que con más pasión, convicción y energía trabajó para impulsar el proceso. Le gustaba decir, refiriéndose a su misión: «Esto lo hago para que los guerrilleros no vuelvan a secuestrar, y para que no haya más colombianos que tengan que pasar por lo que yo viví».

Después de sortear muchos obstáculos, el gobierno y la guerrilla se pusieron de acuerdo en que era imposible llegar a la tregua sin cortar de tajo con la práctica del secuestro. Las FARC ya habían contraído un compromiso al respecto. Otro tanto hizo el M-19, que dijo no tener secuestrados en su poder en ese momento, y también el EPL, grupo que liberó a los que tenía. El camino para llegar al acuerdo de paz quedó así allanado y libre de escoria.

La marca en la frente

Se acercaba rápidamente la fecha de la firma y todo parecía estar por fin listo y en orden, salvo un detalle que mantenía inquietos a los miembros de la comisión negociadora: corrían insistentes rumores de que el tercer hombre en la dirección del M-19, Carlos Pizarro Leongómez, estaba en contra de pactar con el gobierno.

De familia aristocrática de larga tradición militar, el padre de Carlos Pizarro había sido almirante de la Armada y había ocupado el cargo de comandante de las Fuerzas Militares; su abuelo había sido general de caballería y uno de sus tíos, el general Gustavo Matamoros, era ministro de Defensa de Belisario Betancur en el momento en que se desarrollaba esta historia. Tal como le correspondía, Carlos Pizarro recibió educación primaria en Washington, hizo el bachillerato interno en un seminario y estudió derecho en la universidad de los jesuitas, donde tuvo entre sus compañeros de curso a una mujer que después sería ministro, a dos hijos de ex presidentes y a un muchacho que sería presidente años más tarde. Pero Pizarro empezó a moverse en un sentido que contrarió su horóscopo de ciudadano contra toda sospecha y que enfureció a los jesuitas hasta que lo echaron de la universidad. Entonces él, asumiendo de manera peculiar la tradición militar de su familia, se hizo guerrillero y se enmontó con las FARC. Allá no le gustó lo que vio —lo exasperó la lentitud de una guerrilla que manejaba las perspectivas revolucionarias a muy largo plazo—, y a los dos años huyó del campamento del comandante Joselo. Después se unió a Jaime Bateman, Carlos Toledo y otros, fundó con ellos el M-19 y partió encabezando una columna de hombres hacia Santander, donde cayó preso.

Pizarro salió libre en el 82 por la amnistía y se dedicó a concentrar las fuerzas militares del M-19 en el suroccidente del país, donde comandó una serie de acciones, incluida la toma de Yumbo, convirtiéndose en el hombre que controlaba el sector militarmente más activo de su organización.

Definiendo en una sola palabra a Carlos Pizarro, alguien dijo que era un seductor, en el sentido amplio del término: un hombre al que le encantaba encantar, personal y políticamente. Para ello contaba con 33 años cortos, indudable carisma, un discurso vibrante y levemente decimonónico y una apostura de facciones, proporciones clásicas y tonos latinos que le valió el apodo de El Divino.

Si se tenía en cuenta que desde el punto de vista militar era el hombre clave del M-19, no parecía carecer de fundamento, pues, la versión de que no veía con buenos ojos la decisión de paralizar la acción armada a cambio de un pacto de paz. La comisión especulaba con distintas posibilidades. Que Pizarro no firmaría y los demás que sí, lo cual implicaría la división del M-19; que a último momento Pizarro arrastrara a los proclives a la firma hacia su posición dura; que los rumores fueran simplemente rumores y que Pizarro acudiera a firmar sin problemas. Para disipar la incertidumbre que campeaba, el dirigente Andrés Almarales apareció una noche por televisión anunciando en tono contundente que su movimiento firmaría, y que lo haría en su conjunto, sin que nadie se quedara por fuera. Para los que supieron interpretar sus palabras esto quería decir que Pizarro estaba dispuesto a dejar de lado sus reticencias. Llegado el 24 de agosto de 1984, la fecha acordada, Pizarro efectivamente se dirigió con sus hombres a uno de los lugares fijados para la firma —un pueblo del Cauca llamado Corinto— pero a mitad de camino tuvo lugar un incidente catastrófico.

Entre los testigos presenciales de ese episodio se encontraban dos corresponsales de prensa extranjera. Ramón Jimeno y Marcela Caldas, de la revista *Nacla* de Nueva York, a nombre de la cual se encontraban en Colombia para cubrir la noticia de la firma. Este es el relato textual que entre los dos hicieron de la secuencia de hechos:

El jueves 23 de agosto viajamos a Cali y nos dirigimos a la casa donde nos habían citado para una rueda de prensa con Carlos Pizarro. Allí nos encontramos con otros siete periodistas de la prensa nacional y extranjera y de las agencias internacionales de información. Pizarro llegó acompañado de otros 20 guerrilleros, nos sentamos con él alrededor de la mesa del comedor y lo oímos hablar extensamente sobre la importancia militar de la acción de Yumbo y de su impacto sobre el contenido del acuerdo. Sostenía que esa demostración de fuerza había sido decisiva para lograr una negociación mejor. Cuando terminó, iniciamos con él una charla *off the record* y le señalamos que lo notábamos reticente a la firma, y que nos daba la impresión de que lo haría más por disciplina que por convicción. Él nos respondió que su dilema no había sido entre firmar o no firmar sino entre firmar a cambio de menos o firmar a cambio de más. Era evidente que lo atormentaba la duda de si el M-19 no habría subestimado su capacidad de negociación y exigido en el acuerdo menos de lo que hubiera podido. Hablaba insistentemente de la posibilidad de haber obtenido una cierta cuota de gobierno, traducida en estructuras concretas de poder para la guerrilla en zonas libres de control militar. A nosotros nos dio la impresión de que él veía el proceso más radicalizado de lo que realmente estaba, las condiciones más favorables para la lucha armada de lo que era sensato calcular, y así se lo hicimos saber. Tras un par de horas de discusión, Pizarro nos dijo a los periodistas: «En el viaje de Cali a Corinto puede pasar algo, puede haber alguna agresión contra nosotros, así que iríamos más seguros con ustedes que solos. Si están de acuerdo, arrancamos juntos…».

Quedamos de encontrarnos temprano al otro día para hacerlo así. A las nueve de la mañana del viernes 24 pasaron por nosotros al hotel unos muchachos del M-19 en tres automóviles. Debíamos encontrarnos con los demás a las afueras de Cali, pero no a las afueras lejanas, sino a duras penas al borde de la ciudad, en un comedero muy concurrido llamado Agapito. Mientras desayunábamos allí, vimos cómo poco a poco iba llegando la comitiva: buses repletos de gente gritando consignas del M-19. Muchos venían de Yumbo con pancartas. La gente estaba alegre y despreocupada y, como se trataba de marchar hacia la firma de la paz, todos actuaban tal como si estuvieran en una manifestación política abierta.

A los diez minutos de estar en Agapito llegaron al lugar los guerrilleros de la columna de Pizarro, armados y uniformados. Ya íbamos a partir, pero hubo una demora debido al malestar que causó el paso de dos policías en moto, muy despacio, mirando detenidamente todo, para devolverse después hacia Cali a toda velocidad. Como medida de seguridad, Pizarro reordenó la sucesión de vehículos en la caravana. Dispuso que se adelantara un jeep de observación. Unos dos kilómetros detrás de ese jeep partimos nosotros con otros periodistas, en un Renault 18 que decía prensa internacional. Después venía otro jeep con escolta armada, luego un taxi con guerrilleros, luego Pizarro, su mujer y un guerrillero jovencito de apellido Lucio, que era quien manejaba, en una camioneta de platón destapado donde se apretaba más escolta. Después venía la columna de buses, pitando, hirviendo de gente que sacaba la cabeza por la ventana y metía mucha bulla.

Al rato de camino vimos que nos pasaba, otra vez muy despacio, un jeep de la policía, observando cuidadosamente el interior de nuestros vehículos. Avanzábamos lentamente cuando de repente, al pasar una curva de la carretera, un kilómetro antes de llegar al pueblo de Florida, vimos a varios policías apostados a lado y lado. Pudimos contar 25. Habían colocado en medio de la vía un letrero que decía pare. El jeep del M-19 que había partido adelante en observación no nos había avisado todavía nada, de tal manera que tenía que haber pasado por allí cuando todavía no había nadie. Eran las 10:30 de la mañana.

Como el carro nuestro iba de primeras, teníamos que decidir entre seguir o devolvernos. El corazón se nos aceleró violentamente. Alguien sugirió que podía ser simplemente un retén, pero era evidente que se trataba de una emboscada, porque alcanzábamos a ver a varios policías apostados contra el suelo apuntando hacia nosotros. Nos detuvimos, y detrás nuestro la línea de vehículos se volvió un nudo. Dos policías se nos acercaban. Pensamos que el letrero de prensa internacional nos daba cierta inmunidad y que teníamos que ser nosotros quienes negociáramos la situación. Ramón se bajó gritando: «¡Vamos a firmar la paz, déjennos pasar!».

Les informó que éramos periodistas y que detrás de nosotros venían los del M-19, pacíficamente, a encontrarse con los representantes del gobierno en Corinto. Sin embargo llegaron al carro muy intimidantes, nos hicieron bajar, nos ordenaron que nos acreditáramos mientras nos apuntaban a la cabeza. Una grabadora de uno de los colegas registró toda la gritería de esos momentos. Sobresalen nítidamente las voces de Ligia Riveros, de la revista *Cromos*, y de otros periodistas que trataban de convencerlos, «¡Por favor, no acaben con la paz!».

Se acercaron más policías, rodearon el carro y nos requisaron.

En el casete puede oírse la voz de uno de ellos: «Ahí vienen los del M-19. ¡listos!».

El «listos» se oye clarísimo. Tenían fusiles Galil. En ese momento se despreocuparon de nosotros, así que nos volvimos a montar y pasamos. Los demás carros empezaron a avanzar. Paramos quince metros más adelante. Vimos cómo los policías se acercaban a la camioneta de Pizarro e intentaban desarmar a dos de los guerrilleros que se habían bajado de ella. Les gritaron a los que iban en el platón que soltaran las armas, pero estos no obedecieron y en cambio encañonaron a los policías.

Carlos Pizarro iba sentado adelante, en medio de Lucio y de su compañera, una muchacha muy jovencita, muy lindita, que iba contra la ventanilla derecha. Un policía prácticamente metió su fusil por esa ventana y la muchacha trató de desviarlo con su mano derecha. El policía disparó y le voló cuatro dedos, que quedaron pegados en el techo de la camioneta. Se desató una balacera tan fuerte que pensamos que nadie iba a salir vivo.

Vimos que el guerrillero que manejaba la camioneta lograba ponerla en marcha y arrancar a toda velocidad, mientras los policías rociaban el vehículo de balas. Lo perforaron de todos lados, le pincharon las cuatro llantas. De repente apareció un jeep que le cortó el paso y lo estrelló. Pensamos que ese era el fin.

Cuando nosotros vimos la situación perdida arrancamos volando hacia Florida a pedir ayuda. Entramos a la alcaldía y encontramos al alcalde tranquilo en su despacho; había preguntado qué ruido era ese que se oía a lo lejos y le habían contestado que era pólvora, que la gente celebraba echando voladores y reventando papeletas. No teníamos ningún número de teléfono a mano para informarle al gobierno en Bogotá, pero de milagro recordamos el del periodista Daniel Samper, a quien habíamos estado llamando por esos días. A Ramón se le cortaba la voz mientras le decía a Samper: «No sabemos quién está vivo y quién esta muerto. El carro de Pizarro está destrozado, y la policía sigue disparando».

Según nos enteramos después, Daniel llamó enseguida a Belisario, con tanta suerte que pudo hablar con él inmediatamente. Mientras tanto nosotros seguíamos tratando de comunicarnos con todo el mundo. Nos entró una llamada a Corinto y pudimos hablar con Horacio Serpa, dirigente liberal y miembro de la Comisión de Negociación, quien había acudido allí a firmar. Serpa nos informó que en ese preciso momento Pizarro estaba entrando a Corinto, que estaba herido pero que estaba vivo. Nosotros no podíamos creer, no entendíamos cómo diablos había escapado. En esas entró el niño mandadero de la alcaldía diciendo que un grupo de personas del pueblo había llegado hasta donde estaba tirada y despedazada la camioneta, que la habían encontrado llena de sangre pero que no vieron cadáveres dentro. La versión de Serpa y la del niño coincidían.

Se nos acercó un hombre ya maduro, con pinta de acaudalado, y nos preguntó: «¿Así que me volvieron pomada ni camioneta?». El hombre resultó ser el dirigente conservador del pueblo y desafortunado dueño del vehículo; como era tío de uno de los guerrilleros esa madrugada se lo había prestado para que se trasladaran a Corinto.

Oímos una gran algarabía en las calles del pueblo y salimos a ver qué pasaba. Toda la gente había salido de sus casas gritando que habían matado a Pizarro, y aunque tratábamos de calmarlos diciéndoles que estaba vivo, era imposible convencerlos. Los acontecimientos se aceleraron como en un *western* enloquecido, cuando en medio de la batalla uno ya no distingue cuál es vaquero y cuál es indio. El cura párroco era el líder de la revuelta y vociferaba indignado contra la policía. En esas nos enteramos que por la loma venía bajando un grupo del Eme echando tiros, que creía que Pizarro estaba muerto y en vez de seguir a su destino, que era Corinto, había resuelto bajar a Florida y tomarse la alcaldía.

La policía del Goes se atrincheró en su cuartel, detrás de unas pilas de bultos de arena que, según los vecinos, habían colocado la noche anterior. Nosotros nos fuimos a trancar a los guerrilleros, a decirles que Pizarro estaba vivo y que ya había llegado a Corinto. Nos encontramos con unos 70 tipos bien armados, liderados por un abogado negro, miembro de la dirección del M-19, que se llamaba Alfonso Jacquin. Les describimos la situación; los convencimos de no tomarse la alcaldía. Bajamos otra vez al pueblo junto con ellos y allá nos encontramos con una caravana de carros que, con el cura a la cabeza, recorría el pueblo pitando. Los del Goes se habían retirado. La multitud entró al cuartel de policía y lo recorrió como si fuera una horda de hormigas tambochas, dejándolo literalmente destrozado; se veían las máquinas de escribir, las sillas y los archivos que volaban por las ventanas.

El negro Jacquin y su gente se pusieron a conseguir transporte y a organizar el viaje hasta Corinto, y la caravana alborotada que se había formado en Florida arrancó con ellos hacia allá. La gente se colgaba de los carros; íbamos como racimos.

Al llegar a Corinto averiguamos cómo había escapado con vida Pizarro. Nos enteramos de que cuando le chocaron la camioneta, había salido corriendo y disparando junto con su compañera y los otros que iban ahí, y se habían refugiado en una casa. Nadie sabe cómo, pero hasta esa casa llegó unos de los jeeps de escolta del M-19. Convencidos de que si se quedaban en ese lugar los remataban, Pizarro y los suyos decidieron hacer el intento de llegar a Corinto. El trayecto fue tan angustioso que se chocaron y tuvieron que seguir en el carro de un particular. Finalmente lograron llegar a Corinto, y Pizarro, con la camisa ensangrentada y antes de desmayarse, alcanzó a echarle un discurso al gentío, que fue captado por las cámaras de televisión. Al principio muchos no se daban cuenta, pero después todos empezaron a gritar: «¡Déjenlo pasar, que viene herido!».

De ahí se lo llevaron a un puesto de salud para atenderlo mientras que a Laura, su compañera, y a otro muchacho llamado Spencer, que estaban gravemente heridos, los trasladaban a un hospital de Cali en el helicóptero de la Comisión Negociadora. Mientras tanto en el pueblo reinaba la confusión total porque se regó como pólvora la versión de que Pizarro se estaba muriendo. La gente y los guerrilleros rasos, seguros de que ya no se firmaría, corrían gritando: «¡Lo mataron a traición! ¡Ya no hay acuerdo posible!».

Cuando nosotros regresamos a Bogotá, buscamos al procurador de la nación y le contamos palabra por palabra esta misma versión del atentado, del cual habíamos sido testigos presenciales.

Aquí termina el testimonio de los dos corresponsales de la publicación norteamericana. Mientras tanto en Corinto el devenir de los acontecimientos se había detenido en un nudo y no se sabía hacia dónde saldría disparado cuando se volviera a poner en marcha; la promesa de la paz y la certeza de la guerra aparecían como las dos caras de la misma moneda, y cuál de las dos se impusiera parecía depender de un simple carisellazo. A oídos de Álvaro Fayad llegó la versión alarmista de los hechos, y —según contaría días después cuando corría por la calle buscando la enfermería donde estaba Pizarro— una imagen reiterativa le bloqueaba el cerebro: la de los Aurelianos Buendía marcados en la frente, de *Cien años de soledad*, asesinados uno tras otro de un tiro en la marca tras firmar un pacto con sus enemigos.

«Los muertos de la paz los vamos a poner nosotros», les había advertido semanas antes Fayad a sus compañeros, y ahora pasaba por su cabeza la secuencia: igual que los Aurelianos, primero caía Toledo, después Pizarro, después todos los demás. Sin embargo, cuando encontró a Pizarro pudo comprobar que había tenido una suerte enorme y que estaba fuera de peligro, porque la bala, al alcanzarlo en el hombro, le había perdonado el corazón.

De allí Álvaro Fayad salió a buscar a los demás miembros de la dirección para reunirse y tomar la gran decisión: ¿firmaban a pesar del atentado y de las implicaciones políticas que este tenía? La reunión a puerta cerrada se alargaba y mientras tanto los comisionados de paz esperaban los resultados en una casa a dos cuadras de allí; los reporteros de radio, enseñoreados de la situación, mantenían al país en vilo, y el periodista de un noticiero de televisión metía subrepticiamente el micrófono por debajo de la cabina de Telecom desde la cual Bernardo Ramírez se comunicaba con alguien por larga distancia y gruñía, refiriéndose a los policías que habían disparado: «¡Que alguien impida que sigan haciendo barbaridades!».

Por fin se abrió la puerta del cuarto donde se celebraba la reunión y los primeros que conocieron la decisión, el ex ministro y el periodista Enrique Santos Calderón, sintieron que les quitaban un enorme peso de encima cuando Fayad les informó que en principio mantenían la decisión de firmar. Lo cual no era una respuesta definitiva, porque faltaba consultarlo con el Comandante Boris y otros miembros de la dirección que estaban en El Hobo, Huila, otro pueblo que había sido acordado para la firma. ¿Cómo ponerse en contacto con ellos de manera inmediata? Pues a través de los audífonos y equipos de los reporteros de radio, que se encontraban intercomunicados entre los pueblos. El sistema era eficaz pero tenía un defecto, no era privado, así que esa parte de las deliberaciones internas de la dirección del M-19 salieron al aire en directo y por la radio los colombianos pudieron oír el sí de los comandantes de El Hobo, quienes estuvieron de acuerdo con la determinación de los de Corinto. Fayad explicaba así las razones por las cuales acordaron no echarse para atrás:

«Reunir al comando superior en ese momento, era reunirlo frente al país. En frente del pueblo y con todo ese cubrimiento de prensa. Si no se daba el acuerdo, era la guerra ya. Algún compañero dijo en la reunión que le preguntáramos al pueblo. Pero preguntarle al pueblo era recibir un solo sí unánime a la guerra. Y había que analizar cada hecho, cada decisión, cada consecuencia. Teníamos que preguntarnos simplemente: ¿si frenteamos esta guerra es para ganarla? Y segundo, ¿tenemos derecho a lanzarnos a una guerra así, antes de agotar todas las posibilidades?».

La unanimidad era total; pero faltaba un pronunciamiento clave, el del propio Pizarro. Lo encontraron en la enfermería tendido sobre una camilla, profundamente dormido por los calmantes que le habían inyectado, lo despertaron con dos tazas de café cargado y se encerraron con él. Afuera, los periodistas que estaban al tanto de sus recelos frente a la firma comentaban que ahora, tras el atentado, debía estar todavía más cerrado a la banda. Por eso se sorprendieron al enterarse, minutos después, de que Carlos Pizarro había apoyado la decisión de los demás sin sombra de duda.

Con relación al atentado perpetrado en su contra por la policía en la carretera, algunos medios de comunicación, minimizando el hecho, lo presentaron como un incidente. El ex ministro Bernardo Ramírez daba su explicación personal diciendo que cuando se negoció el despeje de tropas para abrir el acceso a Corinto, quedó sobreentendido que los guerrilleros transitarían hacia allá por carreteras periféricas, y no en una caravana de hombres uniformados y armados que, partiendo de Cali, se exhibió por una vía central, en lo que Ramírez consideraba «un abierto desafío que era casi imposible que no terminara como terminó».

Por su parte, Antonio Duque Álvarez, juez de la República y alto comisionado de paz, que fue quien adelantó la investigación, dijo tener suficiente evidencia para concluir que no se había tratado de un incidente, sino de un planificado complot contra la vida del dirigente guerrillero.

En cuanto a Carlos Pizarro, era fácil concluir que en un acto que tuvo más de audacia que de sensatez, había arriesgado el todo por el todo, había estado al borde de perder la vida y al final había salido ganando. Semanas después de ocurrido el hecho, en una conversación informal durante un almuerzo, comentaría Óscar Lombana, genio de la prestigiosa firma de encuestas Consumer y por tanto fino catador de la opinión pública: «Esa sola imagen de Pizarro sonriente, firmando la paz a pesar de tener el brazo vendado y el uniforme ensangrentado, que vieron millones de personas por televisión, le significó al M-19 un éxito político y publicitario rotundo».

Macondo o el doble poder

«¿Quién gobierna en Hobo?», preguntaba indignado, en una carta al diario El Tiempo, un ganadero que al pasar en su automóvil por la población huilense de El Hobo, el 24 de agosto de 1984, día de la firma de la tregua, se encontró con que eran guerrilleros, y no soldados, quienes lo paraban en los retenes de la ruta, le pedían papeles de identificación, lo hacían esperar un rato mientras consultaban con sus superiores y finalmente le daban la bienvenida y lo dejaban pasar.

Tenía buen fundamento la duda del ganadero que se preguntaba quién diablos gobernaba en El Hobo, y poco después no sería sólo él, sino todo el país el que se la estaría formulando. Al final quedaría claro que quien gobernaba allí como reina y señora era la guerrilla insurgente, y las poblaciones de El Hobo y Corinto —escogidas para la firma con el M-19— pasarían a la posteridad por haber sido territorio libre desde el día que comenzó la tregua hasta una semana después, cuando el último de los guerrilleros salió de allí agitando el sombrero, repartiendo besos y prometiendo volver.

Durante esa semana las columnas armadas y verde-olivadas del M-19 reemplazaron al ejército, a la policía y a las autoridades civiles de la localidad creando una virtual situación de doble poder, de gobierno dentro del gobierno, absolutamente inconstitucional y altamente irregular que hizo que las capas altas pusieran el grito en el cielo y que Belisario Betancur tambaleara en su silla presidencial. Se trataba de un doble poder macondiano porque indirectamente gozaba del visto bueno del presidente, quien había dado la orden de retiro de las tropas, y que contaba mal que bien con la tolerancia del ejército, que había accedido a retirarse. Doble poder pueblerino porque se dio en dos aldeas perdidas, entre cervezas y ovejas, muchachas vestidas de raso y trastos de mercado. Pero doble poder al fin; caso curioso de gobierno provisional que desvelará a los teóricos marxistas hasta que se animen a revisar a su maestro acuñando una nueva categoría: el doble poder tropical.

Para dolor de cabeza de teóricos y maestros, la exótica situación se fue presentando espontáneamente, sin que nadie la previera u orientara, sin que el país se percatara de ella sino al cabo de unos cuantos días. Yo me encontraba en El Hobo, a donde había acudido a firmar la paz con otros miembros de la Comisión de Negociación y Diálogo, y pude ver cómo, al alejarse los camiones llenos de soldados, y de policías, el doble poder empezó a asomar las narices tímidamente a través de gestos mínimos, imperceptibles al comienzo. Sentados en las aulas de una escuela, tratando de sacarnos de encima a golpes de gaseosa el aire sofocante del pueblo más caliente del planeta, comisionados y miembros del gobierno esperábamos la llegada de la columna del Comandante Boris —el hombre que durante años había mantenido el departamento del Caquetá en pié de guerra— cuando vimos llegar a los primeros emisarios de la guerrilla. Entre ellos estaba el dirigente Otty Patiño, sudando a chorros debajo del morral, el fusil y el fijack, conmocionado por la noticia recién escuchada del atentado contra Pizarro en Florida, mirando a su alrededor con desconfianza, seguramente calculando las posibilidades de que volviera a ocurrir lo mismo. Nos anunció que la caravana de Boris estaba cerca del pueblo, que bajaría cuando se aclarara la situación. Dos horas más tarde bajaron, en camiones, buses y jeeps que cargaban indiscriminadamente guerrilleros y gentes de los pueblos vecinos. Al principio se los veía tensos y recelosos; saltaban cada vez que se oía un grito o reventaba un triquitraque. Se fueron entusiasmando cuando el pueblo entero salió a recibirlos; las maestras con sus rebaños de niñitos; las damas distinguidas con palomas de papel en el sombrero; los chalanes luciendo sus caballos de paso por entre el gentío; los punks criollos haciendo rugir sus motos; acompasado el bochinche de coplitas de bambuco, consignas combativas y truenos de voladores; inclemente el sol que fritaba a la concurrencia; bravo el aguardiente que corría de mano en mano. A todas estas la figura principal no aparecía: ni rastros del Comandante Boris. La gente se asomaba a los caminos, corrían rumores de que venía por la montaña, los comisionados miraban el reloj, hasta que por fin cayó del cielo en un helicóptero y todos lo vieron aparecer en persona, con su pinta de protagonista de corrido mexicano, corpulento, de negro hasta los pies vestido, bien pobladas las patillas, cargado de pistolas, inclinado el gran sombrero alón. Al verlo, el personal se abalanzó sobre él, y fue entonces cuando los guerrilleros parecieron tomar conciencia de que eran la única autoridad en el pueblo, y que si no la ejercían, al jefe lo iba a magullar el tropel de admiradores. De ahí en adelante procedieron a hacer cordones de seguridad, a empujar hacia atrás a la horda, a rescatar señoritas desmayadas por la chichonera y a sacar del brazo a los borrachos que tenían el valor de sabotear los discursos y de gritarles piropos a las muchachas armadas. Más adelante el comandante Marcos Chalita —un campesino chiquito con un bigote enorme—, arrobado por la euforia colectiva de ese revoltillo de pueblo y guerrilla bailando en una sola masa y olfateando el clima de victoria que se había apoderado del lugar, se pararía en la tribuna y él, siempre silencioso, siempre discreto, en ese momento gritaría a todo pulmón: «¡El futuro es nuestro, compas! ¡Estamos viviendo el futuro!».

El día anterior, 23 de agosto, se había llevado a cabo la firma con el EPL en plena ciudad de Medellín, en medio de dos millones de habitantes. Los comisionados del gobierno y los representantes de la guerrilla tenían información sobre la existencia de planes para sabotear el acto y por ello mantuvieron en secreto hasta el último momento el sitio en el que serían suscritos los documentos. Delegados, invitados especiales y periodistas fueron citados a las 10:30 de la mañana en un hotel céntrico de la ciudad, el Nutibara, donde los recogió un bus y los trasladó hasta el Museo Zea.

El presidente de la Comisión de Paz, John Agudelo Ríos, encabezaba la comisión oficial, y por el EPL se presentaron —en medio de una escolta de doce hombres armados y uniformados con boinas rojas y vestidos caqui— los gemelos Óscar William Calvo, representante político, y Ernesto Rojas, comandante militar, que de parecido no tenían ni el apellido, y menos aún lo demás: Calvo era un abogado de corbata y tarjeta timbrada, de modales finos y oratoria rigurosamente marxista leninista; Rojas era hombre de palabras escasas y precisas y de empaque campechano, a pesar de tener la misma formación universitaria de su hermano. Aunque los dos figuraban entre los fundadores de su organización, habían logrado sobrevivir a la década del 70, negra para el EPL, durante la cual sus dirigentes históricos fueron muriendo, uno a uno, a manos del ejército. Después de una sobria ceremonia, durante la cual los comandantes impartieron a todos sus comandos y combatientes la orden de cese al fuego, los guerrilleros destaparon botellas de champaña francesa y brindaron con los comisionados. Más tarde continuó la celebración, ya sin delegados gubernamentales, en una finca en las afueras de Medellín, en medio de un acto multitudinario de militantes y simpatizantes de la organización.

Todo parecía haber transcurrido dentro de un tono sobrio y discreto, acorde con el estilo que el EPL prefería para sus actos. Sin embargo, la indignación de los diarios en los días siguientes no pudo ser mayor. El detonante que desató la ira de los editorialistas y de algunos columnistas fue una foto en la que la guerrilla no aparecía disparando, ni emboscando, ni secuestrando, sino brindando. Y no brindando con cerveza en botella, con obreros y campesinos y demás masas explotadas, lo cual seguramente hubiera pasado desapercibido, sino con Viuda de Clicquot en copa de cristal y con dos miembros de la crema de la sociedad bogotana. Y no brindando disfrazada de civil, lo cual posiblemente hubiera molestado un poco menos, sino vestida de lo que los propios acuerdos reconocían que era, es decir de guerrilla, de movimiento alzado en armas, lo cual implicaba, entre otras cosas, tener armas en las manos. Eran tres figuras que chocaban copas en la pieza de escándalo: a la izquierda, de perfil, en una deportiva chaqueta de paño *tweed*, con canas aristocráticas y sonrisa cordial, estaba el senador Emilio Urrea, segunda figura del Nuevo Liberalismo y ex alcalde de Bogotá. Al medio había una guerrillera anónima, la cara oculta tras la copa y la ametralladora terciada sobre el pecho. A la derecha, Gloria Zea, la mujer que había tenido la habilidad y la inteligencia de convertirse en la principal figura femenina del país, directora del Museo de Arte Moderno y de otra docena de proyectos culturales y presencia deslumbrante en el *jet-set*. A la lluvia de oprobios que le cayó encima por dejarse retratar en un gesto amistoso con una guerrilla armada, Gloria Zea respondió con agudeza, refiriéndose a la firma de los acuerdos de paz: «Ha sido el momento más emocionante e históricamente importante en muchos años. Si esto no merecía un brindis, entonces, ¿qué lo puede merecer?».

En el pueblo de Corinto, donde se juntaron para firmar la mayoría de los comandantes del M-19 y sus columnas, el jolgorio fue mayor que en cualquier otro lado. Un día antes de que empezara, Álvaro Fayad, que se encontraba en Bogotá, estaba convenciendo al periodista Yamid Amat de que se trasladara hasta allá con su equipo de radio para transmitir el evento. Amat se negaba diciendo que después de las firmas de La Uribe y Medellín el tema ya no era novedoso para nadie.

«Mire», le argumentaba Fayad, «va a pasar otra cosa, y va a ser noticia por todo. Píllselo simplemente a nivel periodístico: ahí van a estar reunidos hombres que son héroes y mitos vivientes en este país… y va a haber conmoción porque el Eme es distinto. Toda va a ser nuevo, el Eme, el pueblo, el Eme y el pueblo juntos».

Apostaron lo que siempre apostaban, whisky: «Una caja no. Una botella. ¡Entre turcos nadie apuesta mucho!».

Al día siguiente en Corinto el doble poder empezaba con la primera disposición que el M-19 emitía desde el gobierno, cuando por los alto parlantes de la iglesia uno de sus oficiales decretó el inicio de «la gran rumba de la paz», gran rumba que se extendió durante siete días corridos, meciendo la masa de lugareños, periodistas, guerrilleros y curiosos que se emborracharon de euforia libertaria y también de la otra, todos salvo los guerrilleros para quienes imperó la ley seca. En las calles la multitud se bailó los discursos de los jefes rebeldes y cantó a voz en cuello el himno nacional a ritmo de salsa. Las guerrilleras se enfundaron en yines apretados y se pintaron los ojos con pestañina recién comprada en la farmacia; en una tienda Bernardo Ramírez le tiraba patadas a una rocola intentando bajarle el volumen para oír lo que el presidente le decía desde Bogotá por el teléfono, y en el rincón de cualquier cantina el intelectual antioqueño Álvaro Tirado Mejía declaraba la historia patria partida en dos: antes y después de Corinto; el periodista Enrique Santos decía que aquello sólo se parecía al día de la entrada triunfal de los sandinistas a Managua y el circunspecto historiador inglés Malcom Deas disertaba en un español incomprensible sobre la línea directa que vinculaba a través de los siglos al heroico Corinto de los griegos con el heroico Corinto de los colombianos.

Personajes del más variopinto plumaje fueron apareciendo. Dos parejas de jóvenes esbeltos y de gafas negras que iban a pasar el fin de semana en su finca de recreo estacionaron el Mercedes azul metálico en la congestionada plaza, se bajaron, se tomaron un par de tragos, discutieron de política con los guerrilleros, les echaron en cara que estaban acabando con el país y siguieron camino. Un morocho llegó pidiendo entrevista con los comandantes y estos, al ver que alrededor del visitante se armaba una tremolina, se acercaron a ver quién era. Resultó ser la máxima estrella del fútbol colombiano, Willington Ortiz. Un policía desertó de su cuartel en Pradera, se vino para Corinto y se pasó, con todo y arma, a las filas del enemigo. En la pequeña ceremonia de bienvenida que le hicieron, él e Iván Marino intercambiaron armas; el primer hombre del M-19 se quedó con el Galil de dotación oficial, y le cedió al policía-guerrillero el suyo, el que había usado toda la vida. Los fotógrafos callejeros hicieron su agosto y establecieron una tabla de tarifas según la cual foto con guerrillero costaba 300 pesos, con comandante costaba 500 y 800 si el comandante sostenía al niño en brazos.

Los guerrilleros caminaban por entre esta realidad alucinante a dos centímetros del suelo. Un combatiente de base llamado Juan le contaba a un periodista: «Antes de llegar pensábamos que íbamos a ver muchachas, a bailar, a tomarnos alguna cerveza, pero nunca imaginamos que el fervor de la gente llegara a tal punto; como cuando de niños salíamos a recibir al pedalista Rubén Darío Gómez, victorioso después de la Vuelta a Colombia en bicicleta; así nos recibieron a Rosemberg Pabón y a nosotros».

Los guerrilleros de quince años repartían autógrafos; Iván Marino narraba para las radiocadenas nacionales su

174

jamesbondiana fuga de la cárcel de La Picota; Boris dirimía el conflicto por linderos entre dos vecinos que lo pusieron de mediador; el comandante Raúl se sentaba a comer a la mesa con el dueño de una finca de un lado y un peón de la misma finca del otro; Fayad recibía la bendición de un pastor evangélico; Jaime Bateman, muerto hacía más de un año, recibía una carta de una anciana que lo invitaba a su casa («soy muy pobre, pero lo atendería como a mi hermano»); Rosemberg Pabón retiraba el clavel que alguien había colocado en la boca de su fusil y lo ponía en la mira, diciendo: «En la boca no, aquí. La orden es permanecer atentos».

El oficial Facundo atendía a un padre que le entregaba a su muchacho diciendo, «Aquí se lo traigo, edúquenlo», y la comisión encargada de recibir a las delegaciones de los pueblos y las veredas tomaba nota, como si fuera el Niño Dios, de todas las cosas que la gente pedía: teatro, alcantarillado, escuela, cancha de fútbol, agua potable, matadero, luz...

En el momento mismo de la firma vino el clímax del doble poder, cuando los comandantes guerrilleros, con la ametralladora en una mano y el bolígrafo en la otra, estamparon su nombre en el documento de tregua, porque, como anotó después el ex presidente Carlos Lleras Restrepo, la guerrilla, al firmar armada con los representantes del gobierno, quedó prácticamente convertida, como por arte de magia, en ejército beligerante, casi en segundo ejército regular, desde luego con la particularidad de que sus armas quedaron maniatadas por un acuerdo y silenciadas por un compromiso con el presidente de la República.

Después de la firma, el doble poder volvió a tomar su cauce pueblerino, impregnándose otra vez del olor cotidiano que tuvieron los pequeños actos con que el M-19 regentó en Hobo y Corinto, y esa situación insólita de verse gobernados por la guerrilla llegó a ser tan familiar para los dos pueblos, que sus habitantes levantaron colectivamente un plebiscito solicitando al gobierno verdadero una cuota de representación oficial y permanente para el gobierno ilegal.

Quienes viajaron a Corinto pudieron ver a los rebeldes cambiando el fusil por la escoba para formar brigadas de limpieza de las calles. Los vieron también administrando justicia: pusieron en libertad a los presos de las cárceles, no sin antes conminarlos a retornar a sus celdas en 24 horas. En El Hobo, de los 20 liberados, 19 cumplieron la promesa de volver y uno no lo hizo nunca: el criminal más temido de los alrededores. Unos muchachos exaltados quemaron en una esquina un par de uniformes de la policía que encontraron abandonados en la comisaría. Un grupo de terratenientes de los alrededores de Corinto, para congraciarse con las nuevas autoridades, hizo una colecta de dinero y se lo envió. En una asamblea popular en la plaza, los guerrilleros declararon esa plata donación para la comunidad y organizaron con ella la compra de un camión para recolectar basura. El presidente había ordenado que para el día de la firma se dejaran líneas telefónicas abiertas para mantener contacto con los dos pueblos, y como alguna telefonista se olvidara después de cancelarlas, los guerrilleros aprovecharon para llamar por cuenta del fisco a saludar a sus parientes y a charlar con sus amigos. Instalaron una emisora de radio por la cual transmitieron libres de control y que se llamó, desde luego, La Voz de Macondo. Como encontraron que necesitaban oficina de reclutamiento, escogieron una que les pareció confortable en el edificio de los Seguros Sociales y allí atendieron la cola que 3.000 jóvenes formaron para que los pusieran en la lista de ingreso.

Como los habitantes del pueblo vecino de Florida —el que se había amotinado días antes cuando Pizarro pasó herido por ahí— mandaban insistentemente delegaciones reclamando su presencia, un grupo de guerrilleros se fue para allá, violando con esto la letra de los acuerdos, que no incluía traslados a otros pueblos. Las gentes los recibieron con flores, los llevaron en andas por la calles, escogieron a la muchacha más bonita para nombrarla «Reina de la Paz», y la coronaron con la boina de Che Guevara del comandante Pizarro.

De nuevo reunidos en Corinto, anunciaron la hora del cese al fuego y se prepararon para ella pintando dos grandes cartelones con la cara de los ausentes: Jaime Bateman y Carlos Toledo; se pusieron los uniformes recién planchados por las matronas corintias; se ataron al cuello pañuelos rojos, azules y blancos. Llegado el momento, los comandantes se subieron solemnes y emocionados a una tribuna construida en el atrio de la iglesia de la plaza central, con lágrimas en los ojos, con Bateman y Toledo detrás, con sus tropas formadas al frente y el pueblo agolpado alrededor. A las cinco en punto de la tarde del 31 de agosto de 1984 hicieron retumbar simbólicamente la última descarga, enseguida oyeron las campanas de la iglesia tocar a rebato, y la voz de «¡Silencio a los fusiles, paso al Diálogo Nacional!», colocaron claveles rojos en los cañones de sus armas.

Durante los primeros días, los guerrilleros mantuvieron emboscadas preventivas y retenes de control en caminos y carreteras, pero por culpa de las señoritas del pueblo que iban a llevarles refrescos a los que estaban de guardia y terminaban sentadas en sus rodillas, resolvieron más bien dejar la seguridad librada a la buena de Dios y al amparo de la coyuntura política, y por esa razón por los territorios libres de Hobo y Corinto entró y salió todo el que quiso, hasta que al final, pacíficamente como habían entrado, salieron también los guerrilleros.

Entre tanto, en Bogotá las cosas eran a otro precio, y mientras más alegre la fiesta de Corinto más lúgubre el clima político que se gestaba en la capital, porque lo que los comandantes guerrilleros interpretaban como vivencia anticipada de la victoria era entendido por los altos estamentos justamente como lo contrario, vivencia anticipada del caos.

El gobierno atravesaba los días más tensos y difíciles de sus dos años de vida. Dado el contexto tan irregular en que estaban sucediendo, gestos que por sí solos no significaban novedad, como chamuscar un uniforme, estafar a Telecom con una llamada telefónica o piratear vallenatos por una emisora de corto alcance, cobraban el carácter de reto abierto a la estabilidad de las instituciones y la integridad de la constitución. Además el clima creado no dejaba de tener consecuencias que rebasaban las intenciones, y pese a las advertencias que García Márquez les enviaba a Corinto a los del M-19, diciendo «Ojo, que la democracia en el país está pegada con babas», y a los esfuerzos que hizo la propia guerrilla porque las gentes del lugar no se salieran de madre, más de cinco mil personas sin techo ni tierra se juntaron espontáneamente e invadieron zonas cercanas a los ingenios Cauca y La Cabaña, y otros actos similares, aunque menores, empezaron a proliferar alentados por la ausencia de control militar.

Mientras tanto el ejército, irritado al rojo vivo, esperaba apretando los dientes que se retiraran los subversivos para retomar el manejo y poner fin al vacío de poder que momentáneamente estos habían llenado.

El malestar se tradujo en la lluvia de cartas y declaraciones que hacendados, industriales y políticos enviaron a los periódicos manifestando su alarma frente a lo que estaba ocurriendo. La primera oleada fue más un rechazo instintivo de clase que una crítica fría: los sucesos de Medellín, Hobo y Corinto eran descritos en editoriales y cocteles como «vocinglería rechinante, farsa prepotente y desafiante mal gusto», porque no podía ser otro el sentimiento de estos sectores cuando, al sentarse frente al televisor, tenían que soportar que los guerrilleros se colaran hasta la propia sala de su casa a refregarles en la cara sus fusiles, su alegría, sus aires triunfales.

La segunda oleada vino más decantada, y la vaga sensación inicial de que algo indefinible y altamente peligroso estaba pasando en el país, fue traduciéndose en términos más concretos: se dijo entonces que el proceso de paz había ido demasiado lejos; que era necesario meter el freno antes de que la situación se acabara de salir de control; que se había desbocado el potro y que el gobierno no tenía sujetas las riendas.

La tercera reacción fue correr a los supermercados a aprovisionarse de comida y encerrarse en la casa bajo doble llave, cosa que sucedía siempre que circulaban rumores de golpe militar. Esta vez se dijo que un complot de coroneles fraguado en Cali se estaba extendiendo rápidamente por los mandos medios de todos los cuarteles del país. Las noticias que circulaban eran contradictorias: que lo dan hoy, que lo dan mañana, que los generales lo controlaron, que los generales lo auspiciaron. Finalmente el plan golpista fracasó, o bien no existió, eso nunca lo aclararon los rumores trasmitidos de oído en oído y de teléfono en teléfono.

Lo cierto fue que el gobierno se saturó de escándalo y que después de Hobo y Corinto ya no volvió a manejar la paz con el entusiasmo de antes. Durante esos días el proceso alcanzó su pico más alto, tras el cual el péndulo inició el recorrido contrario, cuando el presidente, sacudido por las voces de protesta y advertencia, le bajó el trino a la que hasta entonces había sido la más orgullosamente exhibida de sus banderas políticas, y empezó a dar los primeros pasos largos por el camino del retroceso, que ya había preparado y pavimentado cuando decretó el estado de sitio.

¿Qué fue realmente lo que pasó en Corinto que ocasionó tal remezón nacional? ¿Cuál fue ese nervio tan sensible que se tocó allí y que desató la crisis? ¿Por qué presintieron las clases altas, por primera vez en años, que el control de la situación podía llegar a salirse de sus manos? Tal vez quien primero dio en la clave fue Enrique Santos Calderón, cuando en una frase perdida de su monólogo de cantina hizo la comparación con la entrada triunfal de los sandinistas a Managua; tal vez quien primero comprendió que era Enrique el que había comprendido fue Carlos Pizarro, cuando después de oírlo describió así el instante vivido en ese microcósmico reflejo del país que fue Corinto:

«La gente se sintió poder, se sintió victoriosa, sintió que se le despejaba su destino. Porque llegó la guerrilla al pueblo. La guerrilla nunca llega al pueblo: llega al poder. Y no llegó al pueblo a tomárselo, llegó al pueblo a bailar con la gente, a convivir, a respetar, a hacer lo que hace cualquier movimiento revolucionario victorioso. La gente vivió la victoria».

Durante la semana del 24 al 31 de agosto, en Corinto, Macondo se hizo carne y habitó entre los colombianos, y el poder dual tuvo una expresión más colorida que cualquiera de las previstas por el marxismo.

Todos, el industrial que veía al guerrillero por televisión, el guerrillero que ponía el clavel en su fusil, el policía que cambiaba de bando, la niña de la paloma en el sombrero, la gran señora que brindaba con la guerrillera armada, el historiador inglés que veía y no creía, el presidente que le bajaba el tono a su discurso de paz, el militar que le subía el tono a sus operativos de guerra, todos comprendieron, unos para bien y otros para mal, que a partir de Corinto las cosas ya no serían iguales. Algo había cambiado. Algo tan fugaz y escurridizo como una imagen en un noticiero, una rabieta de un hacendado, una fiesta en el último pueblo, un entusiasmo repentino, el destello de una posibilidad. Tal vez el único cambio tangible fue la vieja convicción de que en Colombia nunca cambia nada. Y ese fue un cambio grande.

Porque lo de Corinto fue otra cosa. Por eso semanas después, cuando el periodista Yamit Amat confesó que no le había enviado a Fayad la botella de whisky, reconoció que si no lo hizo no fue porque no hubiera perdido la apuesta, pues a pesar de sus predicciones, Corinto sí fue, definitivamente, otra cosa; no era de todos los días que una guerrilla, sin tomarse el poder, pudiera ejercerlo, y que eso se transformara en una explosión de alegría popular. Así que si no cumplió con el whisky tal vez fue porque se le olvidó. O quizá no lo hizo por turco, no más.

Revuelo de palomas

Dos días después de la firma de Corinto, el 26 de agosto de 1984, los artistas del país programaron una gran jornada por la paz, durante la cual cada colombiano, niño o adulto, monja o marinero, debía pintar, o crear por algún medio, una paloma blanca. Precedido de una intensa campaña de televisión y prensa, ese domingo se produjo el prodigio y el país amaneció convertido en una inmensa pajarera. Palomas de cartón, de algodón, de pastillaje; enormes palomas pintadas sobre el asfalto en las vías principales; palomas gordas de papel crepé paseadas en zorras; palomitas blancas de piquito azul; en las ventanas coloniales de los pueblos mínimas palomas con la bandera tricolor en el pico; niños volando cometas con forma de paloma; palomas en el pelo de las muchachas; a veinte, a veinte las palomitas de maíz, cucurrucucú palomas; palomas en los parabrisas de los carros, en las latas de los buses y en los manubrios de las bicicletas; en los atrios de las iglesias la paloma del Espíritu Santo visitada por sus hermanas terrenales; entre más pobres los barrios más caudalosa la invasión de palomas; dulces palomas cocinándose en el horno de las bizcocherías; sobre los muros de las ciudades, palomas al vuelo, palomas libres, palomas enjauladas, palomas guerreras con garras de águila, el águila imperialista destrozando palomas, palomas heridas, sorprendente la cantidad de palomas heridas, ensangrentadas, colocadas en la mira de un fusil. Debajo de cada paloma un letrero; toda suerte de grafitos en los que el autor respectivo expresaba su versión personal de la paz, sus particulares aspiraciones, sus propias dudas, reclamos y expectativas:

«Paz para los hombres de buena voluntad».

«La paloma de la paz es un chulo con disfraz.»

«Un huevo no es paloma; una paloma no es Paz. Paz es Diálogo Nacional y cambio social.»

«Paz es salario.»

«Compadre Pas-cual, ¿cuál-paz?»

«Paz en una Colombia sin secuestrados ni desaparecidos.»

«Paz-elas por inocente.»

«Paz, pan y tierra.»

Para la gran jornada de la paz cada artista puso lo suyo: mimos y actores se disfrazaron de palomas; un grupo de pintores montó en una esquina una máquina de *screen* e imprimió palomas para repartir entre los transeúntes; otros regalaron las palomitas de papel en mil dobleces del origami; las artesanas de un taller de textiles cosieron una paloma en muchos metros de tela y cubrieron con ella la fachada de un edificio; el escultor Negret creó una paloma metálica; Alejandro Obregón pintó otra en un mural, que quedó inconclusa porque el maestro suspendió su ejecución, a manera de protesta, el día que le secuestraron a un amigo; el poeta Jota Mario inventó la consigna «La paz, como el amor, no se hace sola. Ponga su parte».

En el centro de la Plaza de Bolívar, el Nobel García Márquez escribió, con letras blancas sobre las piedras amarillas, «Paz con los ojos abiertos». Y en medio de ese asombroso revuelo de palomas, que se extendió hasta el último cielo del país, los colombianos, mitad esperanzados y mitad escépticos, navegaron por una nueva era, la era de la tregua.

La tregua armada

¿Qué fue exactamente lo que negociaron el gobierno colombiano y los grupos guerrilleros del país una brumosa mañana de marzo en La Uribe, y seis meses después en medio del jolgorio popular de Medellín, El Hobo y Corinto? ¿Exactamente qué ganó y en qué cedió cada uno de los dos bandos a cambio de la tregua pactada?

A pesar de que tanto el acuerdo con las FARC como el del M-19 y el EPL cabían juntos en un par de hojas de papel, y de que fueron publicados y profusamente difundidos desde el momento mismo en que fueron firmados, un hálito de misterio parecía coronarlos y los colombianos se sentían en la necesidad de interpretarlos y reinterpretarlos, de leerlos con lupa y escarbarlos con pinzas de disección, como si no se tratara de cláusulas prosaicas sino de desenterrados papiros escritos en un alfabeto nunca visto.

Contribuyeron a fomentar este rito en torno a los acuerdos quienes, movidos por el malestar frente al pacto, regaron el rumor de que el extraño poder de lo firmado llegaba más allá de la letra escrita, porque lo sustancial había sido acordado en secreto y a espaldas de la opinión pública, y que tras bambalinas el gobierno había adquirido inconfesables compromisos con los grupos guerrilleros.

Desde la derecha llegaron voces que alertaban sobre los imperdonables goles que los alzados en armas le habían metido al gobierno, y otro tanto sucedió del otro lado, cuando desde la izquierda largos dedos señalaron los imperdonables goles que el gobierno le había metido a los alzados en armas.

El gran punto —el de bulto— que se negoció en Colombia en 1984 fue: no más tiros. O sea, cese al fuego: ni el ejército ni la guerrilla dispararían el uno contra el otro mientras se llegaba, a través de reformas, a una situación que permitiera una paz más permanente y con bases más sólidas. «Silenciar los fusiles», fue la metáfora que acuñó la guerrilla para designar el hecho de que cada quien, aunque mantenía las armas, no haría uso de ellas. Por eso aparecieron en los diarios avisos del M-19 con un nuevo logo, la paloma de la paz en medio de dos fusiles que apuntaban hacia abajo. Por eso en Corinto los guerrilleros pusieron claveles en los cañones de sus armas y, tras firmar, dispararon la última y simbólica descarga de fusilería.

Detrás de toda esa imaginería había un hecho concreto y era que se suspendían las hostilidades entre dos fuerzas armadas. Comentando los acuerdos, el ex presidente Carlos Lleras Restrepo utilizaría un término que aunque no se encontraba en estos, dada la connotación exacta de la situación: el de tregua armada. No una solución definitiva, sino una especie de respiro, un congelamiento de la situación antes de que se agravara, para ver si era posible solucionarla por la vía pacífica. ¿Beneficiaba esto al gobierno o a los insurrectos? Para ambos, y por encima de ellos, para el pueblo colombiano.

La tregua era armada porque los acuerdos —ambos— dejaban por fuera cualquier discusión sobre la entrega de armas. No habría entrega de armas, ni real ni simbólica. La guerrilla, que no estaba derrotada, aducía que no tenía por qué entregar en la mesa de negociación lo que el ejército no había podido quitarle por la fuerza.

«Siguen pensando en ver una línea larga de guerrilleros entregando las armas», dijo Jaime Bateman antes de morir, posiblemente evocando escenas de la guerrilla liberal tras la Violencia de los años cincuenta. «Pero nosotros no vamos a entregar armas porque no estamos derrotados.»

Las FARC, a su vez, le daban una justificación política al hecho de permanecer armadas: «Si hay paz, las armas no son problema, porque ellas no se disparan solas», dijo Alfonso Cano, miembro del estado mayor.

En este espinoso terreno, el texto del M-19 y del EPL, que tácitamente implicaba la aceptación de que estaba roto el monopolio de las armas por parte del Estado y que esto no tenía solución a corto plazo, iba notoriamente más lejos que el de las FARC, en el cual quedaba constancia expresa de la legitimidad exclusiva de las Fuerzas Armadas como detentadores de armas en todo el país.

Para el ex presidente Lleras Restrepo, el que el gobierno hubiera tolerado la asistencia de guerrilleros armados a la firma de los pactos significaba, ni más ni menos, que «aceptar el carácter de beligerante en guerra justa» de los grupos alzados en armas. Con la categoría de ejército beligerante había sido reconocido, por ejemplo, el Frente Sandinista de Nicaragua por parte de varios países —entre ellos Colombia— en vísperas de derrocar a Somoza y de tomarse el poder. No hacía falta por tanto demasiada sutileza para llegar a la conclusión de que efectivamente había sido un triunfo militar y político de la guerrilla colombiana el lograr el reconocimiento oficial de su existencia, porque si bien era cierto que estaba activa y en ascenso (a diferencia de la venezolana, que había sido aplastada) también lo era que, a diferencia de la nicaragüense, estaba lejos de la victoria.

En este aspecto la amplitud de los acuerdos llegaba hasta el punto de aceptar formalmente el *status* de «movimientos populares alzados en armas», según decían textualmente. Esta figura, que le otorgaba a la guerrilla ni más ni menos que legitimidad social, no figuraba en el acuerdo de La Uribe y, curiosamente, tampoco en los textos que se firmaron en Medellín y El Hobo; sólo en el de Corinto, aunque supuestamente estos tres últimos eran uno solo. La explicación estaba en que fue una frase que el M-19 logró añadir —en Corinto y tras consulta de Bernardo Ramírez al presidente— minutos antes de la firma, presionando a un gobierno que en ese momento había perdido terreno debido al incumplimiento del compromiso de no agresión en que lo habían hecho incurrir quienes efectuaron el atentado contra la vida de Pizarro en Florida.

Por esta y otras consideraciones se regó la especie de que las FARC pactaron primero pero el M-19 pactó mejor, pero la verdad era que se habían transado por dos textos en los cuales, salvo el punto común del cese al fuego sin entregar armas, prácticamente todo lo demás eran diferencias que se derivaban de los distintos proyectos políticos que uno y otro grupo aspiraba a poner en práctica como consecuencia del acuerdo.

Lo fundamental en La Uribe fue la constancia por parte de las FARC de su propósito de proceder a un desmonte paulatino de la guerrilla para engrosar un movimiento político legal. Por eso este acuerdo, a diferencia del suscrito después, tenía un cronograma y una serie de plazos definidos e incluía el compromiso de incorporación a la vida civil en el lapso convenido. Hablaba de una fase de cese al fuego que sería sucedida —previa constatación por parte de una comisión verificadora del cumplimiento de ambas partes— por un periodo de prueba de un año; este, a su vez, sería la antesala de un acuerdo definitivo de paz.

En contraprestación a estas ofertas —que sonaban a gol del gobierno—, las FARC exigían condiciones democráticas propicias para su participación electoral y para su proselitismo legal: voluntad por parte del gobierno de «enriquecer la vida democrática de la nación» y de impulsar en las cámaras una reforma que significara «notable mejoramiento de las condiciones objetivas para la acción política y electoral». Estas peticiones concordaban con el anuncio hecho por esos días por Manuel Marulanda Vélez de que su movimiento concurriría a elecciones impulsando, probablemente, una candidatura suya.

El documento del M-19 y el EPL apuntaba en una dirección distinta, ya que estos movimientos consideraban que ni en la tregua militar —necesaria, pero no suficiente— ni en las elecciones, quedaban comprendidos los grandes problemas del pueblo colombiano. Por eso buscaba encarrilar el cese al fuego hacia otro objetivo específico, el Diálogo Nacional y la amplia y masiva participación popular en él: «Dar inicio, desarrollo y culminación a un gran diálogo que permita la expresión de la voluntad de los más amplios sectores sociales y políticos en la búsqueda de la paz» con base en la justicia social. En ese diálogo a cuatro bandas —gobierno, empresarios, pueblo, guerrilla— se discutirían las bases para pasar de la tregua a la verdadera paz, o sea que quedarían propuestas las reformas necesarias en el campo constitucional, agrario, laboral, urbano, jurídico, de educación, salud, servicios públicos y régimen de desarrollo económico.

A diferencia de las FARC, el M-19 y el EPL no negociaron a cambio de garantías para el movimiento guerrillero.

«No se resuelve la crisis con solucionarle el problema a los guerrilleros, porque la guerrilla no tiene problemas. El que tiene problemas es nuestro pueblo», había dicho Iván Marino Ospina.

Por ese agujero se deslizaron el M-19 y el EPL para no pronunciarse en el texto sobre el futuro rumbo —legal o armado— que le darían a su actividad política, sino que, según se desprendía del contenido implícito, lo que hicieran en adelante dependería de los resultados que se obtuvieran con el diálogo y de las perspectivas de legalización y de paz real que este abriera. Gol de ellos.

Como gol del gobierno podía anotarse el rechazo al secuestro obtenido de parte de las FARC, y el compromiso de no incurrir en él por parte del M-19 y del EPL. Si se ponía en práctica, esto significaba para la guerrilla cortar de tajo su mejor fuente de financiación.

En contraposición, un gol de los alzados: el compromiso del gobierno de investigar las desapariciones de ciudadanos y la existencia de grupos paramilitares. Si se hacía a conciencia, esto significaba para el gobierno un duro enfrentamiento con las Fuerzas Armadas.

En una polémica por televisión, cuando lo torearon diciéndole que los compromisos de reformas adquiridos por el presidente con la guerrilla ignoraban al parlamento, John Agudelo defendió la constitucionalidad de los acuerdos, argumentando con razón que el «tono subjetivo» en que estaban escritos supeditaba cualquier compromiso adquirido por Betancur a través de las comisiones firmantes, a la posterior aprobación y visto bueno de todas las instancias oficiales de decisión. Así por ejemplo, no se decía en los acuerdos que el gobierno modernizaría y fortalecería la vida democrática del país, sino que se utilizaba la fórmula más equívoca e indirecta de «el gobierno buscará lograr…» la modernización y el fortalecimiento, etc. (texto M-19 - EPL), ni se decía que el gobierno haría la reforma agraria, sino que «la impulsará vigorosamente» (texto FARC).

Este tono subjetivo, que dejaba las exigencias suspendidas en el aire y sujetas a posteriores vueltas, ciertamente podía considerarse como gol del gobierno. Pero, según aseveraban los jefes guerrilleros, era precisamente contra esta posibilidad de incumplimiento que ellos habían organizado el contra-gol de no aflojar las armas: si el gobierno no acometía las reformas necesarias para la paz, las agrupaciones guerrilleras se considerarían obrando de acuerdo con sus principios al declarar liquidado y fracasado el cese de hostilidades y retornando al monte para reiniciar la lucha armada.

De esta manera, sin maquinaciones secretas ni compromisos ocultos, el complejo intento de reglamentar la tregua en unas cuantas hojas de papel se llevó a cabo, por obra y gracia del Espíritu Santo —o como mínimo de su inspiración sobre hábiles negociadores de parte y parte— sin que ninguno de los dos bandos se considerara rompiendo su propia ley. Asunto realmente milagroso si se tiene en cuenta que se trataba de dos leyes enfrentadas entre sí. Precisamente por eso, los acuerdos quedaron montados sobre el filo de una navaja, en un equilibrio altamente inestable que tendría que precipitarse por una de las dos vías: o la democratización y las reformas, o la guerra.

Mutis por el foro

En septiembre de 1984, a un mes escaso de iniciada la tregua, dos compañías de la Octava Brigada del ejército detuvieron a varios campesinos de la zona fronteriza de los departamentos de Caldas y Risaralda, y les sacaron información sobre el punto exacto en que se encontraba el campamento de una de la guerrillas en tregua, el EPL. En efecto, no lejos de allí, en la región de Riosucio, el EPL había montado un punto de concentración al cual afluirían una serie de pequeñas unidades suburbanas que tenían dispersas por los alrededores. Habían llegado los primeros 25 guerrilleros cuando se produjo el ataque sorpresivo del ejército.

En el enfrentamiento murieron seis hombres, tres del EPL y tres del ejército, entre estos últimos un capitán, a quien los insurrectos le encontraron en el equipo unos papeles manuscritos con la información obtenida de los campesinos, y otros a máquina que contenían una orden de ataque contra el campamento guerrillero, con firma de puño y letra del comandante de la Octava Brigada.

Sabiendo que tenían en sus manos la primera prueba jurídicamente fehaciente e incontrovertible de violación de la tregua por parte de los militares, los dirigentes del EPL le hicieron llegar una fotocopia al ministro de Gobierno, Jaime Castro Castro, junto con la exigencia de que se suspendiera la ofensiva contra ellos. El ministro, que tenía fama de prepotente, les propuso que le dieran al asunto un tratamiento interno, y les solicitó que no hicieran público el documento, comprometiéndose a cambio a hacer que se levantara el cerco militar. Los guerrilleros aceptaron, y esperaron en vano a que la tropa iniciara el cese al fuego. Pero ni esto sucedió, ni pudo subir hasta el campamento la comitiva de comisionados de paz y de periodistas que querían verificar y registrar los hechos, porque los soldados les bloquearon el camino. Jaime Castro se justificó ante el EPL pidiéndole que comprendiera que al gobierno no le quedaba fácil decirle al ejército que se retirara.

Arriba las emboscadas continuaban y el número de muertos crecía, así que el EPL, considerando que la tregua era una farsa, se salió de casillas, amenazó con retirarse del Diálogo Nacional si el ejército no despejaba la zona y dio a conocer públicamente el documento militar incautado. Misteriosamente la gran prensa no le dio ningún despliegue a los explosivos papeles, y estos pasaron prácticamente desapercibidos. De todas maneras su divulgación indignó a Jaime Castro, quien consideró que le habían incumplido el compromiso.

Los del EPL reviraron preguntando a cuál compromiso se refería, si el ejército no había cesado de hostigarlos, y diciendo que lo que el ministro quería era tenerlos, además de cercados, amordazados. Y como el problema no sólo seguía vigente, sino que se había extendido a otros puntos de la región, solicitaron una audiencia personal con Jaime Castro. Este aceptó y fijó la fecha.

Óscar William Calvo, el elocuente y atildado abogado que presidía la dirección pública del EPL y que actuaba
como miembro del comando legal que hacía parte de la
Comisión de Diálogo, acudió a la cita con Jaime Castro
puntual y de punta en blanco, como solía andar en los ga-
jes de la legalidad. Se hizo anunciar por la secretaria del
despacho ministerial y, sentándose por indicación de esta en la antesala, inició una espera que resultó larguísima,
al cabo de la cual, ya irritado, le preguntó a la secretaria
qué pasaba con el ministro. «Ya salió de su oficina y no regresa hoy», le respondió esta. Hacía rato que Jaime Castro se había volado por la puerta trasera.

La *suite* del Tequendama

A los tres días de firmado el acuerdo de tregua, un grupo de guerrilleros del M-19 había bajado de las montañas para trasladarse a pleno centro de Bogotá, a una *suite* del hotel más tradicional del país, el Tequendama, cuyos silenciosos salones se vieron de repente invadidos por el vocinglero comando de guerrilleros de civil, y por la nube de periodistas, *fans*, lagartos, curiosos y agentes de seguridad que andaban tras ellos.

Esta delegación legal, que debía actuar como representante de la organización ante el Diálogo Nacional, cumplir con las tareas políticas y llevar la vocería diplomática durante la tregua, estaba encabezada por un hombre de 35 años, muy alto, muy flaco y radicalmente feo: Antonio Navarro Wolff, ingeniero especializado en desarrollo en Londres, y antes, simultáneamente, decano de la facultad de ingeniería de la Universidad del Valle, coordinador de una firma de ingenieros y asesor de confianza de grandes empresas norteamericanas. Mientras tanto, y por debajo de cuerda, manejaba las inversiones del M-19 y operaba en una columna urbana. Navarro logró mantener esta situación hasta la noche en que, por un descuido suyo, la policía se enteró del secreto de su doble vida, celosamente guardado durante cinco años, y sin tiempo para recoger ni una muda de ropa, tuvo que abandonar su mundo legal y desaparecer en la clandestinidad. Minutos más tarde eran allanadas su casa y sus oficinas y confiscados sus bienes y cuentas bancarias, y al otro día sus socios y alumnos contemplaban incrédulos su foto, que aparecía en los diarios sobre titulares que rezaban: «Navarro Wolff cabecilla del M-19». A partir de ahí pasó cuatro años enguerrillado en los montes del Cauca y en las selvas del Caquetá, donde tuvo que aprender, a marchas forzadas, a comer carne de mico, a curarse las heridas con hierbas, a acompasarse con el tiempo lento de la naturaleza y a lo que fue más difícil, según confesaría: domesticar el extraño sentimiento que se apodera de la gente en los colectivos rurales de la guerrilla, de soledad profunda en medio de la intimidad permanente e indudablemente compartida. Luego cayó preso y estuvo dos años en La Picota, de donde salió por pena cumplida un par de meses antes de que se aprobara la Ley de Amnistía del presidente Betancur.

Ahora, tras la firma de los acuerdos, aparecía de nuevo en la legalidad con un equipo en el cual también estaban Vera Grave, la única mujer del comando superior del movimiento, una dulce y tenaz antropóloga hipnotizada por la música clásica, hija de padres alemanes, que había abandonado la paz de sus libros, de las tartas de manzana horneadas en casa, de las muchas horas que le dedicaba al violoncelo, para dejarse llevar por el vendaval de la guerrilla. Y otros dirigentes de arrastre popular como Israel Santamaría, ex parlamentario anapista; Gerardo Ardila, un maestro que había sido miembro de la junta directiva de su sindicato; Alfonso Jacquin, un arrollador abogado negro de buen nivel intelectual y viva chispa política; An-

drés Almarales, abogado, viejo dirigente sindical, funda-
dor y figura legendaria de la organización, y junto con ellos
otras treinta personas, escogidas con dos criterios: que no
fueran tímidas y no tuvieran una imagen demasiado hostil ante los militares.

Antes de viajar a Bogotá a lanzarse al ruedo, cuando
todavía estaban en medio del jolgorio de Corinto, los hombres del recién nombrado Comando de Diálogo acometie-
ron su primera misión legal: cambiar las botas pantaneras
y los uniformes camuflados por la pinta Everfit y el zapato
Corona. Recorrieron las cuatro tiendas del pueblo con escasos resultados, porque allí no vendían sino prendas de
verano. Recurrieron entonces a los ricos del lugar para que
les hicieran donaciones en ropa, y así vestidos, como los
huérfanos, con el saco a cuadros demasiado apretado y el
pantalón a rayas demasiado holgado, se despidieron en la
plaza de todos sus compañeros. Un periodista que vio partir la comitiva comentó: «El día en que estos tipos se me-
tan la mano al bolsillo para comprar ropa, ese día voy a creer
en su sinceridad con la paz».

El gobernador del Cauca, Diego Castrillón Arboleda, quien había entablado relación con Antonio Navarro
desde el día en que este le envió del monte una respetuo-
sa carta escrita con un cacho de lápiz sobre una hoja de
cuaderno, se encargó personalmente de la seguridad del
comando, y envió a Corinto, a manera de protección, dos
carros oficiales y a un secretario que los depositó en el aeropuerto de Popayán, donde el gobernador encargado los
montó en un avión y los despidió.

Una vez en Bogotá se refugiaron en casas de amigos,
aterrados con la idea de aparecer de repente sin fusil y en

plena calle después de tantos años clandestinos y enmontados. Hasta que resolvieron vencer colectivamente el susto, llegaron a la conclusión de que entre menos escondidos más seguros estaban y buscaron concentrarse en el lugar más público y central posible. Como el que mejor reunía estas características era el Hotel Tequendama, que además era de propiedad de los militares, alquilaron allí una *suite*, que pagaron con dinero de su organización, y que no fue atención del presidente Betancur, como decía el chisme que se regó. El día que estrenaron casa convocaron a una rueda de prensa que Navarro atendió en medias y a la cual asistieron, picados por la curiosidad, todos los medios de comunicación del país.

Al comienzo, los del Comando de Diálogo se sentían extraños durmiendo en camas blandas con almohadas y sábanas, pisando suelo alfombrado y bañándose con agua caliente, lujos asiáticos olvidados en la vida errante de hamacas guindadas en la selva y de toldos de lona en los páramos helados. Sin embargo, no pasó mucho tiempo antes de que la *suite* se empezara a transformar a imagen y semejanza de un campamento, y en la *kitchenette* se prepararon grandes ollas de sancocho de gallina; las seis camas fueron complementadas por una docena de colchonetas regadas por los rincones y no era extraño ver, dentro de esa mezcla de oficina pública y cambuche, bultos de papa y costales de naranja atravesados en la entrada, y linternas y morrales al lado de archivos de prensa y máquinas de escribir. Lo único que no había era armas.

Allí acudieron toda suerte de personas para reunirse con los guerrilleros; desde disidentes conservadores que iban a proponer alianzas electorales, hasta homeópatas que ofrecían curarles los males, adivinas que les leían el tarot, sindicalistas que pedían solidaridad con una huelga, inventores de la fórmula de la insurrección, universitarios que proponían jornadas de protesta, niñas de escuela que les hacían reportajes para la tarea, vendedores a domicilio que les ofrecían desde fusiles con mira infrarroja y ediciones a bajo costo, hasta amuletos de buena suerte, tela para banderas y chalecos antibala. Todo lo cual quedaba minuciosamente grabado por los micrófonos que los agentes de inteligencia escondían en las lámparas y en los teléfonos de la *suite*.

Si alguna vez la guerrilla tuvo oportunidad de conocer a sus adversarios políticos fue en esa época. El comando se entrevistó a diario con los ministros, sostuvo prolongados *tête à tête* con los directorios de todos los partidos, conoció jerarcas de la iglesia, ex presidentes e incluso generales en retiro. Los medios de comunicación asediaron a Navarro y lo convirtieron rápidamente en personaje, con entrevistas diarias en las cadenas de radio y día de por medio en los noticieros de televisión, en presencia obligada en programas de opinión y titulares de diarios y revistas, hasta el punto de que una columnista comentó: «Tanto les gusta llevar la contraria a los del M-19, que le asignan la tarea de salir en las fotos justamente a Navarro, que es el más feo de todos».

La vida social de los guerrilleros de corbata también fue agitada y lo mismo asistieron a inauguraciones de exposiciones de pintura que a bautizos en los barrios y comidas en las residencia del *jet set*. En un coctel Navarro fue fotografiado por una revista frívola que lo sacó a todo color, en carátula, conversando con el famoso travesti brasileño Roberta Close. El ejército, ni corto ni perezoso, repartió por las zonas guerrilleras miles de volantes que reproducían la foto con una leyenda que decía: «Usted lucha mientras sus dirigentes se divierten con homosexuales».

Al nacer y crecer camuflados detrás de Anapo, el movimiento del general Rojas Pinilla, los del M-19 aprendieron a utilizar cierto efecto de demostración que se logra con los gestos populistas, y al igual que hiciera la hija del general, María Eugenia, en sus buenos tiempos, ahora fueron los del Comando de Diálogo los que salieron a los barrios populares a repartir leche. Alcanzaron a regalar 50.000 botellas antes de que se armara el zafarrancho, y este se armó porque la policía empezó a irrumpir en las nutridas colas para llevarse presos de las mechas, con todo y leche, tanto a los que la repartían como a los que la recibían. El lío se volvió nacional cuando los periódicos empezaron a preguntarse a qué ricos les quitaba el M-19 la leche que daba a los pobres, y aunque los guerrilleros aseguraron que las pasteurizadoras se la regalaban para mantener los precios que la superproducción lechera tiraba abajo, cundieron la desconfianza y el pánico. No hubo una denuncia comprobada de un productor que hubiera sufrido amenazas para que diera leche o represalias por negarse a hacerlo, pero el clima psicológico que se extendió fue el del dueño de la pasteurizadora La Gran Vía, que explicaban sus donaciones periódicas en estos términos: «Yo les regalo a estos la leche que me piden porque así me estoy comprando un seguro, ¿entiende?».

También en los conflictos se fueron metiendo los del M-19, prefiriendo, desde luego, los más escandalosos. Como los de los vendedores ambulantes, que siempre terminaban en batallas campales con la policía, o los de los minoristas de Corabastos, un gigantesco centro de compra y distribución de alimentos, quienes, en su brega porque les asignaran un puesto en la plaza de mercado, tenían que enfrentar las arremetidas de la llamada Guardia Negra, un grupo de choque armado pagado por los mayoristas, que estaba acostumbrado a que con sus cachiporras hacían su agosto en las cabezas de los minoristas cada vez que estos protestaban. Hasta que un día los minoristas recurrieron a la ayuda de los guerrilleros y de ahí en adelante cada vez que los matones quisieron volver los recibieron organizados y se les enfrentaron respondiendo palo con palo, con el resultado de que la administración, que antes los ignoraba, tuvo que reconocer su *status* de pequeños comerciantes, admitir su derecho a un espacio en la plaza y empezar a negociar acuerdos con ellos.

La actividad central que desarrolló el comando fue el impulso al Diálogo Nacional, que empezó a andar con grandes tropiezos. Se crearon comisiones con participación pluralista y abiertas a todos los sectores, que estudiaron proyectos de reformas en los diversos campos. Pero el asunto patinaba, sin despegar del todo y sin hundirse del todo, porque tanto para el gobierno como para los dirigentes de los partidos tradicionales el Diálogo Nacional era una papa caliente que no se podían tragar y que a la vez no podían soltar; que no podían apoyar en serio porque era un germen de democracia popular que amenazaba con desestabilizar a la democracia formal que campeaba y, al mismo tiempo, que no podían abandonar del todo por temor a que se saliera definitivamente de su control. Fue el ministro de Gobierno, Jaime Castro Castro, quien le encontró al gobierno la fórmula perfecta para salir del aprieto: no acabar explícitamente con el diálogo, pues los acuerdos de paz consignaban que era el principal compromiso del gobierno con la guerrilla en tregua, sino más bien bajarle el volumen al mínimo, imponiéndole trabas burocráticas y limitaciones de funcionamiento. Y así, con discreción, sin chocar de frente con él, lo fue bloqueando por los cuatro costados. El ministro Castro empezó suavemente, diciendo que era mejor una sola reunión por semana, que el diálogo debía reducirse a un número fijo de personas, que su duración debía ser limitada. Después fue apretando: precisó que en vez de expandirse regionalmente debía quedar circunscrito a Bogotá, que debía funcionar a puerta cerrada. Más adelante dictaminó que no recurriera a cabildos abiertos, que no saliera a las plazas públicas, que no tuviera carácter decisorio, que no, no, hasta que de tanto negarlo, el diálogo se disolvió en la nada. Tan ausente de la cabeza y de los planes de Jaime Castro estaba el tema, que en una larga y exhaustiva charla ante políticos y periodistas que dictó el ministro en febrero del 85 en el Centro de Estudios Colombianos, en la cual globalizó su pensamiento sobre el proceso de paz, no mencionó, ni siquiera de pasada, ni siquiera por cortesía, al Diálogo Nacional. Tan elocuente fue su silencio que la primera pregunta que le hicieron de la audiencia tan pronto terminó, fue: «Usted no pronunció las palabras *Diálogo Nacional* ¿Lo hizo con intención, o fue que se le olvidó?».

Salvo excepciones contadas con los dedos de una mano, los parlamentarios se unieron al cerco. Rara vez asistieron a las sesiones —alguien comentó que si no trabajan en el Congreso, donde recibían $150.000 pesos mensuales por hacerlo, menos iban a trabajar gratis en el Diálogo Nacional— y cuando lo hicieron, fue para advertir que el diálogo no podía suplantar al parlamento.

Las comisiones, sin respaldo, sin recursos, quedaron abandonadas a su suerte, y sin embargo casi todas avanzaron en sus temas respectivos y presentaron conclusiones y propuestas sobre reforma agraria, urbana, desarrollo económico, servicios públicos, educación. Propuestas nada más, porque el diálogo no era instancia decisoria. Quienes sí podían decidir eran los congresistas, pero estos no se ocuparon de estudiarlas, menos aún de impulsarlas, atareados, como siempre estaban, votando aumentos del presupuesto de guerra y repartiéndose entre ellos los auxilios regionales. De la misma manera como el día nacional de las palomas cada quien pintó la suya y después vino la lluvia y las destiñó a todas, con las reformas sucedió que cada comisión ideó, mal que bien, la suya, y después vino el Congreso y las ignoró a todas.

Invento incomprensible según algunos, proyecto fracasado según otros, el Diálogo Nacional fue, sin embargo, clave en un aspecto: fue un auténtico destello de democracia popular.

El M-19 consideró que el saboteo oficial al diálogo sólo podía revertirse mediante una gran movilización popular que presionara por abajo lo que el gobierno taponaba por arriba, y echó a rodar por barrios y plazas, escuelas y veredas, un diálogo abierto y callejero, sin presencia oficial y sin cauces orgánicos, al cual dio en llamar «diálogo no institucional». Durante los meses de septiembre, octubre y noviembre del 84 el M-19, convocando a nombre propio, llevó miles de personas a los actos de plaza pública que hizo por todo el país, en una proporción de uno cada tres días. Iban desde la reunión en Chaguaní, Cundinamarca, donde en un solar mil personas tomaron cerveza en bultos de zanahoria y cajas de tomate, hasta la manifestación de la Plaza de Berrío de Medellín, con 45.000 asistentes. En Barranquilla se montó una aguacherna para que la guacherna saliera con tambores y antorchas a exigir agua; en Cali 35.000 personas en la plaza de Caycedo se inspiraron en el discurso de Andrés Almarales, el orador más iracundo del M-19, para desatarse bailando salsa con el Grupo Niche, el mejor del país; después de la manifestación en un pueblo de tierra caliente, la hermana del alcalde hizo sus maletas para irse con la guerrilla; enruanados bajo la llovizna fría los zipaquireños se juntaron al atardecer para ver juegos pirotécnicos que hicieron estallar en el cielo palomas de luz. Esto para hablar de las ocasiones gloriosas, porque también las hubo dolorosas: disueltas a garrote, prohibidas por la autoridad civil, paralizadas con tanques.

Cuando empezó la tregua, hubo una pregunta que se hizo todo el mundo, desde el presidente hasta la guerrilla, y era si esta podría arrastrar masas, ya no con el sortilegio del heroísmo armado, sino con el prosaico recurso del bla-bla-bla, y ya no en el campo, donde se sentía viva la larga tradición colombiana de lucha armada, sino en las ciudades, donde ésta siempre había fracasado. Una cosa era Pizarro de barba y fusil insurreccionado en el monte, ¿pero cómo le iría a Navarro, de gafas y corbata, polemizando por televisión sobre tasas de inflación y sobre el artículo 120 de la Constitución con el liberal Alberto Santofimio

Botero, un experto en encantar serpientes con el don de la palabra?

Una demostración de que a la guerrilla no le iba mal con la política de corbata era la cantidad de gente movilizada, y también lo fueron los resultados de las encuestas de opinión, como la realizada por el Instituto de Estudios Liberales en las cinco ciudades principales, según la cual en el hipotético caso de que el M-19 se postulara a elecciones obtendría el 36,7% de los votos. Pero había un dato clave que faltaba por conocer, y era qué influencia real tenía en Bogotá, capital y centro social y político del país. Movimiento que no fuera fuerte en Bogotá no podía considerarse nacional. Los dirigentes del M-19 resolvieron salir de la duda y se propusieron llenar la céntrica Plaza de Bolívar, reto que los partidos tradicionales no habían asumido desde el día de la posesión de Belisario Betancur en 1982.

Escogieron para el acto una fecha que ya estaba encima, el 15 de marzo del 85, que sólo les dejaba quince días de preparación, por considerar que si no lo hacían inmediatamente los militares no les permitirían hacerlo después, y encargaron de la organización a un reducido grupo de quince personas, porque por ese entonces estaban convencidos de que era error destapar demasiados cuadros sacándolos de la clandestinidad hacia la legalidad. Cuando Navarro y su equipo se reunieron por primera vez a trazar los planes, no tenían una idea precisa de si les sería o no factible llenar la plaza. Al no contar con una estructura urbana clandestina, no tenían ninguna otra sobre la cual montar la movilización. Sólo les quedaba el recurso de jugarse al todo por el todo el prestigio del M-19 en los sectores pobres y marginales, hacer una convocatoria, y esperar a ver qué pasaba. Sin embargo, hacer la convocatoria tampoco resultó fácil: aunque la manifestación fue debidamente autorizada por el alcalde de Bogotá, ninguna de las emisoras de radio ni de los periódicos quiso publicarles propaganda pagada, por consideraciones políticas de sus dueños. A los organizadores no les quedó más camino, pues, que recurrir al método artesanal del megáfono y los carteles. Subieron y bajaron las calles de los barrios populares y de las invasiones del sur de la ciudad perifoneando, invitando a los vecinos, repartiendo volantes, a pesar de que la policía los intimidaba y los detenía durante horas. Los choferes de los carros alquilados para el perifoneo empezaron a correrse, pues los estaban llamando a sus casas amenazándolos de muerte si seguían «trabajando para la subversión». Citaron a una reunión de espontáneos para que colaboraran con la pega de los 75.000 afiches que imprimieron, y a ella presentaron 200 personas, de las cuales 15 eran tiras enviados por los servicios de inteligencia, según se enteraron por uno de ellos, que les señaló a los demás. Para disimular sus tareas de espionaje, los infiltrados tuvieron que recorrer, al amanecer, las heladas esquinas de Bogotá pegando los afiches, cosa que hicieron tan diligentemente como cualquiera. A pesar de esta ayuda «oficial» el trabajo no rendía, porque sobre cada cartel pegado caían al rato otros agentes secretos que tenían como oficio arrancarlos, contratiempo que se superó gracias a un zapatero que aportó la fórmula de un engrudo a prueba de saboteos, que resultó tan poderosa, que varios meses después de la manifestación la propaganda permanecía adherida a los muros. Inflaron miles de globos azules, blancos y rojos para adornar la plaza, y cuando llegó la fecha casaron apuestas sobre la cantidad de gente que asistiría.

Los primeros en llegar fueron los del sindicato de zorreros, que cargaron de entusiastas sus desvencijados carros y adornaron con festones tricolores a sus esqueléticos jamelgos, más acostumbrados a transportar leña, basura o trasteos de cuarta categoría que a lucirse en manifestaciones políticas. Después fue llegando, desde Corabastos, una legión de macizas marchantas de delantal de bolsillos y niño a la espalda, que coreaban consignas con la misma voz de trompeta con que regateaban los precios de la naranja y del perejil. Poco a poco toda la andrajosa gaminería de Bogotá se hizo presente, y detrás de ellos, los invasores, los desempleados, los subempleados, las prostitutas, los estudiantes de escuela secundaria, los jóvenes sin escuela, las familias de los barrios inundados, los culebreros, los médicos impostados, los falsos dentistas, los desmueletados, los desnutridos, los analfabetas, los que atracan domicilios, los que venden jugo de naranja en las esquinas, los que embolan zapatos, los voceadores de lotería: toda la pobrecía de Bogotá en una masa apretada y bullanguera que durante toda la tarde mantuvo llena de bote en bote la Plaza de Bolívar, y que se desgañitó gritando: «¡No a la entrega de armas!».

Por su parte, a los organizadores se les vio la inexperiencia en fallas tales como que la gente tuvo que esperar horas a Navarro que llegó tarde a la tarima porque no conseguía un taxi que lo llevara, que el equipo de sonido fue un desastre y que el muy esperado discurso de Andrés Almarales tuvo muchas palabrotas y poco contenido. Pero todo eso fue anecdótico frente al éxito que significó el lleno total.

Curiosamente, mientras los liberales y conservadores se preocuparon tanto con el resultado que ni siquiera quisieron reseñarlo en sus periódicos, el propio M-19 parecía ser el que menos se daba cuenta de las perspectivas enormes de trabajo urbano que se le abrían a partir de esa demostración de adhesión que había recibido de parte de los sectores más pobres de la población en todas las ciudades, a pesar de que las manifestaciones habían sido más improvisadas que preparadas. Con el Diálogo Nacional, no sólo como organismo para hacer alianzas con otros sectores sino como gran organizador popular, pareció sucederle otro tanto: el M-19 no le sacó el jugo que hubiera podido sacarle, y no lo hizo tal vez porque no le descubrió, a pesar de ser invento e hijo suyo, todas las posibilidades que en realidad tenía, todo el vacío de expresión y de organización democrática que podía llenar. En consecuencia, no le echó suficiente cabeza a su desarrollo ni le destinó la cantidad necesaria de militantes para meterle el hombro en serio y sacar millones de personas a la calle, hasta lograr imponerlo por encima de las trabas gubernamentales y de la oposición cerril del ministro de Gobierno, y hasta convertirlo en el catalizador del descontento nacional, de tal manera que un ama de casa, un carpintero, un estudiante de economía, lo sintiera como algo cotidiano, propio e imprescindible.

En noviembre del 84 el Comando del Diálogo largó una campaña financiera, con un bono que pedía una contribución «de acuerdo con la voluntad y el bolsillo» de cada quien. Puso urnas en las esquinas y recorrió los comercios, con el resultado previsible de que se formó otro escándalo nacional. Aunque según el testimonio de algunos de los visitados, los promotores eran amables e incluso con frecuencia eran muchachas bonitas que ofrecían el bono con dulzura, el presidente de la Cámara de Comercio, en representación de los que se indignaron con la campaña, declaró: «El hecho de que una organización armada pida dinero conlleva un amedrentamiento implícito», argumento que sonaba coherente en términos psicológicos.

A esto Antonio Navarro contrapuso una explicación igualmente coherente en términos prácticos: «Al dejar de hacer actividades ilegales con las armas, tenemos que financiarnos legalmente, solicitando pública y abiertamente aportes voluntarios, como lo hace cualquier partido político».

En vista de la situación excesivamente tensa que se había creado, el propio M-19 decidió suspender su campaña financiera a los diez días de empezada. Esto volvió a enfriar momentáneamente el clima, pero ya eran demasiados los elementos que, acumulados, hacían cada vez más virulentos, contra la guerrilla y contra la tregua, los editoriales de los periódicos, las declaraciones de los gremios, las advertencias de los militares. Los hombres del Comando de Diálogo, que andaban por el país con una mano adelante y otra atrás en materia de protección personal, sintieron que el aumento de la temperatura política se traducía en una disminución de su margen de seguridad. Vieron proliferar sospechosamente por los alrededores del hotel toda suerte de falsos barrenderos, vendedores de maní y emboladores que permanecían pendientes de sus movimientos, y que a partir de cierto día fueron reemplazados por hombres de civil visiblemente armados con metralletas, que rondaban el lugar en motos. Corrían los rumores de complots para matarlos y tuvieron que contestar más a menudo llamadas anónimas que les anunciaban una muerte próxima. Cada día que sobrevivían era un milagro, y los periodistas que los entrevistaban experimentaban la sensación de estarlos viendo por última vez.

Una noche Navarro y Alfonso Jacquin salieron a la una de la mañana de la casa de la periodista Patricia Lara y tomaron un taxi. Minutos más tarde fueron detenidos por la policía, encerrados en los calabozos del F2 y acusados de llevar consigo el revólver que el M-19 le había quitado a un policía herido, meses atrás, antes de la tregua, en el sonado asalto al Tren de la Sabana. Al otro día, ante las cámaras de televisión que acudieron a registrar el hecho, los sacaron esposados y a empujones, los metieron a una patrulla donde les rompieron la boca y la ropa, y los llevaron a la cárcel Modelo. Allá fueron recluidos en un tenebroso pasillo de aislamiento junto con otros 24 presos que les dieron recibimiento de ídolos, entre ellos El Mago y su socio, condenados por haber violado entre los dos a un muchacho; El Negro, un ex policía convicto por robar a una mujer y matarla; un ladrón de motocicletas llamado Lucky Moto y Taulamba, el mandamás del patio, quien, orgulloso de hacer amigos que salían por televisión, les ofreció su protección advirtiéndoles a los demás: «El que se meta con ellos, se mete conmigo».

Su detención volvió a causar escándalo en la opinión pública y también en la puerta de la cárcel, donde se juntaban grupos de personas para exigir su libertad. Los juzgó un comandante de brigada y los encontró inocentes por falta de pruebas, y luego los pasaron a cargo de un juez civil, quien, tras una semana de prisión, los dejó libres por ausencia de méritos.

Cuando salieron, en medio de los *flashes* de los fotógrafos y de los abrazos de los amigos, sus compañeros les informaron que no tenían a dónde llevarlos a dormir porque los habían echado del Hotel Tequendama. El administrador, que había aguantado con santa paciencia los colchones en el piso, las grabadoras en el teléfono, los bultos de papa en el ascensor y los sicarios en la puerta, había considerado que un escándalo de cárcel era lo único que le faltaba para perder las cinco estrellas que hasta entonces habían honrado su establecimiento.

Juego de espejos

Primer acto. La guerra civil cunde a todo lo largo del país, cobrando miles de vidas. El presidente hace un viaje a los Estados Unidos para asistir a una reunión de las Naciones Unidas. Ha recibido una carta de los alzados en armas en la cual le proponen un encuentro sin condiciones y con agenda abierta, y quiere aprovechar el viaje para consultar qué conviene hacer. Sus asesores norteamericanos lo instan a que busque una negociación con los rebeldes. Le dicen que en el marco de la política de Ronald Reagan las negociaciones no están descartadas, sino que por el contrario, se consideran un instrumento inevitable y conveniente en ciertas circunstancias críticas. Lo invitan a que utilice la asamblea de las Naciones Unidas como tribuna para este gesto aperturista. Le explican que esto ayudaría a Reagan en su campaña por la reelección, porque le permitiría demostrar que sus aliados en la cuarta frontera no son fanáticos guerreristas ni profesionales en la violación de los derechos humanos, y que sería útil además porque la opinión pública norteamericana tendría que reconocer que así como Reagan tiene la firmeza necesaria para desembarcar *marines* en Granada, de la misma manera es suficientemente flexible para tener de aliado a un mandatario magnánimo con la subversión. Lo tranquilizan diciéndole que no perderá nada, pues las negociaciones deben entenderse simplemente como un complemento de la acción militar, como un mecanismo adicional para facilitar la derrota de las guerrillas. Le confiesan que Reagan necesita esa negociación para ablandar a ciertos sectores del Senado que se niegan a seguir alimentando con millones de dólares una guerra que no tiene solución favorable a la vista. Le dicen, dándole palmaditas en el hombro, que no se engañe: «Usted, señor presidente, no ha podido ganar en el terreno militar. ¿Quién quita que le vaya mejor si se aventura a dar una batalla política?».

Convencido por tan alentadores raciocinios, el presidente resuelve lanzarse, e indirectamente, sin mencionar la carta que ha recibido, la responde afirmativamente, invitando a los dirigentes guerrilleros a dialogar. Su discurso es acogido con un gran aplauso de la sala. El departamento de Estado también aplaude, y dice que es una propuesta «valiente y de largo alcance». El presidente, entusiasmado, anuncia que concurrirá al encuentro sin pistola y que concederá amnistía general.

Mientras tanto, en su país, la guerrilla contesta con una velocidad inusitada. A los quince minutos de la intervención en las Naciones Unidas, una de las emisoras locales de radio transmite un comunicado en el cual los comandantes rebeldes aceptan la cita, pidiendo para ello dos cosas: una franja desmilitarizada de diez kilómetros alrededor de la población escogida y la mediación en el encuentro del mandatario de una nación hermana, un hombre de vocación democrática que ha adquirido amplia experiencia en este tipo de negociaciones. Este hombre, tras recibir la invitación, contesta que no concurrirá personalmente a la reunión para no interferir en asuntos internos de otra nación, pero a cambio acepta entrevistarse en su propio país con los voceros de la guerrilla del país vecino. Así se hace: sostienen entre ellos una larga y fructífera reunión.

Mientras tanto, en el otro país, todos se preparan para la histórica cita, y cuando llega el día fijado, el presidente concurre a ella acompañado por un ministro y un arzobispo. Por el otro bando se hacen presentes cuatro de los principales dirigentes de los diversos grupos guerrilleros. Se reúnen en la iglesia del pueblo. La discusión se prolonga durante cinco horas. A las puertas de la iglesia, miles de personas se agolpan esperando ansiosamente el resultado. Finalmente se asoma el arzobispo, encargado de leer el comunicado acordado por las partes. Este dice que el presidente ofrece amnistía inmediata e irrestricta y garantías para el retorno a la vida civil, y que los guerrilleros, a su vez, exigen un plan mínimo de cese al fuego, libertad para los presos políticos, alza general de salarios, garantías para la vida y juicios contra los «criminales de guerra». El comunicado dice además que hay disposición mutua de continuar el diálogo y compromiso de volver a reunirse al mes siguiente. Se ha roto el hielo: por primera vez durante una guerra en la cual el gobierno ha estado permanentemente en jaque, este acepta dialogar con sus enemigos reconociéndolos así, en la práctica, como parte beligerante. Se ha roto el hielo, sí, pero por ningún lado aparecen fórmulas viables para avanzar. Los guerrilleros sienten que una amnistía general es una conquista insignificante con relación a la magnitud de su ofensiva, y el presidente, a su vez, considera que las propuestas mínimas de los guerrilleros van mucho más allá de lo que él tiene intención de conceder.

Segundo acto. De todas maneras vuelven a intentarlo y las dos partes enfrentadas se reúnen de nuevo a finales de noviembre en una población mínima, similar a la anterior.

El presidente trae en la mano muy pocas cartas para ofrecer. Unas semanas antes, tras haber sido reelecto, un Ronald Reagan ya despojado de retórica preelectoral ha hablado en términos sustancialmente más duros que antes sobre sus intenciones frente a los habitantes conflictivos de su patio trasero. La guerrilla, a su vez, lejos de disminuir su propuesta, la ha aumentado hasta convertirla en un plan de tres fases. La primera fase consiste en un Gran Foro Nacional en el que participen todos los sectores sociales y políticos del país para buscarle soluciones al conflicto, foro que deberá realizarse simultáneamente con el cese inmediato y total del suministro de armas y municiones al gobierno por parte de los Estados Unidos, con la salida de los asesores militares de ese país, y también con la interrupción del sabotaje económico a las zonas guerrilleras, de las desapariciones, torturas y asesinatos políticos y, finalmente, con el levantamiento del estado de sitio. La segunda fase es la suspensión de hostilidades y la delimitación de los espacios territoriales de cada uno de los dos bandos: se establecerán zonas de control con sus respectivas áreas de demarcación. La tercera fase incluye la participación en el gobierno de todas las fuerzas políticas y sociales comprometidas en el proceso de solución negociada, para crear un gobierno de consenso encargado de dirigir al país hacia las reformas constitucionales, económicas y sociales y hacia la reorganización de las Fuerzas Armadas con participación de los dos ejércitos. Este gobierno conjunto convocará a nuevas elecciones. Tras escuchar el plan propuesto, el presidente se indigna y comenta que sus contendores quieren «el paraíso terrenal de la noche a la mañana». La reunión se rompe abruptamente sin que quede fijada fecha para un próximo encuentro. Observadores políticos opinan que la tajante ruptura de las negociaciones por parte del presidente se debe a que la guerrilla ha planteado precisamente las dos exigencias que el Departamento de Estado ha advertido que no se pueden ni siquiera considerar, porque significaría firmar la derrota final: el gobierno de coalición y la integración de los ejércitos, objetivos definidos por el Pentágono como «un simple preludio para la toma del poder por parte de los rebeldes». La guerrilla se retira del diálogo consciente de que, como en cualquier negociación basada en la correlación de fuerzas, tendrá que producir nuevos hechos en el terreno militar para poder volver más fuerte al diálogo. Este queda por tanto suspendido, y el país vuelve a sumirse de lleno en la marea de sangre de la guerra civil, con una diferencia frente a la etapa anterior: los combates son de una intensidad mayor y la ofensiva de la guerrilla es más generalizada de lo que nunca fue, lo cual se debe, en parte —según especulan los especialistas— a que durante la etapa de diálogo los rebeldes han logrado convencer a grandes sectores de la población que se mantenían reacios frente a su actividad, de que no son ellos los que buscan la guerra, sino que quien los empuja a continuarla es un gobierno que se sienta a la mesa de negociaciones con las manos vacías frente a las necesidades del pueblo y con actitud intransigente frente a la presión de la guerrilla. Cae el telón.

La escena anterior sucede en el año de 1984 y, obviamente, no en Colombia sino en El Salvador. Este dato le

221

pone nombres propios a los rostros anónimos que por ella pasan: el presidente es Napoleón Duarte; los guerrilleros que con él dialogan son Guillermo Ungo y Rubén Zamora del Frente Democrático Revolucionario (FDR) y Fernán Cienfuegos y Facundo Guaraldo del Frente Farabundo Martí (FMLN). Las poblaciones escogidas son La Palma, primero, y Ayagualo después. Sobre Ronald Reagan y el papel de su gobierno no hay misterio que aclarar: han aparecido en escena con la cara destapada. El presidente de una nación hermana a quien la guerrilla propone como intermediario para el diálogo es, desde luego, Belisario Betancur, quien ha hecho de su iniciativa internacional y de su liderazgo en Contadora el haz de una hoja cuyo envés es la política del diálogo y tregua dentro de su propio país. También es Betancur el mandatario que se reúne, previamente, en su palacio de gobierno en Bogotá, con los salvadoreños Rubén Zamora y Mario Aguiñada, dirigentes del FDR. El Gran Foro Nacional que propone la guerrilla salvadoreña es el equivalente del Gran Diálogo Nacional que en Colombia impulsa el M-19. Y un último dato: cuando los salvadoreños hablan de la vía negociada, le dan el nombre de «proceso a la colombiana».

Tal como está indicado al principio, el título de la obra es *Juego de espejos*, y aunque como ya quedó dicho la acción no sucede en Colombia sino en El Salvador, la alucinante escenografía hace que cada uno de estos países se refleje en el otro: mientras que en Colombia se inventan una vía inédita para no llegar a la situación de El Salvador, en El Salvador optan por la vía colombiana para ver si pueden ponerle fin a su interminable guerra.

La última escena de la obra aún no se ha escrito, pero el juego de espejos se proyecta hacia adelante. Si el final es feliz, en El Salvador se impondrá una alternativa similar a la que se ensaya en Colombia; si el final es trágico, Colombia acabará envuelta en una guerra interna como la de El Salvador. La comparación, como todas, es odiosa. Pero no es arbitraria; la impone la propia realidad.

No hubo crimen perfecto

«…el gendarme Pérez dijo que había podido ver al subofi-cial tratando de enterrar, pisándola con un pie, la mano que sobresalía de uno de los cadáveres que habían sido tapa-dos con tierra…», relata un testigo de Tucumán, Argen-tina, en el *Informe sobre personas desaparecidas* de la Cona-dep, de 1984. Porque no hubo crimen perfecto, y así lo comprobaron los argentinos al término de la dictadura mi-litar, cuando apareció este informe, que encajaba las pie-zas sueltas de cientos de declaraciones como la del gendar-me Pérez hasta lograr el milagro de convertir la nebulosa pesadilla de incontables N.N. perdidos en los anales secre-tos de la represión, en una denuncia minuciosamente do-cumentada que señalaba por su nombre propio a 30.000 desaparecidos y a decenas de responsables de su desapa-rición. Por eso no pudo haber crimen perfecto; porque siempre quedó alguna huella, pista, carta que no pudo ser borrada y que fue el vestigio de que sí, de que los desapa-recidos eran una realidad, como también lo eran los de-saparecedores; siempre quedó destapada la mano que in-dicó dónde estaba el resto del cadáver, siempre el cadáver que permitió encontrar el cementerio clandestino, siem-pre el cementerio clandestino que fue el testimonio irre-futable del genocidio.

En Colombia los desaparecidos no eran 30.000 ni hubo ningún intento por parte del gobierno de rescatarlos, similar en seriedad y profesionalismo al informe de la Conadep argentina. No eran 30.000 pero sí eran 300; 300 personas sobre cuya vida nadie daba razón y por cuya muerte a nadie se culpaba; 300 personas que marcaban la vida nacional, abrumadoramente presentes desde su ausencia, aunque la peste del olvido oficial tratara de ignorarlos. Ante la indiferencia general, un sistema convencionalmente denominado democrático, como era el colombiano, presenciaba la desaparición de ciudadanos con la frivolidad descomplicada de quien asiste de lejos a un acto de magia —ahora lo vemos, ahora no lo vemos, ahora está, ahora ya no está— y hasta la dulzarrona pasividad de la palabra desaparecer ya de por sí era un cómplice encubridor que insinuaba que las víctimas simplemente se desvanecían, como si la brutal realidad no fuera que las secuestraban, las vejaban, las torturaban, las asesinaban; como si la desaparición no fuera sólo el último paso de este proceso de aniquilamiento.

Igual que en la Argentina, también en Colombia fueron las madres quienes se obstinaron, solitarias, en no dejar que se rompiera el débil cordón umbilical que ataba a los desaparecidos al mundo de los vivos, cubriéndose todos los jueves la cabeza y los hombros con chales blancos para recorrer en silencio las calles céntricas de Bogotá, aferradas a pancartas con las fotos que sus hijos dejaron como último testimonio de su existencia.

Muchos fueron los jueves que las madres debieron desfilar ante un país que las contemplaba como a una caravana fantasmagórica que recitaba una letanía de vagas tragedias ajenas, antes de que lograran que cundiera la voz de alarma, que los medios de comunicación ventilaran el tema y que la inquietud nacional llevara al presidente Betancur a ordenarle una investigación al respecto al procurador general de la nación, Carlos Jiménez Gómez.

Todo el mundo sabía quién era el procurador: el hombre que había tenido el valor de dar a conocer públicamente una lista de nombres de militares vinculados al MAS y a las organizaciones paramilitares. Había por tanto razones para creer que su informe sobre los desaparecidos sería igualmente categórico. Pero no fue así.

Seguramente escaldado por las consecuencias que le acarreó su informe sobre el MAS —el cual le valió el desprecio y la desconfianza de quienes empezaron a verlo como un francotirador que disparaba contra sus propio equipo—, en esta nueva oportunidad, en octubre del año 84, Carlos Jiménez optó por presentar ante la opinión pública un verdadero trabalenguas de ambigüedades, en el que borroneaba con el codo lo poco que escribía con la mano, y que se basaba en el hecho de que muchos de los desaparecidos estaban acusados de pertenecer a la guerrilla, o de apoyarla en mayor o menor medida, para esbozar el argumento de que era gente que, al no respetar los derechos humanos, no tenía piso para exigirlos para sí misma. Así, el procurador desdibujaba el problema y eludía dar nombres de responsables.

Los primeros en rechazar su informe fueron los familiares de las víctimas. Los sofismas sociológicos que contenía eran una respuesta ofensiva para su dolor, que tenía nombre y apellido, y eran una burla frente a su ira, que iba dirigida contra asesinos de carne y hueso.

Pero la sensación más angustiosa que dejaba el informe era la desaparición de la mitad de los desaparecidos: el procurador hablaba solamente de 150 mientras que otros organismos autorizados, como Amnistía Internacional, Asfades —organización de los padres y familiares— y el Comité por los Derechos Humanos, coincidían todos en una cifra que circundaba los 300. ¿Cuál de las desapariciones estaba negando el procurador al esconder la verdadera cifra? ¿Acaso la de la niña Catherine Riviera, de 4 años, desaparecida junto con su madre y su hermana, o la del señor Marcos Crespo, de 74 años, a quien se llevaron dos hombres en el momento en que compraba el pan del desayuno, o la de Marcos Zambrano, el muchacho ahogado con «submarinos» frente a sus compañeros de detención en el cuartel del ejército, o la de Mauricio Trujillo, ex guerrillero, hoy diputado, quien sobrevivió para contar la historia de cómo fue torturado en una playa desierta por agentes del F-2 y del CAES mientras en algún otro lugar Omaira Montoya, la muchacha que había sido detenida con él, era asesinada y desaparecida, ella sí para siempre?

También se sentía escalofrío cuando se veía, en la siguiente frase, la facilidad con que el procurador asumía que desaparecer era un verbo sin regreso: «Lo corriente en la casi totalidad de los casos es la muerte criminal a manos de sus desaparecedores como último destino de todo desaparecido». Esto, en la práctica, equivalía más o menos a declarar oficialmente muertos a todos los desaparecidos, cosa que había sido hecha por el general Videla en algún momento de su gobierno, en una impúdica insinuación a su país de que había por tanto que dejar de buscarlos, pues se trataba de un asunto liquidado.

A pesar de todo, el procurador tuvo la honestidad de dejar en claro que «personas al servicio de los aparatos represivos de Seguridad del Estado, y concretamente de la Policía y el Ejército Nacional, eran responsables de haber incurrido en esta clase de desapariciones».

A los pocos días de publicado este informe se dio a conocer el de Amnistía Internacional sobre la situación colombiana durante el año de 1983, es decir en pleno proceso de paz del presidente Betancur. Según el organismo internacional, la cifra de los desaparecidos no sólo era de 300, sino que además se enmarcaba dentro de un negro panorama, en todos los sentidos, para los derechos humanos en Colombia. Hablaba de la violación de estos por parte de los grupos guerrilleros, pero enumeraba también la larga lista de despropósitos cometidos por organismos del Estado, tales como la práctica rutinaria de «ejecuciones extrajudiciales atribuidas a las fuerzas regulares del ejército y de la policía y a fuerzas civiles reclutadas por estos como fuerzas auxiliares de contrainsurgencia»; hablaba de 300 ejecuciones de este tipo y de 800 crímenes tipo escuadrón de la muerte; de la «práctica sistemática de torturas»; de la detención generalizada de dirigentes de organizaciones campesinas e indígenas; de la proliferación de «homicidios múltiples» en el Magdalena Medio; del abandono masivo del campo por parte de comunidades rurales hostigadas por «operativos de contrainsurgencia del ejército»; del asesinato recurrente de autoridades locales que pertenecían a partidos legales de izquierda; de más de 39 asesinatos y 20 desapariciones de presos políticos amnistiados.

Y esta era la paz. De los colombianos que leyeron el informe de Amnistía Internacional —no muchos, porque casi ningún medio de información lo destacó— algunos opinaron que se trataba de calumnias de los comunistas. Otros se agarraron la cabeza a dos manos y se preguntaron cómo iría a ser, entonces, la guerra.

La soledad del presidente

Hacia finales del año 84 había aumentado tanto en decibeles el estruendo de los que apostrofaban contra Belisario Betancur y su política de paz, que se volvió lugar común hablar de la soledad del presidente. Mientras que sus detractores se fortalecían y se expresaban en términos cada día más virulentos, Belisario por el contrario parecía achicarse, tratando de pasar agachado, y era difícil reconocer en su nueva sonrisa resignada, en sus tímidas autodefensas y en el bajo perfil de sus últimas intervenciones, al hombre que en los inicios de su gobierno había contado con suficientes bríos, convicción y apoyo como para pasar olímpicamente por encima de sus opositores. A las personas que se mantenían cercanas a él se las oía justificar el cambio de actitud repitiendo una y otra vez la misma frase:

«Es que no puede hacer nada, porque está completamente solo...». Lo cual era sólo parcialmente cierto. Los sectores medios y populares, a pesar de haber perdido el gran entusiasmo inicial debido al serio deterioro que bajo la administración Betancur habían sufrido sus condiciones de vida, no culpaban personalmente al presidente de nada. El colombiano del montón se mostraba cada vez más insatisfecho con el gobierno, pero curiosamente no con

Belisario, y esta esquizofrenia nacional se extendió hasta el punto de que hizo carrera la frase de un mordaz general en retiro, Bernardo Lema Henao: «Belisario Betancur es el presidente bueno-bueno de un gobierno malo-malo».

Seguramente los millones de personas que aún acompañaban a Betancur hubieran salido en masa a la calle a la más leve insinuación suya, para respaldarlo en su política de paz contra el saboteo o los amagos golpistas. Pero el estilo de Betancur no era, ciertamente, el de un caudillo popular como Jorge Eliécer Gaitán ni era el hombre de voltearse contra su propia clase y su propio partido para capitanear una multitud de descamisados.

«Dígale al presidente que no está solo, que el pueblo está con él», le comentaba la gente a Bernardo Ramírez, para que le transmitiera el mensaje a su amigo. «El que tiene al pueblo no tiene a nadie», solía contestar Ramírez.

Pero en las altas esferas no se había quedado Belisario Betancur tan aislado como se creía, y lo que parecía soledad era más bien cambio de compañía. Porque ante los reveses sufridos, el presidente intentó reacomodarse rodeándose de un nuevo equipo, uno que lo ayudara a frenar la andanada adversa que le caía desde arriba. Por ejemplo, nombró como nuevo ministro de Agricultura a Hernán Vallejo, presidente de la poderosa Fedegán, la Federación de Ganaderos, un hombre de reconocida militancia en la derecha recalcitrante. Como quien peca y reza y al final empata, Belisario Betancur, quien se había comprometido a través de pactos públicos con las guerrillas a promover la reforma agraria, desatando con ello la ira de los terratenientes, nombraba ahora al más representativo de estos para que se desembarazara como pudiera de ese lío. Así, sin irse él directamente contra la apertura, pero cediéndole altos puestos a miembros de los sectores más cerrados frente a ella, empezó a tratar de sobreaguar en el lodazal culebrero en que se estaba convirtiendo su política de paz.

Para justificar medidas tan insólitas como el nombramiento del nuevo ministro de Agricultura, el presidente elaboró una teoría: «La paz la hacen los duros», se le oía decir por esos días.

Con ello quería decir que había que acudir justamente a los más reacios a la paz para comprometerlos con ella, con el fin de no dejarles las manos libres para que la torpedearan por debajo de cuerda. Aplicado a los militares, ese silogismo tenía una concreción también sorprendente: la política agraria corre por cuenta del más peligroso de los terratenientes; el más peligroso de los militares es el general Miguel Vega Uribe; ergo la política de paz corre por cuenta del general Vega Uribe. Y del silogismo al hecho no hubo trecho, y tras la enfermedad y muerte del ministro de Defensa, general Gustavo Matamoros, Belisario escogió para reemplazarlo precisamente a Vega Uribe, el más duro de todos los duros, un hombre de cemento armado, cuadrado de físico y de intelecto, sospechosamente parecido, por voluntad o por fatalidad, al prototipo del militar latinoamericano. Aunque todo el país conocía de sobra el sombrío pasado reciente del general Vega, muchos, empezando por el propio presidente, prefirieron olvidarlo, y ante el beneplácito de los de arriba, el nuevo ministro empezó a moverse a sus anchas por el panorama nacional, haciendo y deshaciendo con los acuerdos de tregua según le dictaba su criterio, que respondía al muy mentado «tradicional constitucionalismo de los generales colombianos», el cual en realidad no consistía tanto en respetar la Constitución, como en citarla para justificar cualquier acción a nombre de ella. El general Vega entró, pues, por la puerta grande de la política colombiana, con un aval más que generoso por parte del presidente Betancur, quien, considerando que no era suficiente con darle el título efectivo de la cartera de Defensa, le dio además otro honorario, el de ministro de Paz.

Pero las cosas no son tan fáciles ni siquiera para un general, y un día de junio de 1985 se escapó un delator olor a rancio del cuarto sellado donde escondía el fantasma de su pasado. Sucedió que el Consejo de Estado —máximo tribunal administrativo del país— dio un fallo condenando a la nación a indemnizar a una joven médica, la doctora Olga López de Roldán, por torturas físicas y psíquicas sufridas en el año de 1979 durante su detención en la Brigada de Institutos Militares, BIM. Durante varios días consecutivos la habían colgado con las manos atadas a la espalda, mientras le golpeaban la cabeza con objetos contundentes y le lastimaban los senos con pinzas. La habían subido a una mesa con una soga al cuello, amenazándola con ahorcarla si no hablaba. Permanentemente había recibido amenazas de violación, dirigidas tanto a ella como a su pequeña hija, a quien tenían en su poder, y de quien le hacían oír grabaciones con llamados angustiosos. Le habían dado escopolamina para interrogarla.

Por los días en que la doctora López era torturada en la BIM, el presidente de la República era Julio César Turbay Ayala y el comandante de la BIM era el general Vega Uribe, luego Ministro de Paz del presidente Betancur. El escándalo cundió por todas partes, aunque con resonancias mayores en la prensa internacional que en la nacional, la cual optó —salvo excepciones individuales— por tocar esa sonata con sordina. De todas maneras la conciencia colectiva revivió aquellos días de pesadilla, y volvieron a salir a la luz los múltiples informes de los organismos internacionales, democráticos y de derechos humanos que habían atestiguado que el caso de Olga López no era sino uno entre muchos, y que durante ese periodo en el país cientos de presos políticos habían sido torturados y muchos desaparecidos.

Tras el fallo del Consejo de Estado, todo el mundo esperaba que sucediera lo obvio: que el presidente Betancur destituyera al ministro Vega Uribe de su cargo, pues no tenía presentación, por no decir ética, que el manejo efectivo del orden público, y por tanto del proceso de paz, estuviera a cargo de un hombre bajo cuyas órdenes habían padecido torturas tantos colombianos, incluyendo —cosas de Macondo— a la mayoría de los dirigentes guerrilleros con quienes ahora se pretendía deponer hostilidades. Pero el presidente ni se pronunció al respecto ni le pidió renuncia alguna, y por el contrario, tras el incidente, el general salió fortalecido dentro de las esferas gubernamentales. Dio más declaraciones que nunca, reprimió con más violencia que antes, asistió orgulloso a los cocteles que le ofrecieron en desagravio, sonrió complacido en algunos actos públicos en los que la audiencia se puso de pie para ovacionarlo.

Durante la primera mitad del gobierno de Betancur ocupó el ministerio de Gobierno Rodrigo Escobar Navia, un industrial también estrechamente ligado a los gremios patronales, quien a pesar de ello dio muestras de ser hombre progresista y discreto y se esforzó por ampliar las instancias de participación y por poner su gestión a tono con los aires de renovación propuestos por el presidente. Sin embargo, algún tiempo antes de la firma de los acuerdos fue reemplazado en su cargo por Jaime Castro Castro, un liberal lopista que a pesar de su fama de izquierdista, ya en el gabinete optó sorpresivamente por completar la trilogía de los duros y terminó por ganarse en franca lid el título de Satánico doctor No del proceso de paz, pues tomó por responsabilidad y por *hobby* el bloqueo de cualquier iniciativa democrática que pudiera desembotellar la situación (salvo la de la elección popular de alcaldes) y la prohibición de cuanta propuesta hiciera la guerrilla, fuera cuerda o descabellada, constitucional o no. «Meter en cintura el proceso de paz», llamaba él mismo a su labor de torpedeo sistemático, y ningún funcionario de gobierno se sentía tan convencido de su papel y tan coronado por la razón histórica como él al desempeñarla. Todos los días los diarios mostraban su cara de enormes gafas cuadradas, nariz chata y pelo prematuramente cano, bajo un titular que indefectiblemente ostentaba la palabra *no*.

«No habrá desmilitarización de ningún rincón del país.»

«El alcance del Diálogo Nacional no será distinto al de unas simples propuestas.»

«No hay condiciones para el levantamiento del estado de sitio.»

«El gobierno no autoriza la realización del congreso guerrillero.»

«No se permitirán los campamentos urbanos de la guerrilla.»

«No podrá prolongarse la tregua si no se produce la entrega de armas y la desmovilización de la organización guerrillera.»

Todo el andamiaje de su carrera ministerial lo montó sobre esta última negación, que reñía con los acuerdos de agosto, firmados por el gobierno con una guerrilla que no se comprometía en ellos ni a desarmarse ni a desvanecerse.

Además de ser un civil cargado de títulos universitarios, el ministro Castro había recibido formación militar y era suboficial de reserva del ejército, lo cual reforzaba su facilidad para actuar sobre la realidad nacional en total armonía y estrecha llave con Miguel Vega Uribe. Pasados unos meses de su gestión esto se hizo tan evidente, que se volvió lugar común la frase que decía que si el general Vega Uribe podía ser ministro de la Paz, era porque el ministro de la Guerra era Jaime Castro. Y también la propuesta de quienes, frente a la petición que hacían algunos de que se cambiara al ministro de Defensa por un civil, agregaban que más urgente aún era cambiar al ministro de Gobierno por un civil.

Jaime Castro era el único de la trilogía de los duros que no había sido nombrado por Belisario por duro sino por lo contrario, por ciertos ademanes democráticos que había tenido en el pasado. Pero también por una segunda razón: porque a lo largo de sus múltiples cargos públicos —secretario de la Presidencia, consejero presidencial, ministro de Justicia, embajador en Roma y senador de la República— había logrado una sólida deformación política que, siguiendo el mejor estilo colombiano, combinaba astucia, muñeca, don de no perder la calma y, sobre todo, convicción visceral de que la eterna clase política bipartidista tendría siempre la sartén del país por el mango, porque en Colombia, inmarcesible tierra del Sagrado Corazón, nunca ocurriría nada que pudiera «moverle el butaco». ¿Qué otro móvil psicológico podía llevar a Jaime Castro a darse el lujo de no hacer siquiera una mención al Diálogo Nacional en una extensa exposición sobre sus planes de paz, o a dejar alevosamente plantado en la antesala de su despacho a Óscar William Calvo, dirigente del EPL? Evidentemente, aunque estaba sentado encima de un volcán, se comportaba como sólo podía hacerlo un convencido de la perpetuidad de su poder.

Sean los que fueran sus móviles, lo cierto es que al llegar a la cartera de Gobierno Jaime Castro Castro optó por ahogar las inquietudes de demócrata que pudo haber tenido a cambio de asegurarse una futura candidatura presidencial, y para ello se jugó la carta de perfilarse como el hombre inflexible que le paraba el macho a la guerrilla desconociendo los incómodos pactos firmados con ella, y recuperaba así la autoridad perdida del gobierno.

Con este nuevo equipo de hombres ejerciendo autoridad plena sobre la tregua, los pronósticos del presidente Betancur terminaron por convertirse en realidad. El general Vega Uribe fue el ministro de Paz: el pacificador.

Y la paz la hicieron los duros. Pero la hicieron a su manera; imprimiéndole su propio estilo, tratándola con la malquerencia que sentían por ella, ejecutándola con la prepotente intolerancia que les era propia. Esa paz sin reformas y a balazos que empezó a dibujarse como una grotesca caricatura de la que los colombianos habían soñado, era, en efecto, la paz de los duros.

La bomba mexicana

La imponente biblioteca tiene miles de volúmenes alineados en altas estanterías de madera oscura que cubren por completo sus paredes, dejando libres solamente los espacios ocupados por la chimenea y por un cuadro de Diego Rivera. Un enorme florero ocupa la mesa de centro. Desde uno de los sofás de cuero, un hombre macizo de cuarenta años observa con desconfianza el florero, el cuadro, el exceso de libros, y el leve estrabismo de uno de sus ojos se acentúa cuando se fija en algún título. Todo en él disuena con el ambiente del recinto: la tensión de sus músculos; su guayabera clara, demasiado tropical; sus manos pesadas; sus zapatos negros de amarrar, demasiado solemnes. Es el comandante en jefe del M-19, Iván Marino Ospina; otro duro, pero de la contraparte.

Los duros son duros donde quiera que se ubiquen, y Ospina sabe representar su papel. Sabe también para qué sirve el poder, y las ventajas de tener un arma en la mano a la hora de ejercerlo. Lo han endurecido, quizá contra su voluntad, treinta años ininterrumpidos de guerra, sin contar su vida de niño en medio de la violencia partidista de los años cincuenta en una familia conservadora de la zona cafetera, acostumbrado a ver cadáveres y a conversar con la *pajaramenta*, bandas de asesinos a sueldo del Estado. El niño Iván Marino vio morir a bala y machete a sus parientes liberales a manos de los conservadores y decapitados a sus parientes conservadores a manos de los liberales y sin embargo no lloró, sino que golpeó a la puerta del local del Partido Comunista y de allí salió para la iglesia a rezar y a pedir perdón por el pecado cometido.

Ya había aprendido que lo suyo era la violencia y antes de dejar atrás la adolescencia ya era guerrillero de las FARC, de donde lo echaron con condena de muerte acusándolo de infiltrado, porque criticaba mucho. Viéndose solo en su país se unió a la guerrilla venezolana, y cuando regresó debió contemplar cómo el ejército colombiano golpeaba a su mujer y a sus hijos, una noche que el más pequeño de ellos no recuerda porque desde ese momento perdió la memoria. Nada nuevo para Iván Marino, que desde pequeño no había conocido sino violencia. Después fundó el M-19 junto con Jaime Bateman y otro equipo de históricos, y tanta violencia acumulada le sirvió más adelante de coraza en unos antros de tortura del ejército conocidos como las Cuevas de Sacromonte, a donde fue llevado cien veces por la ruta del dolor hasta el filo de la muerte, sin que lograran arrancarle una palabra. Nada nuevo para Iván Marino, que desde niño no conocía otra cosa. Ahora está sentado en un sofá de la suntuosa biblioteca, y tan muelle y opulento bienestar le suscita desconfianza.

Está sentado a su lado un señor gordo de mirada muy viva y chivera afilada, enfundado en riguroso traje azul oscuro y corbata, a quien Iván Marino no conoce. Se trata del maestro Guillermo Angulo, fotógrafo, cineasta, bibliómano, *cordon bleu*, amigo del presidente Betancur y cónsul de Colombia en Nueva York, quien mira al guerrillero, de cuya rudeza ya le han hablado y que además salta a la vista, y no sabe cómo entrarle. Hasta que se fija en la fea cicatriz que asoma por la manga corta de su guayabera.

«Se me ocurrió preguntarle cómo se había hecho aquello», contó después el maestro, «y el hombre, que hasta ese momento había permanecido rígido como una momia, arrancó a contarme su vida con una cierta ingenuidad infantil, como si nos conociéramos de toda la vida».

Es medianoche del 5 de diciembre de 1984, y ambos se encuentran en Ciudad de México en casa del canciller mexicano Bernardo Sepúlveda Amor, quien hace parte, junto con su mujer, de la vieja aristocracia porfiriana. ¿Qué hacen allí, solos esos dos colombianos que nunca antes se habían visto?

El asunto había empezado un par de semanas antes en las montañas colombianas en un campamento del M-19, donde Álvaro Fayad recibió un casete a través de intermediarios y con más misterios de lo habitual. Al escucharlo comprendió que no se trataba de un mensaje cualquiera; provenía del propio presidente de la República, quien lo citaba a un segundo encuentro, esta vez en México, país adonde el mandatario viajaría en pocos días. Fayad emprendió inmediatamente camino hacia Cali para preparar su salida al exterior.

Mientras tanto el presidente colombiano pulía un discurso enérgico y subido de tono frente a los Estados Unidos, para pronunciarlo ante el presidente mexicano Miguel de la Madrid, su principal aliado en el Grupo de Contadora.

Además repasaba la lista de nombres —funcionarios, artistas e intelectuales— que harían parte de su comitiva, y movía los hilos necesarios para realizar el sorpresivo encuentro con el M-19. Todo indicaba que la gira sería un éxito, pues México era un escenario ideal por la buena fama que allí tenía Betancur. En términos extraoficiales el viaje también prometía, pues allí estarían dos de sus amigos más cercanos, Gabo y el maestro Angulo, y la presencia de ellos, junto con la del novelista Manuel Mejía Vallejo, el poeta Álvaro Mutis y un grupo de escritores mexicanos encabezados por Juan Rulfo, le hacía pensar que serían espléndidas las veladas literarias por las que tanta debilidad sentía.

Después de toda una vida de no poder entrar a los Estados Unidos porque se lo consideraba demasiado sospechoso para darle la visa, Gabriel García Márquez finalmente la obtuvo del embajador Lewis Tambs, y viajó a la ciudad de Nueva York, hasta entonces su Meca imposible y allí recibió, junto con el cónsul Angulo, un mensaje a través del cual el presidente les pedía que le ayudaran personalmente a preparar el encuentro con los dirigentes guerrilleros. Tanto Gabo como el maestro Angulo habían residido en México durante largos años, conocían ese país como la palma de su mano y manejaban en él todos los contactos necesarios, oficiales y extraoficiales.

Iván Marino Ospina se encontraba desde hacía dos meses en Europa, buscando las relaciones internacionales de su movimiento. Al enterarse de la propuesta presidencial, viajó a Cuba para permanecer en *stand by* en ese país, vecino de México, hasta que se precisaran la fecha y condiciones del encuentro.

En esa misma semana unos funcionarios cubanos viajaron a Bogotá, donde empezaron a moverse en secreto para concretar una entrevista en México de Belisario Betancur con Fidel Castro, la cual contaba ya con el visto bueno de los dos mandatarios. Este hecho, que no tenía precedentes en el país y que tomaría por sorpresa al mundo, era el broche de oro con que el presidente pensaba cerrar su mensaje internacional de paz y democracia.

Gabo y el maestro Angulo se trasladaron a México y pulieron sigilosamente los últimos detalles del encuentro con los guerrilleros: trámites ante el gobierno local, condiciones de seguridad, lugar de reunión, horario. Hasta ahí todo parecía marchar como reloj suizo. Sin embargo, en Cali surgió el primer inconveniente, cuando el culto y afable Álvaro Fayad —quien cumplía todos los requisitos para asistir al encuentro mexicano porque su sentido del humor y su rapidez mental sorprendían a los intelectuales— se enteró de que los agentes de seguridad le tenían pisada la cuerda, tuvo que permanecer escondido para borrar su propio rastro y vio pasar los días sin encontrar la manera de salir vivo del país. Mientras tanto el presidente llegaba a México en medio de un caluroso recibimiento e Iván Marino sufría un par de traspiés sobre la marcha. El primero, que la visa mexicana tardó en ser expedida, y el segundo, que perdió el avión, cosa que solucionó con una conexión aérea por las Antillas. Finalmente llegó a México y se puso en contacto con el maestro Angulo. Fayad seguía varado en Colombia.

Angulo recibe luz verde del presidente para la noche del 5 de diciembre, e inmediatamente le comunica el dato al rudo e intratable Iván Marino, quien se habría encontrado tanto más a gusto entre militarotes que entre políticos e intelectuales. En vista de la demora de Fayad, Iván

Marino toma la decisión de asistir él solo a la cita. En el encuentro con el presidente en Madrid, le había resultado efectivo al M-19 presentarse ante los medios informativos y la opinión pública española como un monstruo de dos cabezas, la abierta y civilista de Fayad y la troglodita de Iván Marino. ¿Qué le iría a pasar ahora al Eme, con esta decisión de mostrar sólo la cara cerrera? La suerte estaba echada y la reunión tendría lugar a la medianoche en casa del canciller Sepúlveda Amor. Llegado el momento, Iván Marino y el maestro Angulo intentan conversar allí, en la biblioteca, mientras esperan a Betancur.

Este llega con una hora de retraso y no trae a sus amigos los poetas. Viene acompañado sólo por su ministro de Hacienda, Iván Duque Escobar, turbayista de vieja data, y por tanto desafecto al proceso de paz. No ha sido invitado tampoco el ministro de Minas, el conservador Álvaro Leyva, el hombre del gabinete que mantiene el contacto más fluido con los guerrilleros, y quien, a pesar de haber viajado a México en la comitiva presidencial, se ha ido a acostar esa noche a su cuarto de hotel ignorando absolutamente la reunión que ha de celebrarse. A Iván Marino le sorprende este cambio y le pregunta al presidente: «¿Por qué trajo usted a un liberal? Yo me entiendo mejor con los conservadores». «Por eso mismo», es la respuesta que obtiene.

Durante la reunión, muy breve a diferencia de la de Madrid —dura escasamente una hora—, Betancur pone el énfasis en lo que llama excesos del M-19; habla de boleteos, del escándalo de la leche, de denuncias de extorsión por la campaña financiera y de un reciente asalto a un ingenio azucarero en el departamento del Valle. Iván Marino niega las acusaciones, da explicaciones, le pide al presidente pruebas de lo que ha dicho. Y al mismo tiempo le echa en cara la agonía del Diálogo Nacional: «Eso se está muriendo, señor presidente, y usted está dejando que se muera, porque no le mete el hombro».

Antes de la despedida tiene lugar el segundo *round* de una competencia casada entre el guerrillero y el presidente desde la conversación en la residencia de Julio Feo, en Madrid, sobre cuál de los dos es más antioqueño y ha tenido una infancia más humilde. Parece ser que al respecto llegan a un empate, y ya en la puerta Belisario se compromete con su interlocutor a enviarle al día siguiente las pruebas pedidas, a través del maestro Angulo.

Efectivamente, doce horas después Angulo le entrega a Iván Marino un sobre de manila con documentación acusatoria que, según dice, ha sido preparada por los militares. Al ser preguntado días después Rafael Vergara, el representante oficial del M-19 en México, acerca del contenido de dicho sobre, este contestó: «Yo estaba con Iván cuando lo recibió, y lo que contenía era un par de papeles impresos, burdamente falsificados como los muchos que la inteligencia militar fabrica, en los cuales se chantajeaba y se pedía dinero supuestamente a nombre del M-19, y donde nos ponían a decir "nosotros los subversivos" y esas cosas que sólo a los de inteligencia militar se les puede ocurrir que decimos».

Al día siguiente, 6 de diciembre de 1984, los diarios colombianos transcribían, en grandes titulares, una frase tomada de la única información que, según se había acordado en la reunión de México, se divulgaría sobre el evento, y que era un boletín emitido por el palacio presidencial.

La frase decía: «Tirón de orejas de Belisario Betancur al M-19». Tremendo golpe bajo del presidente a Iván Marino: la opinión pública quedaba con la sensación de que el M-19 se había dejado regañar como un niño de escuela.

Pero ese no sería el único golpe en un capítulo que, por el contrario, se mostró pródigo en ellos. El siguiente correría por cuenta de Iván Marino, quien, ardido por la mala fe en la transmisión de la información, y picado en su orgullo por el menosprecio paternalista con el cual acababa de tratarlo Betancur, rompió su promesa de permanecer oculto y en silencio y convocó a una gran rueda de prensa durante la cual hizo gala de su estilo más patán.

Delante de docenas de periodistas internacionales, el dirigente guerrillero abordó el tema del narcotráfico en un tono desenfadado y condescendiente que al principio hizo reír a los presentes, cuando dijo que la culpa de la drogadicción en Estados Unidos no la tenían los latinoamericanos, pues hasta el presidente Reagan metía cocaína cuando era estrella de Hollywood. Pero enseguida los dejó fríos cuando dijo, al referirse a las recientes amenazas proferidas por los narcotraficantes colombianos contra la vida de funcionarios norteamericanos: «Yo no tengo prejuicios. Si los mafiosos colombianos son capaces de cumplir sus amenazas contra la expresión imperialista en América Latina, que las cumplan, el M-19 las saluda (…) Ojalá le pusieran una bomba atómica a Tambs, porque Tambs ha intervenido descaradamente en nuestros asuntos internos».

Que Reagan era *drogo*, que había que ponerle una bomba atómica a un embajador, que ojalá los narcos mataran a los gringos… ¿Cuál de los dos había soltado esa sarta de barbaridades, Iván el infantil o Iván el terrible? Imposible saberlo, pero para el efecto daba lo mismo.

El despropósito era de fondo y no tenía vuelta atrás. Cuando oyeron las declaraciones de Iván Marino, los colombianos —empezando por sus propios compañeros del M-19— quedaron espantados y atónitos; el presidente Betancur se agarró la cabeza a dos manos ante el calibre del loco con quien se había entrevistado de cara al mundo pocas horas antes; el Departamento de Estado aprovechó la oportunidad para esgrimir con más bríos que nunca su argumento de la alianza entre el narcotráfico y la guerrilla, y los funcionarios de la embajada norteamericana en Bogotá se refugiaron, comprensiblemente sobresaltados, en los sótanos de su impenetrable edificio.

El M-19, que inmediatamente destituyó a Iván Marino de la jefatura para reemplazarlo por Fayad, y que tuvo que apresurarse a hacer mil aclaraciones y desmentidos, vivió uno de sus momentos más duros de descrédito dentro y fuera de Colombia.

Marx dice que los acontecimientos en la historia ocurren dos veces, la primera como tragedia y la segunda como comedia. Este segundo encuentro ciertamente había sido una comedia grotesca, pero no había sido sólo eso. En el preciso momento en que en México el presidente se sentaba a conversar con el M-19, en Colombia se daba comienzo a una masiva operación militar de exterminio contra ese movimiento, la primera que se emprendía a gran escala desde la firma de los acuerdos.

Operación Garfio

Aquella mañana de diciembre era apenas audible la voz de Carlos Pizarro por la radio, solicitando urgentemente la presencia de la Comisión de Paz y denunciando un cerco militar al asentamiento guerrillero en el que el M-19 había concentrado parte de sus hombres desde los días en que se firmaron los acuerdos. Se llamaban Campamento de la Libertad, y estaba situado en el filo de una montaña —el Alto Yarumales— de las que conforman la abrupta Cordillera Central, a muy poca distancia del pueblo de Corinto. La denuncia de Pizarro caía desde esas lejanías sobre el febril ajetreo de diciembre, cuando el país se mueve en función de las fiestas y de las vacaciones y se desconecta de todo lo demás. Por eso pasó prácticamente inadvertida.

Al día siguiente me puse en contacto con John Agudelo Ríos y me enteré de que se preparaba un viaje de la Comisión de Verificación a la zona. Los comisionados seríamos Carlos Morales, parlamentario por el Nuevo Liberalismo y decano de la facultad de arquitectura de la Universidad de los Andes; César Barrero, funcionario del Ministerio de Gobierno; José Corredor, dirigente de la Central General de Trabajadores, CGT; Vera Grave, miembro de la dirección del M-19, y yo. Hasta ese momento no le habíamos dado al asunto más importancia que a una tarea de inspección cualquiera. Los diarios ni siquiera registraban los incidentes.

La noche anterior al viaje, sin embargo, recibí una llamada telefónica que me hizo pensar que las cosas no serían tan fáciles. Era de un miembro del M-19, que quería hacernos saber que la situación en Yarumales era crítica y que estaba tomando el curso de una verdadera batalla campal; dijo también que Álvaro Fayad, recurriendo a su amistad con Bernardo Ramírez, le había hecho llegar a este una carta personal alertándolo sobre la posibilidad, esta vez inminente, de que la tregua se rompiera. Puse al tanto a John Agudelo y comenté con él la necesidad de reforzar la comisión con la presencia de una figura pública de más peso —un ex ministro, por ejemplo— que tuviera libertad para negociar un alto al fuego con las partes enfrentadas, y que estuviera autorizado por el gobierno para barajar fórmulas de acuerdo. A nosotros, por lo pronto, se nos había aclarado que sólo podíamos comunicarle a Pizarro el deseo del gobierno de que abandonara con sus hombres el lugar. Extraño; era la primera vez que acudíamos a una misión de esas expresamente maniatados para buscar soluciones alternativas. Era difícil que así las cosas funcionaran, y además, sin ir más lejos, veíamos muy probable que una comisión tan débil como la designada no consiguiera siquiera el salvoconducto del ejército para llegar hasta el lugar del conflicto.

Temiendo la ineficacia de nuestra gestión, llamamos a Bernardo Ramírez, quien, ya retirado del ministerio, preparaba viaje a Londres, donde había sido nombrado embajador. Lo encontramos tranquilo; nos dijo que la opinión del alto gobierno era que se trataba de una simple acción de control debido a un asalto reciente de la guerrilla a un ingenio —el mismo al cual hiciera alusión el presidente ante Iván Marino en México— y que todo el problema obedecía a que el M-19 quería convertir el hecho en un nuevo acto de propaganda. Nos dijo que de todas maneras, dada nuestra inquietud, se pondría en contacto con el ministro de Gobierno. A la madrugada del día siguiente, cuando ya nos encontrábamos en el aeropuerto de Bogotá y a pocos minutos de partir hacia Cali, pudimos volver a comunicarnos con Bernardo Ramírez. Nos contó que la noche anterior había interrumpido a Jaime Castro en un consejo de ministros para consultarle al respecto, pero que el ministro insistía en que no se le diera al asunto más importancia de la que tenía.

Antes de subir al avión se nos acercaron unos periodistas de la televisión norteamericana, que querían cubrir la noticia y preguntaban si podían viajar al campamento guerrillero con nosotros. Carlos Morales, designado coordinador de la comisión, les negó rotundamente la posibilidad, pues, según nos explicó, traía instrucciones precisas de la presidencia respecto al manejo de la prensa: le habían dicho que no se debía efectuar ninguna reunión con el M-19 si se colaban los periodistas, para evitar el escándalo. Comentamos que esa orden también era insólita; ya había sucedido en varias ocasiones que el ejército le bloqueara el paso a los periodistas, e incluso a los comisionados, pero era la primera vez en un caso así que la propia oficina de la presidencia exigía la exclusión de la prensa. Partimos pues hacia Yarumales con dos versiones contradictorias sobre lo que allí encontraríamos, la del ministro de Gobierno, quien aseguraba que era un asunto sin importancia, y la del M-19, que hablaba de muertos y bombardeos.

Al llegar a Cali el 16 de diciembre, nos esperaba una camioneta de la gobernación que nos llevaría hasta las proximidades del campamento, y también, por otro lado, un muchacho del M-19 que actuaría de guía y enlace. La zona que recorrimos era densamente poblada —un hervidero de conflictos sociales— y los avances de la industrialización eran patentes en las buenas carreteras, la electrificación, la maquinaría agrícola, los trenes que llevaban racimos de jornaleros hacia los modernos ingenios azucareros. Aquello no tenía nada que ver con el escenario de micos, lianas y pantanos con que se suele asociar la presencia de los campamentos guerrilleros. Era ni más ni menos que el corazón del occidente colombiano, territorio clave en la producción del país.

El trayecto parecía una peregrinación por los puntos rojos de la agitada historia del proceso de paz. A nuestras espaldas quedaba Yumbo, tomada por el M-19 como respuesta al asesinato de Carlos Toledo Plata; más adelante pasamos la curva de la carretera donde había sido herido Carlos Pizarro el día de la firma; después por los pueblos de Florida y Miranda, ambos tomados por el M-19 durante el previo periodo de negociaciones, y finalmente, cuando empezamos a subir por la cordillera, miramos hacia abajo y vimos a Corinto, el escenario del acuerdo.

Poco después encontramos el primer retén del ejército. Uno de sus camiones, atravesado en medio del camino de tierra que iba montaña arriba, y un par de docenas de soldados habían detenido la marcha de unos cuarenta periodistas, fotógrafos y camarógrafos de todos los medios, que protestaban indignados porque no les permitían subir hacia el campamento. Cuando vieron llegar a la comisión rodearon la camioneta para pedir ayuda: «Díganle al ejército que nosotros subimos con ustedes, que esto no tiene por qué ser secreto y que la opinión pública tiene derecho a estar informada».

Ante la presión, Carlos Morales intentó conseguirles el permiso con el sargento que estaba al mando, pero no fue posible: este ya había recibido las órdenes precisas de dejar subir a la comisión, pero sola. Hubo rechifla, y una airada periodista caleña se plantó en jarras frente a nuestra camioneta: «Pues si pasan, pasan por encima de mí».

Como pudimos nos disculpamos, explicándoles que como veían, el asunto estaba fuera de nuestras manos, y seguimos adelante. Pasamos sin mayores problemas por un par de retenes más, pero cuando ya habíamos dejado abajo el olor dulce de tierra caliente y empezábamos a sentir el viento frío que sopla desde el páramo, nos detuvo un derrumbe de tierra y piedras en la carretera, que parecía más provocado que accidental.

Decidimos dejar ahí la camioneta y continuar a pie. Cuando asomamos la cabeza al otro lado del derrumbe, la primera ráfaga de disparos nos hizo echar a tierra. No sabíamos exactamente de dónde provenían, pero era evidente que quienes disparaban estaban muy cerca. Después de la experiencia de San Francisco ya se sabía lo que había que hacer en estas ocasiones: buscar palos, amarrarles trapos blancos y seguir adelante. Las ráfagas se hicieron más intensas y se generalizaron por toda la montaña, hasta que en un momento los morterazos nos obligaron a buscar refugio en una casa campesina (después nos dirían que eso es precisamente lo que no hay que hacer, porque una casa es el blanco más fácil).

Adentro nos encontramos con la dueña, una señora de edad que correteaba de arriba a abajo, muy nerviosa, guardando sus cosas en una caja de cartón. «La situación está así desde hace cuatro días, puro tiro y puras bombas. Con tanta pólvora ya han matado varias vacas, y fíjese, ese par de casas quedaron medio destruidas. De esa vereda, que es la de San Pablo, ya se ha ido mucha gente; todo el mundo está abandonando sus casas», iba gritando mientras preparaba su propia huida.

Nos contó también que esa madrugada el ejército se había llevado al monte a cuatro ancianos acusándolos de colaborar con la guerrilla y que no había vuelto a saber de ellos. Nos dio la lista de sus nombres: Francisca Dagua, Sebastián Largo, Paulina Dagua, Lisandro Perdomo.

Allí discutimos si seguíamos o nos devolvíamos. Unos sosteníamos que en San Francisco se había demostrado que la comisión podía cumplir a pesar de las balas; otros señalaron con razón, que mucha agua había corrido bajo el puente y que la situación se había deteriorado visiblemente desde entonces. El ejército estaba ardido, y no era tan seguro que esta vez una bandera blanca fuera protección suficiente. Teníamos una cosa en contra, y era que esta vez los obstáculos estaban explícitamente puestos contra el acceso de la propia comisión, y otra, más intangible, a favor, y era que nadie querría cargar con la responsabilidad de un muerto de la comisión. Animados por ese raciocinio decidimos correr el riesgo, y la emprendimos loma arriba blandiendo unos costales de harina que nos dio la dueña de casa.

Mal que bien íbamos subiendo a pesar del tiroteo, pero a la mitad del camino, cuando nos pasó prácticamente por encima un helicóptero del ejército disparando, corrimos a refugiarnos agachados entre la vegetación, escondimos las banderas y oscurecimos con tierra la piel y la ropa clara. Varias veces más pasó el helicóptero, rafagueando hacia abajo.

«¡Mírenlo, mírenlo por dónde va!», nos decía el guerrillero que hacía de guía. «Esta vez no va a pasar tan cerca.»

Pero no podíamos mirarlo; nuestra reacción instintiva era proteger la cabeza entre los brazos y apretar los ojos mientras oíamos el ruido atronador que se aproximaba. Otra vez nos preguntamos: ¿y ahora qué hacemos?

Vera Grave propuso que tratáramos de subir un poco más hasta alcanzar las primeras avanzadas de la guerrilla, que no podían estar lejos, dijo, y por ahí ya no podrían meter el helicóptero porque sería exponerlo al fuego del Eme. Eso hicimos, y pasado cierto punto, en efecto, empezaron a aparecer otros retenes, esta vez los de la guerrilla.

«¡Manden un emisario adelante que los identifique!», era la orden anónima que provenía cada tanto de la espesura. El guía entonces se adelantaba y reaparecía 10 ó 15 minutos después para decirnos que podíamos avanzar. Poco a poco se fueron haciendo visibles pequeños grupos de guerrilleros, apostados en distintos puntos de guardia. No era fácil distinguirlos a primera vista, camuflados como estaban con ramas, y encima tan sucios de tierra que parecían matorral entre los matorrales.

Cuando completamos las tres horas de marcha y ya habíamos subido hasta los 2.400 metros, nos encontramos en el lugar que días después sería descrito en la prensa como «fortaleza inexpugnable y república independiente», y donde el M-19 habría de resistir, durante 26 días, un cerco de aniquilamiento que el ejército denominó Operación Garfio. Pero en el momento en que nos dijeron «¡Llegamos!», lo único que teníamos ante nuestros ojos era la inhóspita vegetación del preparámo y la bruma lechosa que la envolvía, y en medio de aquello la presencia fantasmal de una docena de cambuches unidos entre sí por trochas muy enlodadas. Era la base central del campamento; las demás estaban perdidas entre los pliegues del terreno y la neblina. Poco a poco iríamos descubriendo que el secreto de ese Campamento de la Libertad, que tan poco tenía para mostrar de la superficie para arriba, es que era un verdadero laberinto bajo tierra de túneles y trincheras, depósitos y dormitorios.

De uno de los cambuches salió una figura y vino hacia nosotros, inconfundible a pesar de la niebla por su boina Che Guevara y su sonrisa Close Up. Era el comandante Pizarro. Ordenó que nos trajeran café caliente y sendos pares de botas de caucho para reemplazar nuestros zapatos apelmazados de barro, y sin más prolegómenos nos llevó a la caseta del puesto de mando para que discutiéramos la situación. Nos sentamos en bancos alrededor de una mesa tosca hecha en la carpintería del campamento y empezamos a hablar. Afuera la guerra continuaba en aumento.

Escuchamos a Pizarro. Dijo que llevaban, desde el 12 de diciembre, cuatro días ininterrumpidos de cerco y asedio por parte del ejército, el cual había movilizado tropas de infantería hasta colocarlas a 30 metros de la primera línea de defensa del M-19, con morteros de 60 y 81 milímetros, cañones de tiro directo, helicópteros artillados que bombardeaban con rockets. Entre los guerrilleros había tres heridos, uno de ellos con el brazo cercenado.

Carlos Morales expuso el punto de vista del gobierno: la operación militar obedecía a la persecución, por parte de patrullas del ejército, de los miembros del M-19 que habían asaltado un par de semanas antes el ingenio Castilla. Esto lo negó Pizarro diciendo que no tenían nada que ver con dicho asalto, afirmación que se comprobó más adelante, cuando el acto fue reivindicado por un grupo indígena armado, el Comando Quintín Lame.

Fue una reunión muy breve, de 15 minutos. Lo que allí se dijo fue grabado por la comisión, y este es el contenido textual de las dos últimas intervenciones:

Carlos Pizarro: «Nuestra posición es exclusivamente defensiva. Quienes nos están atacando, por tanto, están violando los acuerdos firmados. Aun así queremos negociar un cese al fuego que permita que la tregua vuelva a tener vigencia. Negociaremos el cese al fuego aun si después de que este se haga efectivo el gobierno solicita el retiro de nuestro campamento hacia otro lugar, a lo cual estaremos dispuestos a acceder. Haremos todo lo que sea necesario por la paz, menos rendirnos. Por eso queremos negociar. Pero no lo haremos mientras nos estén poniendo la bayoneta al cuello».

Carlos Morales (quien había estado visitando el campamento justamente un mes antes —el día 13 de octubre— encabezando otra comisión de verificación): «Soy testigo de que de mi visita pasada a esta ha habido un desplazamiento grandísimo de las fuerza militares, del ejército, como mínimo en espacio físico. Es visible para nosotros que ustedes han tenido que correrse mucho más aún de lo que estaban la vez pasada. No digo que se ha violado el pacto general, pero sí que se nos ha incumplido la palabra que nos habían dado los coroneles en ese momento, cuando se comprometieron con la comisión que vino en ese entonces a congelar las posiciones del ejército a partir de ese día, 13 de octubre. Entonces se acordó que se quedarían a 400 metros de San Pedro, y sin embargo ahora están aquí al pie, cercando el campamento. Por tanto han incumplido el pacto de caballeros que hicimos ese día. Hoy mismo, a mi regreso, informaré de esto al presidente y al ministro de Gobierno, y después les haremos conocer a ustedes el resultado de mi gestión».

Levantada la sesión con Pizarro, la comisión se reunió aparte y convino en presentar un acta al gobierno, cuyo párrafo final decía: «Cabe, a manera de consideración adicional, señalar que en el transcurso de varias visitas, se hizo evidente la intensificación de un operativo militar que busca desplazar y/o rodear al grupo del M-19 asentado en la zona de San Pablo y San Pedro. Esta maniobra se inició antes del asalto al ingenio Castilla». Esta acta, que fue entregada el 22 de diciembre por Carlos Morales al gobierno y que no fue tenida en cuenta por este, contenía sin embargo un dato que invalidaba el argumento utilizado hasta entonces para justificar el ataque al campamento guerrillero: el inicio de la operación militar era anterior, y no posterior, al incidente del ingenio.

Pizarro solicitó que dado el carácter crítico de la situación y de la envergadura del enfrentamiento, parte de la comisión permaneciera unos días en Yarumales, como testigo de la evolución de los hechos y como eslabón que mantuviera el contacto entre el gobierno y la guerrilla a pesar del cerco, para posibilitar que se llegara a un acuerdo. La comisión deliberó la petición y Carlos Morales fue el primero en ofrecerse como voluntario para quedarse; pero dado que él era el coordinador, y que urgía la labor de información y contactos que tendría que hacer en Bogotá, se acordó que se devolvieran él, José Corredor y Vera Grave y que nos quedáramos César Barrero y yo hasta tanto morales regresara con noticias.

Cuando los otros se fueron, César Barrero y yo recorrimos el área central del campamento. En torno nuestro muchos guerrilleros y guerrilleras —todos muy jóvenes, entre los 16 y los 24 años— desarrollaban una actividad frenética, llevando y trayendo mensajes, armas, radios, comida. Se oía el ruido que provenía de las primeras líneas de fuego, que estaban en círculo alrededor nuestro, pero hasta el punto donde estábamos, que era el corazón del campamento, no llegaba el tiroteo y podíamos caminar con libertad. Estábamos en el ojo de huracán.

Se acercaron cuatro muchachos recién relevados que habían permanecido entre sus trincheras durante tres días, frenando el avance del ejército, comiendo sus raciones de campaña y durmiendo durante breves intervalos sin moverse del hueco. Estaban como mazorcas, la cara y las manos con centenares de picaduras de mosquito. Dijimos que queríamos conocer el interior de las excavaciones, pero no pudimos esperar a que nos condujeran porque pasó el helicóptero haciendo el primer bombardeo de la tarde y tuvimos que volar hasta la más cercana para refugiarnos. Al entrar nos encontramos con un verdadero búnker bajo tierra: cada refugio de estos estaba cavado a dos o tres metros de profundidad, con el techo reforzado por vigas, la entrada en forma de L para bloquear la onda expansiva, y espacio suficiente para unos 15 hombres de pie. Las bombas caían encima produciendo un temblor leve y un ruido sordo, y dentro de esa tumba oscura y protectora no se tenía la sensación de estar bajo un bombardeo, sino de estar soñando con él.

No era ningún sueño: media hora más tarde llegó gente corriendo hasta donde estábamos y bajaron al hueco a dos muchachos que se encontraban cerca de allí cuando fueron alcanzados por esquirlas de rocket. Uno tenía todo el cuerpo cubierto por orificios pequeños, nítidos, que al principio ni siquiera sangraban demasiado; el otro se desangraba por una tronera que tenía en la garganta. Enseguida llegaron dos médicos con linternas de neón, bolsas de sangre y equipo y empezaron a operar allí mismo. Con delicadeza pero sin anestesia desinfectaron, sacaron esquirlas, suturaron, mientras nosotros ayudábamos como podíamos y los heridos aguantaban a punta de tragos de ron. Cuando terminaron ya había anochecido y al salir del refugio nos dimos cuenta de que habían desaparecido todos los ruidos y el olor de la pólvora. El aire estaba limpio y helado. Me sorprendió ver aparecer muy abajo, a lo lejos, un río de luces que se extendía hasta donde llegaba la vista.

«Es Cali», me dijeron, y yo no podía creerlo. Era como si Bogotá tuviera un campamento guerrillero en el cerro de Guadalupe; como si en Río de Janeiro lo tuvieran en el Pan de Azúcar. Los guerrilleros se rieron de mi asombro y me contaron que en las noches de paz, cuando les entraba la nostalgia, se sentaban por ahí con unos binóculos a espiar lo que ocurría en las calles de sus barrios.

Nos llevaron a uno de los ranchos de la comida, un tambo al lado del río donde una mujer y cuatro muchachos habían preparado la cena durante la tarde. Ya habían apagado el fuego «para no dar boleta», dijeron, pero todavía emanaba calor de la olla enorme de agua de panela con leche que sirvieron con las chancarinas, que son el pan guerrillero, unas hojuelas de harina sin levadura, fritas en aceite. Enruanadas alrededor de la olla y de lo que había sido el fuego, unas veinte figuras, apenas dibujadas en la oscuridad, sorbían el líquido dulce de sus gachas, unos tazones de aluminio con orejas, y comentaban en voz baja los chismes del día.

«¿Quieren saber cuál fue el primero que vio soldados hace cuatro días, el que dio la voz de alarma?», nos preguntaron, señalando con un coscorrón en la cabeza a un muchachito increíblemente joven. «Nadie le quería creer, figúrese, como es nuevo y tan jovencito. Tranquilo mano, le decíamos, usted se dejó psicosiar y ya está viendo chulos hasta en la sopa, mano. Pero el hombrecito poniendo qué cara de loco seguía que sí, que sí, que les juro por Dios que yo los vi. Y ahora dígame pues si no tenía razón el culicagado.»

«Y este es el Alirio, que ayer se paró de su trinchera para orinar y cuando quiso volver ya se la había quitado un soldado; qué les parece la acción tan heroica de aquí mi amigo, que va a pasar a la historia por meón.»

«Por un ratico vamos a violar el reglamento para atender a la comisión», dijo alguna que apareció con una guitarra. «Está prohibido guitarrear de noche cuando hay combates porque se hace ruido, pero hoy es ley cantar el himno de Yarumales aunque sea aquí en secreto. A lo mejor se lo saben, es de Silvio Rodríguez.»

«Nadie se va a morir, menos ahora», cantaron. «Nadie se va a morir, menos ahora.» A la muchacha que estaba a mi lado se le aguaron los ojos. Como notó que me di cuenta, se limpió rápido la cara con al mano y se disculpó: «Es la emoción. Pura bobera mía».

Poco más tarde nos llevaron a los dormitorios, unas barracas casi totalmente bajo tierra, con ventilación en la parte alta y camas colectivas construidas con palos y tierra y forradas en plástico, en las cuales los de la comisión habríamos de temblar de frío esa noche y las siguientes mientras los guerrilleros que no estaban de guardia dormían como benditos, hasta las cuatro de la mañana, hora en que estos se levantaban y entonces nosotros podíamos echar sobre nuestra cobijita todas las que quedaban libres, y así arrebujados dormir un rato, hasta que al amanecer nos aturdía un malestar vago pero intenso que a medida que salíamos hacia la superficie del sueño tomaba forma concreta: era el ruido de la guerra, que después de la noche de calma volvía a arrebatarse por el monte.

Nos sacamos el mugre de encima en el pozo precioso pero gélido que formaba el río, y después nos sacudimos el frío con un tazón de esa poción mágica que es el agua de panela hirviendo. Estábamos en esas cuando vimos salir de la neblina de las siete de la mañana a unos seres que parecían recién salvados de una catástrofe natural; descalzos, ensopados, tiritando y embarrados hasta el pelo. Eran periodistas. Nueve jóvenes reporteros de prensa y radio que tras ser detenidos junto con los demás en el retén del ejército del día anterior, habían hecho contacto en Cali con una guerrillera, Amaranta, y se habían dejado guiar por ella durante doce horas por la montaña, bajo el aguacero, esquivando tiros, arrastrándose por los barrizales y comiendo maracuyás silvestres hasta llegar al campamento. Por el camino habían perdido hasta los zapatos y el último aliento, pero habían coronado la aventura inverosímil de colarse por entre el cerco de fuego. Después de descansar montaron una sala de prensa en la que había sido caseta de mando, y allí hicieron sonar todo el día las grabadoras y las máquinas de escribir, salvo en las horas de bombardeo, cuando se pasaban con sus bártulos y unas cuantas linternas a trabajar dentro de los refugios. Hicieron entrevistas, grabaron ruidos, tomaron cientos de fotos y escribieron crónicas, y todo ese material lo fueron enviando día a día, por intermedio de campesinos que se ofrecían como correos, a las salas de redacción de Cali, desde donde empezó a ser difundido a los cuatro vientos como primicia informativa de última hora, de tal manera que todos los avatares de la batalla daban la vuelta campana a través de los medios de comunicación y se escuchaban en el propio campamento por el radio pocas horas después de que ocurrieran, o se leían al día siguiente en los periódicos que los mismos campesinos compraban abajo y luego subían. Con esto se rompió el silencio y el control de prensa que hasta entonces se había impuesto en torno al episodio, lo cual implicó un cambio radical en el panorama. Lo que ocurrió en el páramo de Yarumales ya no fue secreto para nadie, y la opinión pública pudo seguir paso a paso la secuencia de los hechos, tuvo ante sí las evidencias, pudo opinar y juzgar. Una vez más, como tantas otras, la audacia de los reporteros rasos aportaba su grano de arena al proceso de paz.

Una vez destapados los medios, todo el mundo empezó a expresarse a través de ellos, y en Bogotá las crónicas radiales enviadas desde Yarumales fueron de pronto suspendidas de tajo y reemplazadas por declaraciones de los generales. Entonces nos enteramos de que el argumento de la acción militar como reacción lógica al asalto al ingenio Castilla, que ya no se mencionaba, había sido sustituido por otro: ahora los altos mandos del ejército y el ministro de Gobierno afirmaban que había un par de industriales secuestrados dentro del campamento, lo cual hacía imprescindible la acción sobre este. Pizarro negó la acusación e hizo unas declaraciones, que no obtuvieron respuesta, en las cuales decía estar dispuesto a dejar que al campamento entrara cualquier autoridad civil, e incluso militar si no iba en ánimo ofensivo, para requisar de arriba a abajo. Con respecto a nosotros, los de la comisión, evidentemente no habíamos recorrido palmo a palmo el terreno como para poder asegurar que hubiera o no secuestrados, pero no dejaba de extrañarnos el hecho de que si el ejército realmente creía que los había, los estuviera buscando a morterazo limpio, con lo cual no iba a hacerles ningún favor. El argumento de los secuestrados también sería reemplazado *a posteriori* por otros, como el de que en el campamento de Yarumales se impedía el acceso al ejército nacional y por tanto su existencia era contraria a la Constitución. Esto sonaba coherente, pero en cualquier caso, si alguna incoherencia había en Yarumales, había que buscarla en los acuerdos de paz firmados por el propio presidente, y no páramo arriba. También hablaban de minas, de territorios minados por donde no podían entrar las autoridades, y basándose en eso argumentaban que la guerrilla había convertido a Yarumales en una república independiente. Le preguntamos a un guerrillero, Santiago, qué contestaban a esa última acusación.

«Esto no es ninguna república independiente; por este territorio han entrado las autoridades civiles y la policía y todo el que ha querido. Ahora, desde que empezó el cerco militar, hemos puesto minas por los alrededores del campamento, muchísimas además, y hacen parte importante de nuestros recursos de defensa.»

Después nos llevó, por petición nuestra, al taller donde fabricaban las nefastas minas que tantas piernas habían arrancado y tantas vidas habían cobrado entre los niños, las mujeres, los ancianos, las vacas y los perros a todo lo ancho del país. Eran «cazabobos» hechos con inofensivas latas de leche en polvo llenas de pólvora y pequeños y mortíferos trozos de metal, que estallaban cuando alguien se acercaba y tensionaba un cordel camuflado a ras de suelo. Dos guerrilleras trabajaban en su elaboración, supervisadas por un muchacho que tenía la cara quemada y un brazo faltante por un error cometido tiempo atrás en el taller.

A todas estas, mientras se enmarañaba y se extendía la discusión sobre si era legítima o no la agresión militar, esta continuaba viento en popa, el ejército mantenía la montaña encendida a morterazos y había aumentado su presencia hasta llegar a 4.000 hombres, entre los cuales se contaban los adiestrados en las tropas de élite. Por su parte la guerrilla, ante el asombro general, seguía manteniendo sus posiciones, aunque en sus filas de vanguardia se hubieran producido las dos primeras muertes y varios más hubieran caído heridos. En medio de sus 200 hombres, parte de ellos nuevos y mal armados, y de esa franja de terreno con 60 huecos y 1.500 metros por 400 de extensión, que constituía todo su reino, rodeado por el poderoso ejército de Colombia por todos los lados, incluyendo el cielo si se tenían en cuenta los helicópteros, Carlos Pizarro se encontraba en su elemento. Aparecía y desaparecía por los distintos puntos del campamento con prisa pero sin atropello, no alteraba el tono de su voz al impartir ninguna orden, su certeza de no ser él quien estaba violando los pactos era tan rotunda y su convicción al pronosticar su propia victoria era tan irracionalmente absoluta, que creaba en torno a sí un clima que se podría calificar de seguro. Aunque suene delirante, la palabra era esa: seguridad. El ambiente que se vivía en Yarumales en medio de esa guerra de fin del mundo no era angustioso ni dramático; era, de alguna misteriosa manera, seguro. Por eso, cuando los guerrilleros de base cantaban por la noche el «nadie se va a morir, menos ahora», uno tenía la sensación de que no lo decían en el sentido metafórico de que quien muere por la patria vive eternamente, etc., sino más bien como afirmación pragmática de que saldrían del aprieto vivos y bien librados.

Unos días más tarde, el senador Emilio Urrea, tras visitar el campamento, me comentaría: «Yo no acabo de entender a Pizarro. Tiene que ser un loco de remate para desafiar así a todo el ejército y creer que se puede salir con la suya».

La frase era justa, pero tenía una palabra trastocada: había que cambiarle loco por líder. Porque viendo el aura que en esa situación límite rodeaba a Pizarro, uno creía captar la diferencia sutil que hay entre un loco y un líder, que es un loco con sentido de la historia.

Pero efectos especiales aparte, detrás del aplomo de Pizarro había sobre todo un plan militar de defensa rigurosamente concebido; unas excavaciones trabajadas durante meses para resistir bombardeos severos; una posición dominante en el terreno, lo cual le daba en principio una ventaja militar; vías de retirada previstas por si se daba el caso de que su gente empezara a sufrir demasiados reveses y, según demostraron los hechos más adelante, la certeza de que en algún momento le llegarían de fuera refuerzos de tropa fresca, más veterana y mejor armada.

En la mañana del tercer día de nuestra estadía en Yarumales, Pizarro nos reveló que tenían interferidas, sin que el ejército lo supiera, las comunicaciones de la inteligencia militar y de la tropa que operaba en los alrededores. Pudimos entonces empezar a escuchar los periódicos informes cifrados que se cruzaban entre sí distintos estamentos del ejército, y en ellos, como en una bola de cristal, aparecía anunciado lo que harían unas horas después. Lo que al principio sonaba a galimatías iba cobrando sentido en la medida que el guerrillero encargado del radio nos enseñaba a descodificar: *palideces* eran operaciones, *ídolo* era helicóptero, *doncellas* eran unidades de contraguerrilla, *hígados de cachaco* eran guerrilleros, *vivaracho* era víveres, *cilantro* era civil, *gruñón* era mortero, y así. Al conjunto de la maniobra la llamaban Operación Garfio.

Según lo que revelaban estas comunicaciones interceptadas, el ejército se había llevado una sorpresa ante el hecho de que, tras su primer ataque, la guerrilla no hubiera abandonado sus posiciones. El estilo tradicional de la guerra de guerrillas en el país había sido dar el golpe y emprender la retirada para evitar enfrentamientos frontales y prolongados con el ejército. En el Campamento de la Libertad, los guerrilleros atrincherados habían resistido el primer embate, y el segundo, y más adelante todos los que habrían de seguir durante 26 días, obligando a las tropas a ir prolongando el tiempo de la operación de desalojo —inicialmente prevista, según las comunicaciones internas del ejército, para un día, máximo dos— y a ir aumentando la intensidad del ataque. Según dice en una de las grabaciones de los primeros días Galera 6, o sea el comandante de Brigada, «ante este nuevo tipo de palideces, lo que nos va a tocar es revisar lo de la guerra irregular».

El *quid* militar de la crisis política que estaban implicando los sucesos de Yarumales era precisamente ese: la sorpresiva resistencia prolongada de la guerrilla, que había impedido la realización del plan inicial del ejército, el cual consistía en una operación de decisión rápida, con un objetivo preciso y limitado: obligar al grupo guerrillero a abandonar el campamento, forzándolo a movilizarse y a desarticularse. Pero lo que pretendía ser una maniobra limpia, breve y discreta, se fue transformando, con el paso de los días, la triplicación de la tropa, la intensificación de las operaciones y la presencia de la prensa, en un escándalo nacional mayúsculo.

La estadía de la Comisión de Paz dentro del campamento fue registrada, en el intercambio de comunicados del ejército, como un inconveniente adicional para poder definir la situación militarmente. Ésta es la desgrabación de ese fragmento de la cinta:

—¿Qué sabe sobre la Comisión de Paz? ¿Ya regresó? Cambio.
—(Inaudible)
—Garfio 3 a Galera 5
—Galera 5 a Garfio 3

—Mire Garfio 3. Los dos sujetos de la Comisión de Paz, los que estaban allá en San Pablo, ¿ya regresaron a Cali? Cambio.

—Negativo, mi Corsario. Yo salgo inmediatamente para verificar cuándo bajan esos tipos. Cambio.

—Es que necesitamos tener esa gente fuera.

(El día 18, cuando los dos integrantes de la comisión abandonamos el campamento, entendimos por qué Corsario nos quería fuera: a partir de ese día el embate del ejército arreció notoriamente.)

Habían pasado tres días desde nuestra llegada a Yarumales y aún no sabíamos nada de Carlos Morales, ni del resultado de su mediación en Bogotá. Por fin la noche del 17 tuvimos noticias de él, cuando uno de los informativos radiales dijo que subiría al día siguiente al campamento. Así sucedió. Esa madrugada no hubo tiroteo que nos despertara, y por primera vez en una semana sólo una lluvia rala perturbaba la mañana. Aparentemente el ejército había suspendido el fuego a petición del gobierno para que Morales subiera. A medio día llegó, fatigado por el esfuerzo de la subida y molesto porque, según nos contó, el último suboficial que se topó por el camino había informado por su radio, ostensiblemente, de tal forma que él oyera, «ahí sube un malparido de la Comisión de Paz».

Lo primero que Cesar Barrero y yo le preguntamos, obviamente, fue si el presidente estaba bien informado de la situación y qué opinaba de ella. Nos contestó que, según John Agudelo, Belisario estaba ocupado pero enérgico, porque sostenía que había pruebas de la participación del m-19 en el asalto al ingenio y en el secuestro de los dos industriales. Le preguntamos cuáles eran las pruebas.

«Sólo los militares, y al parecer el presidente, las conocen…»

Enseguida hicimos una nueva reunión con Pizarro, pero antes Carlos Morales pidió la presencia de los periodistas que se encontraban en el campamento, diciendo que con John Agudelo habían decidido que de ahí en adelante la comisión manejaría el conflicto de Yarumales públicamente.

«Si los momentos gloriosos de la paz fueron ampliamente difundidos», dijo, «no hay ninguna razón para que sus momentos negros sucedan a espaldas del país.»

El domingo 16, en Bogotá, Carlos Morales y John Agudelo se habían reunido con el ministro de Defensa encargado, Miguel Vega Uribe, por petición del gobierno, el cual, haciéndose a un lado, quería que la comisión oyera las decisiones directamente de boca del ejército. Sobre esa conversación Morales presentó el siguiente informe, según quedó grabado y registrado en acta:

Morales: Yo soy testigo de que el ejército ha ido achicando cada vez más la zona del campamento. Lo tienen reducido a una isla.

General Vega Uribe: Lo que tienen ahí es una república independiente; una zona minada donde pretenden vedarle el acceso al ejército nacional, por eso estamos dispuestos a seguir dando la pelea, hasta que tengan que salir de ahí.

Morales: Los dirigentes del M-19 han manifestado que por principio, por honor y porque consideran que no son ellos quienes han violado la tregua, no van a abandonar el territorio.

John Agudelo: Con relación al asalto al ingenio Castilla y a los secuestros, yo le pediría a las fuerzas militares que le muestren a la Comisión de Paz las pruebas que tienen porque no las conocemos, y que las publiquen para que la opinión pública no siga confundida y pueda entender los motivos del ataque del ejército, pero que si por el contrario no existen tales pruebas, que se abstengan de proseguir.

General Vega Uribe: Esto se ha transformado en un asunto de orden público, frente al cual la Comisión de Paz sólo puede llegar hasta determinado punto, que es la verificación de los hechos para informarle al gobierno, pero no puede interponerse frente a las decisiones políticas y militares.

Morales: De todas maneras yo debo regresar al campamento y allá están esperando una propuesta gubernamental que permita la negociación…

General Vega Uribe: Dígales entonces que sólo hay dos opciones aparte de la de seguir peleando: o salen por delante, desarmados y en ropa de civil, o salen con las armas, por detrás. Que ellos saben mejor que nadie por dónde pueden salir.

Esta fue la respuesta de Carlos Pizarro tras escuchar a Morales:

Veo que el gobierno no juega limpio con el M-19, y que por este procedimiento nos quiere imponer la guerra. Si no nos dejan otra salida, así será. Fuimos a la paz de frente y con la cara en alto; iremos a la guerra de frente y con la cara en alto. Aquí el presidente tiene comprometida su palabra. Yo por mi parte iré a la guerra con dos convicciones, la de triunfar y la de haber mantenido mi palabra limpia. Nosotros no rompimos la tregua ni disparamos primero; nuestra actitud ha sido defensiva. Pero no somos una organización de cobardes ni aceptamos imposiciones. Tenemos algo que vale mucho más que nuestras vidas, que es el honor de cumplir con lo pactado, y de exigir que con nosotros también se cumpla. Aquí no se rinde nadie. Nos están trayendo sus mejores fuerzas de contraguerrilla, sus tanquetas, sus aviones. Razón de más para no movernos. Yo no estoy buscando en forma prepotente que aquí muera gente; respeto al adversario y quiero soluciones. Queremos negociar un cese al fuego.

Había llegado la hora de que comisionados y periodistas abandonáramos el campamento. Las noticias que traía Morales eran contundentes; no había solución a la vista y por el contrario, se anunciaban días bravos. La suerte estaba echada, y Pizarro y su gente querían correrla solos. Nos despidieron con un buen almuerzo, la carne de una de las tantas vacas que sin pena ni gloria entregaban su vida en los cazabobos y a golpes de mortero. Después hice el último recorrido por ese enfangado y brumoso rincón de páramo expuesto a todas las furias. En un alto, abandonada, estaba la escuela del campamento, un cambuche grande y desprotegido que los guerrilleros habían construido en mejores horas, con un tablero y al frente dos filas de bancos de madera. En la puerta, un letrero adornado con festones rojos que decía «Oficiales de Bolívar, ¡feliz Navidad!», me hizo acordar de golpe que era diciembre, que en otros lados estarían en pleno reventar de voladores, rezo de novenas y juego de aguinaldos. También me acordé de las muchas historias que antes del conflicto contaba la gente sobre este lugar: la romería que pasaba por aquí de campesinos y de periodistas (la última había sido Margarita Vidal, quien había hecho para la televisión una larga y apacible entrevista con Pizarro); el partido de fútbol programado entre guerrilleros y soldados del puesto vecino de San Pablo, para el cual unos y otros ya tenían listas las camisetas; la fiesta de Año Nuevo que se celebraría arriba, a la cual habían sido invitados, con sus familias, intelectuales, artistas, periodistas y políticos. Todo eso estaba ya más desvanecido que las nieves de antaño.

Bajamos de la montaña sin problemas. El ejército estaba quieto. Hasta recogimos por el camino una que otra mata de quiche para el pesebre. Esa misma noche, ya en Bogotá, Carlos Morales y yo fuimos a casa de John Agudelo. Lo encontramos muy angustiado; el estrés le había revivido una vieja enfermedad de las piernas y caminaba con dificultad. Nos dijo que el presidente y el ministro de Gobierno no le habían vuelto a pasar al teléfono, que le mandaban decir que se comunicara directamente con los militares.

Llamé al ministro Jaime Castro y hablé con él. No demostró ni el más mínimo interés por enterarse de lo que habíamos visto. «Y si es verdad tanta bomba y tanto cuento», me dijo, «¿cómo es que a usted no se le dañó ni el esmalte de las uñas?». Y después añadió otra frase de antología: «Usted está nerviosa. Allá en Yarumales no pasa nada».

Esa noche los tres decidimos que si el gobierno no oía el informe de la comisión, lo oiría la opinión pública, y al otro día Morales y yo hablamos con todos los diarios y semanarios, todos los noticieros de radio y televisión, todas las agencias internacionales. Ahí se acabó de destapar la olla podrida. No hubo quien no discutiera el hecho y en 24 horas el país entero estaba informado de que en la práctica la tregua estaba rota, y que sólo una urgente negociación a altísimo nivel podría recomponerla.

Esto fue, en efecto, lo que sucedió, pero antes debieron transcurrir 17 días más marcados por virulentos combates en la montaña y por infructuosos intentos de acuerdo en la capital. Este es, a vuelo de pájaro, el recuento de lo que sucedió en ese lapso:

DÍA 18. Unas horas después de que la comisión abandonara el campamento, se reinicia la ofensiva del ejército en mayores proporciones, pasando de los morteros de 60 y 81 milímetros a los de 120. Esa noche Antonio Navarro Wolff se reúne en Bogotá con el ministro de Gobierno y con un intermediario cuyo nombre se mantiene en secreto, y según se sabe después es Gabriel García Márquez. Tras una discusión a los gritos, Jaime Castro se compromete con Navarro, por primera vez, a buscar un alto al fuego por parte del ejército como compromiso para iniciar cualquier negociación.

DÍA 19. Dos ministros, el de Gobierno y el de Minas, Álvaro Leyva, se reúnen con Navarro. Nuevamente hay compromiso del gobierno de ponerle un alto al fuego. Se decide que se envíe una comisión de personalidades para que permanezca en el campamento hasta que haya acuerdo.

DÍA 20. A pesar de lo dicho, en esa fecha, que según las comunicaciones interceptadas por la guerrilla es denominada por el ejército como «día histórico», se precipita la mayor ofensiva contra el campamento. Tras una intensa tarea de ablandamiento con morteros y bombas, las tropas de contraguerrilla intentan un asalto final por el oriente, aprovechando que por ese lado han tomado una posición ventajosa al lograr colocarse, por primera vez, en un terreno más alto que el que ocupan los guerrilleros. Una periodista de la revista *Cromos*, Ligia Riveros, quien trata de subir ese día, relata que la detienen en un retén y un oficial le dice que no la deja subir pero que no se aleje porque podrá registrar noticias importantes: «Si se queda mañana, verá pasar, por esta misma carretera, los restos de esa gente».

Simultáneamente Navarro se reúne con Jaime Castro y lo encuentra de nuevo endurecido e inflexible. Ya no habla de cese al fuego.

DÍA 20, POR LA TARDE. Una columna guerrillera, al mando del comandante Germán Rojas, logra entrar hasta el campamento y refuerza a las de Pizarro.

DÍA 21. Un grupo de 50 hombres del M-19 flanquea las posiciones de la tropa ubicándose detrás de esta, de tal manera que a las 6 de la mañana, cuando los soldados reanudan el ataque, se ven sorprendidos entre dos fuegos, el que proviene del campamento y el que le disparan por la espalda. El combate es intenso hasta que los 200 hombres del ejército, al mando de un mayor y en condiciones de desventaja, abandonan la posición arrastrando a sus heridos y algunos de sus muertos. El M-19 encuentra después 16 equipos de campaña, 6 fusiles, una caja de proyectiles de mortero y el cadáver de un suboficial, que entierra junto con sus muertos, que son tres. De acuerdo con la valoración que después hizo la guerrilla, lo que ocurrió ese día fue el combate decisivo de todo el episodio de Yarumales.

DÍA 22. Se produce un alto al fuego por parte del ejército. Jaime Castro decide formar una comisión que ponga fin al problema. Según su versión, lo que lo motiva a hacerlo es que «lo que hay allá es un contingente de infantes a los cuales no se puede exterminar militarmente». Es la primera vez que ese argumento sale a relucir, pero no será la última. Navarro Wolff da otra interpretación: «Ante el fracaso de su "día histórico" tuvieron que volver a ensanchar el espacio político». La comisión es nombrada por todo lo alto: el ex ministro Bernardo Ramírez; el viceprocurador Jaime Ossa; el ex ministro de Defensa Gerardo Ayerbe Chaux; el presidente de la Comisión de Paz John Agudelo Ríos y, tras bambalinas, el propio ministro de Gobierno. No es casual que en este momento crítico vuelvan a recurrir a Bernardo Ramírez, la principal figura de los pactos de agosto, porque a nadie se le escapaba que si alguien podía encontrarle salida negociada al atolladero, era él.

DÍA 22. En un acto sin precedentes en el país, un destacamento de la Cruz Roja se hace presente en el campamento para socorrer a los guerrilleros heridos, que son seis, dos de ellos graves.

DÍA 23. Todos los miembros de la comisión nombrada, salvo el ministro Castro, se trasladan al campamento en helicóptero. Encuentran la situación estática —del 21 al 23 no ha habido disparos— y a Carlos Pizarro abierto a encontrar una solución rápida. Al atardecer los comisionados abandonan el campamento y se despiden optimistas, confiados de haber llegado a un acuerdo al menos hasta fin de año, para que el país pueda celebrar la Navidad en paz.

DÍA 24. A las doce en punto de la noche, en plena Nochebuena, sobre el campamento de Yarumales caen 12 morterazos disparados por el ejército. Es el anuncio de que la guerra continúa.

DÍA 25. Combates toda la jornada. Mil soldados más se suman a los 4.000 que ya están involucrados en la operación. Los retenes militares se extienden hasta los pueblos de Miranda y Corinto y, por el lado del Tolima, llegan hasta La Herrera. Un elemento nuevo entra en juego: el gran éxodo de campesinos que, corridos por la guerra, empiezan a abandonar la región. En los primeros días fueron familias que habían perdido sus animales por las bombas o sus casas por los morteros. Después fueron pequeños grupos que emigraron hacia caseríos vecinos. Ahora son una masa humana de cientos de personas, sobre todo mujeres, ancianos y niños, que caen sobre los pueblos buscando refugio en las iglesias y en las escuelas y, cuando estas se llenan, en las esquinas, alimentándose de la caridad. El conflicto ha rebasado al ejército y a la guerrilla para afectar en forma masiva a la población civil. En cuanto a la guerrilla, continúa afianzada en sus posiciones, ante el asombro del país. Entre la gente del interior el comentario general es escéptico: «Eso no puede ser, cuando el ejército realmente quiera los barre», mientras que por todo el Valle del Cauca, entre la gente que durante semanas ha visto pasar infructuosamente tanques, helicópteros y camiones cargados de tropa, va creciendo el mito de que el M-19 es invencible.

DÍA 26. Es enviada una comisión de varios funcionarios de la Procuraduría General de la Nación con indicaciones de permanecer en el campamento.

DÍA 27. Se reúne Jaime Castro con Antonio Navarro y le ofrece un cese al fuego y garantías para que la guerrilla emprenda un desalojo voluntario del campamento, a condición de que este se realice antes de 15 días. Navarro acepta aclarando que el cese al fuego sea previo y se haga realmente efectivo, y la propuesta queda pendiente del visto bueno del presidente por un lado, y de Pizarro por el otro.

DÍA 30. Llega a Bogotá la respuesta de Pizarro: dice que la ofensiva del ejército es más recia que nunca, lo cual anula toda posibilidad de negociación. Esa misma noche, sin embargo, el presidente Betancur, en su alocución de fin de año a los colombianos, suelta un anuncio todavía imposible de comprender:

«En estos días hemos estado en una situación muy seria, pero seguimos. Y fíjense, encontramos una solución respetable en Yarumales, que evitó males mayores». Tan pronto como termina este párrafo, su discurso es interferido por el M-19. Muchos habitantes de Bogotá, particularmente los de los barrios del norte, escuchan, mientras ven en la pantalla la cara de Belisario, la voz de una guerrillera que niega que haya acuerdo alguno, afirma que el asedio por parte del ejército prosigue intensamente y llama a la solidaridad con la resistencia.

Simultáneamente, en Yarumales, un comando guerrillero sale del campamento y, acometiendo la primera acción claramente ofensiva por parte del M-19, ataca por sorpresa un puesto militar en San Pablo, en el cual se encuentra un número indeterminado de soldados de los que han sido movilizados para reforzar el cerco.

DÍA 1 DE ENERO DE 1985. Desde el Hospital Militar de Bogotá, donde se recupera de sus heridas junto con otros siete compañeros, un testigo de excepción narra el ataque de San Pablo, y su testimonio es publicado en el periódico *El Tiempo*. Es el soldado Hernando Ramírez Torres, enrolado hace 14 meses en el Batallón de Infantería 18 Jaime Rook, quien se encontraba dentro del puesto militar y fue alcanzado por una bala:

«Cuando empezábamos a creer que el gobierno nacional y la guerrilla habían arreglado todo», relata el soldado Ramírez, «para que no se registraran más combates en las montañas allá arriba de Corinto, de un momento a otro se nos vinieron encima los del M-19 y casi terminan con los que estábamos listos a desayunar (…) Se vive un completo infierno en esa zona. Aunque no sé exactamente cuántos muertos y heridos ha dejado el combate, puedo asegurar que son muchos soldados y guerrilleros dados de baja».

DÍA 2. Navarro Wolff no se hace presente en el Ministerio de Gobierno, donde afuera lo esperan los periodistas y el ministro en su despacho. Se riega la bola de que los legales del M-19 han vuelto a la clandestinidad.

DÍA 3. En las horas de la noche Radio Caracol interrumpe su noticiero para pasar al aire una llamada hecha desde un teléfono público. Es la voz de Navarro: «No hemos pasado a la clandestinidad pero estamos tomando medidas de seguridad para que no nos pase lo mismo que a Toledo Plata… Continuamos el proceso de negociación a pesar de las dificultades, porque la paz sigue siendo un elemento esencial de nuestra política… Pero no nos rendimos, no nos entregamos».

DÍA 4. Parte hacia Yarumales un helicóptero con los mismos pasajeros de la última vez, más otras tres personalidades: los senadores Emilio Urrea y Horacio Serpa Uribe, y el Alto Comisionado de Paz, Antonio Duque. Jaime Castro y el general Vega Uribe viajan a Cali para mantenerse en contacto directo con los comisionados. O sea que en esta ocasión el gobierno ha movilizado para la negociación a nueve personas, entre ellas dos ministros, dos ex ministros, dos senadores, un juez de la República, un viceprocurador y el presidente de la Comisión de Paz.

Ahora sí, cuando la paz está prácticamente liquidada, cuando 5.000 soldados operan en la montaña, cuando los muertos y heridos de parte y parte suman un impreciso número de docenas, cuando masas de campesinos abandonan sus tierras en busca de refugio, cuando han transcurrido 23 días de combates de intensidad no registrada antes, cuando la afirmación del presidente de que se ha llegado a un acuerdo está siendo públicamente desmentida, cuando la omnipotencia de las Fuerzas Armadas está cuestionada, cuando el desconcierto total reina en el país, entonces sí, pero no antes, el gobierno muestra un verdadero interés por solucionar el conflicto.

En Yarumales se reúne la nutrida comisión con Pizarro y con Navarro, y entran a examinar los cargos que contra el M-19 se han formulado de asalto del ingenio, retención de secuestrados y mantenimiento de repúblicas independientes. Según testimonio del senador Emilio Urrea, «Descartamos todos esos cargos porque encontramos que no tenían fundamento».

Otro de los comisionados, el juez Antonio Duque, afirmaría al día siguiente por la radio, con relación a la llamada república independiente: «No era el caso del campamento de Yarumales, pues no había por parte de los alzados en armas control de carreteras, ni jurisdicción sobre la población, ni veto a la entrada de las autoridades civiles, que de hecho habían estado presentes varias veces en la zona sin encontrar obstáculos».

Con relación al secuestro, se había hablado de un nombre en concreto, el del hacendado Abraham Domínguez, quien aparecería con vida un mes más tarde al ser puesto en libertad por sus captores, y entonces daría declaraciones explícitas según las cuales estos eran delincuentes comunes y no gente del M-19.

Del campamento los comisionados se trasladaron a Cali, donde el general Vega Uribe, el general Hernando Díaz Sanmiguel —comandante de la Tercera División y por tanto responsable directo del operativo de Yarumales—, otros tres generales y varios coroneles los estaban esperando en la base militar del Guavito.

«El contraste entre lo precario de la infraestructura de la guerrilla y las magníficas instalaciones del ejército me hacía pensar que todo aquel conflicto era una cosa delirante», manifestaría después Emilio Urrea, quien me refirió en estos términos lo ocurrido durante esa reunión: «Encontramos a los militares inflexibles en dos puntos: no permitirían el traslado de los guerrilleros hacia el suroriente, donde estos entroncarían con el grueso de los conflictos sociales, y no designarían un punto específico de recambio, pues manifestaron que no iban a entregarle oficialmente a la subversión ninguna porción de territorio patrio para que la manejara a su arbitrio. Dónde se estableciera la guerrilla, dijeron, era problema de ella, siempre y cuando no violara la Constitución. Después de aclarar eso, dieron la orden de cese al fuego».

DÍA 7. De vuelta en el campamento, los comisionados firman con los guerrilleros un nuevo acuerdo, que en última instancia reafirma los términos del pacto de tregua de agosto, y que además deja explícito el compromiso por parte del M-19 de movilizarse «en un plazo razonable» y, por parte del gobierno, de garantizarle «las condiciones para vivir y actuar dentro del marco del acuerdo».

Así terminó lo que el M-19 llamó Batalla de Yarumales y el ejército Operación Garfio, con un saldo de seis guerrilleros muertos, según fuentes de su organización, y de 31 militares muertos según el dato que el general Lema Henao manejaba en conversaciones privadas.

Hasta aquí el recuento de los hechos. Sólo queda por relatar que en los días que siguieron a los hechos de Yarumales, Belisario Betancur confirmó definitivamente al general Miguel Vega Uribe en la cartera de Defensa, cargo que venía ejerciendo como ministro encargado, y que lo distinguió con el título honorífico de ministro de Paz. También se orquestó una sonora campaña, encabezada por el ex presidente Carlos Lleras Restrepo, la alta jerarquía de la Iglesia católica y el ministro de Defensa, para aclararle a la opinión pública el porqué del desenlace de Yarumales, según la cual el gobierno habría accedido al cese al fuego y el ejército se habría abstenido de acabar con el campamento por consideraciones humanitarias con mujeres y niños, todos ellos drogados, que eran los que estaban dentro.

«Son niños, niñas, mujeres e indígenas a quienes, en febril paranoia, se les ha puesto un arma en sus brazos, se les ha envenenado su corazón de violencia y su mente de droga», declaró el general Vega Uribe.

En cuanto a Carlos Pizarro, cabe decir que escogió como nuevo destino un pico vecino a Yarumales llamado Los Robles, a una distancia escasa de cuatro kilómetros hacia adelante y 400 metros hacia arriba y que, cuando vio que los soldados despejaban las montañas, partió a la cabeza de una caravana con sus hombres y sus mujeres, sus heridos y sus médicos, sus armas y uniformes, sus ollas, gachas y chécheres, sus ancianos y sus niños.

Poco a poco los campesinos desplazados por la guerra volvieron a sus hogares a salvar lo que quedaba de las cosechas y a reconstruir los ranchos derruidos; los periodistas olvidaron el tema y volvieron a ocuparse de extraditados, secuestrados y candidatos; las vacas pastaron de nuevo entre los cazabobos que quedaban enterrados y el viento y la bruma volvieron a ser los únicos habitantes del pico de Yarumales.

En el país quedó flotando una pregunta, inquietante y resonante, que muchos se hacían una y otra vez: ¿qué tan involucrado había estado realmente Belisario Betancur en el ataque a Yarumales y por consiguiente en la ruptura de la tregua? ¿Hasta qué punto no habían actuado los militares a espaldas suyas? Evidentemente, todos los hechos condenaban al presidente, señalándolo como el responsable directo de mayor jerarquía. Pero para quienes no bastaba con tal evidencia, estaban también las declaraciones:

«Tenga la seguridad de que en ese asunto, como en todos, Belisario Betancur actuó de principio a fin como lo que es, Jefe Supremo de las Fuerzas Militares». Senador Emilio Urrea.

«Ya no sé cuándo se enteró el presidente, exactamente qué día, pero las veces que yo hablé con él sobre el tema, que fueron muchas, él nunca desautorizó lo que estaban haciendo los militares allá.» Ministro de Gobierno, Jaime Castro.

«El primer enterado de todo lo que hicimos allí fue el presidente. Actuamos por órdenes suyas.» General Hernando Díaz Sanmiguel, comandante de la Tercera Brigada.

De todas maneras no era necesario citar a terceros para confirmar esto, cuando el primero en reconocerlo, en no negarlo en absoluto, era el propio Belisario Betancur. Más aún, en los primeros días de la operación militar de Yarumales, el presidente reivindicó públicamente sus derechos de autor sobre ella, en una frase —ambigua en la forma pero clarísima en el contenido— de su discurso de cierre de Congreso del 17 de diciembre del 84:

«El Congreso puede estar en lo cierto de que no son retóricos los enunciados del gobierno cuando dispone la presencia permanente de la fuerza pública en el territorio nacional sin excepciones, y la severidad contra los delitos de asesinato, extorsión y secuestro».

Más claro no canta un gallo y, sin embargo, mucha gente dentro y fuera de Colombia se afanaba por exonerar a Betancur de una responsabilidad que él mismo asumía. Mientras tantos se empeñaban en borrarle la culpa de la ruptura de los acuerdos, él por su parte se empeñaba más bien en redefinir esos acuerdos por la vía de los hechos militares.

Los protagonistas

Tres personas compartieron el papel protagónico en la crisis de Yarumales: el ministro de Gobierno Jaime Castro, quien actuó como representante del presidente y vocero más autorizado del gobierno en el manejo político de la situación; el general Hernando Díaz Sanmiguel, comandante de la Tercera Brigada, con sede en Cali, quien fuera el responsable directo del operativo militar por parte del ejército, y Carlos Pizarro Leongómez, jefe de las columnas guerrilleras que se encontraban en el campamento.

Con el ministro Castro tuve una conversación informal el 7 de febrero del 85. Fue en su despacho, una sobria oficina enchapada en madera en unas de las alas del ministerio, en el centro de Bogotá. Era el primer contacto que tenía con él después de las ásperas llamadas telefónicas inmediatamente posteriores a mi regreso de Yarumales. Eran las siete de la noche y el ministro ya había atravesado lo más agitado de sus horas de trabajo; sin embargo, seguían llamándolo por teléfono cada dos o tres minutos, lo cual hizo que algunas de sus respuestas quedaran interrumpidas. Le pidió a la secretaria dos sándwiches de pernil y Coca-Cola de la tienda de abajo y fue contestando mientras comíamos, en tono coloquial y desenfadado. Esta fue la charla que registró la grabadora:

Cuando yo hable por teléfono con usted al volver de Yaru-
males, al regreso de la comisión, ¿usted estaba enterado al deta-
lle de lo que estaba pasando en Yarumales, o no?

—Tenía toda la información, claro. Este es un ministerio muy bien informado. Siempre estuvimos al tanto de
lo de Yarumales.

¿El presidente estuvo enterado desde el principio?

—El presidente ha estado enterado de todas las situaciones de orden público que se han presentado en el país.
O lo informa el Ministerio de Defensa o lo informo yo.

O sea que la operación militar contaba con el visto bueno
del presidente…

—Depende de lo que llame usted *operación militar*.
Las acciones militares del ejército no necesitan el visto bueno del presidente ni tampoco del ministro de Defensa. Qué
tal que los militares para proceder tuvieran que estar llamando a palacio…

Pongámoslo así: el presidente estaba de acuerdo con lo que
estaban haciendo allá los militares.

—Bueno, yo no sé cuándo se enteró el presidente,
exactamente qué día, pero las veces que yo hablé con él sobre el tema, que fueron muchas, él nunca desautorizó lo
que estaban haciendo los militares allá.

Miembros de la comisión de verificación que encabezó Ber-
nardo Ramírez dijeron que habían descartado las acusaciones
de asalto al ingenio, secuestrados y «repúblicas independientes»
contra la guerrilla por encontrar que «no tenían fundamento».
¿Usted está de acuerdo con esa opinión?

—Ese no era el tema que ellos debían tratar, ellos no
fueron allá como verificadores, iban a dialogar para buscar una salida política. Bernardo Ramírez y ellos no iban

a establecer si había secuestro o no, sino a buscarle una salida política al problema.

¿Su posición es que esos cargos sí tenían fundamento?

—Para mí es suficiente con que eso fuera un búnker militar. Jamás me planteé el punto de si tenían secuestrados o no los tenían, de si habían asaltado a la tropa o no lo habían hecho. Era suficiente con que existieran las características de una fortaleza con trincheras y túneles, como ellos mismos confiesan, construidos conforme a la técnica militar, y era suficiente con que estuvieran impartiendo instrucción.

Con relación a las negociaciones, una de las acusaciones que el M-19 le hizo públicamente al gobierno era que usted siempre había igualado la salida política a la militar, que la única salida que dejaba era la rendición de la guerrilla…

—Si la única vía que hubiera considerado fuera la militar nunca me hubiera sentado a negociar con ellos…

¿Y por qué se sentó a negociar con ellos?

—Pues porque había que plantearles una solución política.

Y sin embargo, durante toda la primera parte del conflicto al gobierno le bastó con la solución militar…

—La solución política se planteó cuando se verificó —y así lo dijo el ejército muchas veces— que lo que había allá era un contingente de infantes, de niños, a los cuales no se podía exterminar militarmente.

¿Usted realmente cree eso, ministro?

—Estoy convencido, así me lo han dicho todos los que estuvieron allá, salvo los que están colonizados por el M-19. ¿O usted por qué cree que se llegó a la solución política? Eso no lo dijeron los militares, entre otras cosas porque no hay militares que hayan estado en el campamento. Claro que a lo mejor tienen sus servicios de inteligencia que han infiltrado allá.

Si eran niños, ¿Cómo resistieron todo lo que usted y yo sabemos que resistieron?

—Un momentico. Eso era un búnker, una fortaleza, esos los colocaba precisamente en condiciones de soportar la arremetida inicial del ejército ¿de acuerdo? La segunda embestida del ejército, cambiando los milímetros de los cañones, de los morteros o qué sé yo, por supuesto que no la hubieran aguantado; la segunda ya era para borrar el cerro, prácticamente para que el cerro desapareciera, lo digo así por exagerar un poco. Ya era con bombardeo aéreo. Esa etapa sí, ni el ejército mismo, sin necesidad de la intervención del gobierno, hubiera estado dispuesto a hacerla. Y lo dijo Miguel Vega, porque ahí ya entran los principios éticos y morales. Cuando la Iglesia intervino ¿por qué fue? Porque dijeron bueno, cuando el ejército se meta aquí va a ser la masacre.

¿A qué se debe que en el discurso de fin de año el presidente haya anunciado un acuerdo que todavía no existía?

—Yo no recuerdo los detalles. Hubo un momento en que parecía hecho el arreglo. Con el M-19 uno nunca sabe. Los tipos dicen una vaina y luego aparecen con otra, en fin…

¿Usted cree que a raíz del traslado al pico vecino la situación con el M-19 en el Cauca está solucionada?

—Mire, todo arreglo que se haga con la guerrilla es precario mientras ella siga siendo guerrilla. Me explico: mientras usted tenga unos tipos armados, uniformados, dando órdenes militares, en cualquier lugar de la República, usted tiene el riesgo de que se le presenten situaciones de muy difícil manejo. Tan es así, que en los acuerdos se previó una comisión de verificación, partiendo de la base de que el cese al fuego en cualquier momento se podía romper. Y a lo mejor cuando se rompa no va a ser por una decisión deliberada de una de las dos partes; se rompe por un movimiento mal interpretado.

¿Fue lo que pasó en Yarumales, o ahí sí fue un movimiento deliberado?

—No, lo que pasó en Yarumales es que ningún Estado del mundo, ni ningún ejército, permiten la presencia de una fortaleza militar. Fortaleza que no tenían antes de la firma de los acuerdos de paz. Creyeron que los acuerdos de paz eran para poder construir una fortaleza. Olvídese de si en Yarumales había secuestro o no.

¿Entonces en su opinión la única salida está en el desarme de la guerrilla?

—La clave está en que siga siendo guerrilla —y si no está armada no es guerrilla—. Pero la guerrilla está no sólo en que tenga armas, sino en que tenga uniformes, en que esté obedeciendo unas órdenes militares. Mientras haya guerrilla hay riesgo de que cualquier vaina pase.

Y sin embargo la tregua la firmó el gobierno con las guerrillas, sin que estas se hayan comprometido a desarmarse…

—Pero no se ha derogado la ley que dice que nadie puede portar armas. Los acuerdos dicen que se hacen para la reincorporación a la vida civil. Usted no se puede reincorporar a la vida civil armado.

¿Entonces el gobierno firmó un acuerdo que se contradice con las leyes?

—No. ¿Por qué? (Interrupción).

Confiéseme, ¿ustedes no están incómodos con un acuerdo que los compromete a un cese al fuego con los grupos guerrilleros tal como están, armados? ¿No se quieren sacar de encima ese acuerdo?

—¿Usted cree que el acuerdo autoriza al M-19 para sobrevivir con brazo armado?

El acuerdo no supedita el cese al fuego, la no agresión, al desarme de la guerrilla.

—No, de acuerdo, el cese al fuego no está supeditado, en eso estamos totalmente de acuerdo, el cese al fuego es sin que se desarmen. El cese al fuego era automático con la firma del acuerdo, no suponía el desarme. Pero el cese al fuego debe conducir con el paso del tiempo a la extinción de la guerrilla, a la desaparición de la guerrilla como tal y a su conversión en partido político.

¿Cómo interpreta usted el «paso del tiempo»?, ¿cuánto tiempo?

—¿Ocho días o seis meses? No se dijo nada en ese acuerdo. ¿Cuál es el interés de todas las partes? Que ese paso del tiempo sea lo más breve posible.

Y con el cerco de Yarumales, ¿qué quiso mostrar el gobierno, que consideraba que ya había pasado el «paso del tiempo»?

—Fíjese que las FARC firmaron un acuerdo con un plazo fijo, una cosa clara.

¿Qué entiende usted por «cese al fuego»?

—Cese al fuego, tal cual, no se pueden montar operaciones contra ellos.

Entonces, ¿ustedes rompieron el acuerdo?

—¿Qué le hace pensar que no fueron ellos quienes dispararon primero?

El ejército atacaba, la guerrilla se defendía. Le aseguro que el ataque del ejército me consta, me constó durante cuatro días…

—¿Quién le mandó meterse allá?

Usted, su gobierno.

—No se haga la boba, usted sabía en qué se metía.

El que sabía exactamente qué me esperaba era usted, pero no me lo dijo.

—Es como la niña que acepta ir al apartamento a las dos de la mañana y acepta un trago y sale a bailar, y después se sorprende de que uno no rece el rosario con ella.

Usted dice que con las FARC las cosas han sido más claras, más fáciles. ¿A qué se lo atribuye?

—Eso es cierto. Me parece que hay mayor disciplina, mayor organización.

¿No cree que se deba también a la diferencia del carácter del acuerdo que se firmó con una organización y con otra?

—Cualquier acuerdo es un documento que debe ser cumplido por hombres, por organizaciones. La actitud del gobierno ha sido la misma frente a las FARC y frente al M-19, no ha privilegiado a una u otra organización. Yo creo que las FARC con un acuerdo como el que se celebró con el M-19 se hubieran comportado tal como se han comportado ahora, y si se le pone al M-19 el acuerdo que se firmó con las FARC, también se hubiera comportado como lo han hecho.

¿A qué se debe que haya cambiado tanto la tónica del gobierno en relación con la paz? ¿Por qué pasó de una ofensiva progresista, muy democrática, a un tono conservador que lo que busca es tranquilizar a ciertos sectores? En todas sus intervenciones usted parece que quisiera darles Ecuanil a los ganaderos, a los empresarios, minimizando siempre los alcances de los acuerdos…

—El exhibicionismo armado, principalmente por parte del M-19, de Corinto y de El Hobo, le hizo mucho daño al proceso de paz. Y desde luego contribuyó la ligereza de los medios de comunicación, la inconsciencia de los medios de comunicación. Todo eso perjudicó enormemente.

¿Eso no lo previó el gobierno?

—En un proceso social que no tiene parámetros, uno no puede preverlo todo.

Volvamos a lo de las armas. Entonces usted dice que tienen que entregarlas…

—No, yo no he dicho que no puedan conservarlas, yo lo que digo es que va a llegar un momento en el cual las tienen que entregar. Yo no les he dicho mañana o pasado. Lo que sí digo es que sería muy bueno que lo hicieran antes del próximo debate electoral… Con suficiente antelación para que puedan participar en el debate electoral. Los acuerdos no señalaron fecha para la entrega de las armas, pero es claro que hay un momento en el cual deben entregarlas, o desaparecerlas, en fin, no es un problema de entrega física. Las destruyen o las botan al fondo del mar o qué se yo. Hay un momento en el cual ellos no pueden estar armados. Y aunque ese momento no se fijó, entre más pronto sea, mejor. Yo aventuro una época, no un día: eso debe producirse antes del próximo debate electoral. No pueden llegar al próximo debate electoral presentando listas y teniendo un brazo armado. ¿Por qué cree que las FARC fijaron como fecha el primero de diciembre? Porque quieren estar en las elecciones, y durante los cuatro meses anteriores se van a dedicar a hacer campaña, a salir a la plaza pública. Alguien dirá: pero el Partido Comunista se presentaba a elecciones y tenía su brazo armado. El Partido Comunista siempre negó que las FARC fueran su brazo armado. Pero los del M-19 siempre han dicho que el M-19 que está en las calles de Bogotá y el que está en el campamento de Los Robles es el mismo.

¿Quiere decir usted que una salida formal de ese tipo sería suficiente? ¿Al gobierno le bastaría con que el M-19 montara su brazo legal y negara la vinculación entre este y su brazo armado?

—La estrategia de ellos no se la dictamos nosotros.

Si no lo hacen, ¿se romperá la tregua antes de las elecciones?

—Yo no creo, yo creo que el M-19 tiene interés en participar en el proceso político. Ellos están confiados en buenos resultados electorales y no van a desperdiciar esa oportunidad por tener trescientos tipos en el monte, que seguramente les van a ser más productivos en las calles haciendo discursos que allá.

¿Qué votación calcula usted que pueden tener?

—Mucho más alta que la del Partido Comunista.

¿Más alta que la de las FARC también?

—Las FARC no se han probado, habría que ver. Pero yo diría que el M-19 puede poner congresistas en el Valle, Antioquia, Santander, Bogotá y Cundinamarca, por lo menos. Hay que preguntarse ¿qué gana el M-19 rompiendo la tregua? ¿Qué gana volviendo a la lucha armada, a la clandestinidad? Nada, en el 82 no eran nada. Claro que de pronto rompen, porque yo no creo en la sensatez de los tipos. Yo puedo creer en su buena fe. Cualquier cosa puede ocurrir, porque yo creo que son delirantes. No son realistas; son tipos que quieren hacer política y no son realistas. Cuentan con opinión favorable; acabo de ver en unas encuestas que tienen una buena corriente de opinión. Lo mejor que le puede ocurrir al proceso de paz es que les vaya bien en las elecciones. El otro día me decían unos industriales antioqueños: nosotros estamos pensando en darles una platica para que financien sus campañas electorales.

La última cosa: todo parece indicar que usted con sus fórmulas —sí al estado de sitio, ramo de olivo en una mano y bala en la otra, ofensiva de Yarumales, desarme de la guerrilla— es el hombre llamado a bajarle el tono al proceso de paz y como van las cosas, a desmontarlo…

— «Meterlo en cintura», es la frase apropiada. Mire: para que el gobierno pueda sacar adelante el proceso de paz, lo primero que necesita hacer, es ser gobierno, respetado, acatado. Si usted manosea al gobierno, lo desconceptúa ante la opinión, lo descalifica, lo debilita. Un gobierno en esas condiciones no puede sacar adelante la paz. De otro lado debe quedar claro que si el gobierno dialoga, se sienta a dialogar con las guerrillas, en ningún momento esas dos partes se pueden colocar en igualdad de condiciones. El gobierno sigue siendo el representante de la autoridad, de un Estado que ofrece una política generosa y amplia, y al que no la acoja, puntería, niña.

A principios de año, el general Díaz Sanmiguel fue ascendido al cargo de director de la Escuela Superior de Guerra, por lo cual abandonó Cali y se trasladó a Bogotá. En esta ciudad me concedió una entrevista el 27 de febrero, y me atendió a la hora en punto en que me había citado. Es un hombre más bien rubio, bastante joven para su rango y uno se da cuenta de que es hábil e inteligente desde que empieza a hablar. No me deja interrumpirlo, pero me contesta con cordialidad. No admite llamadas telefónicas mientras está hablando, por eso en media hora despachamos el tema. Antes de empezar me aclaró que no era amigo de las entrevistas, de preguntas y respuestas, que prefería hacerme el relato de los hechos tal como él los había vivido y analizado. «A lo que me ofrezco es a contarle mi verdad», según sus palabras. Esta es, pues, la verdad del general Díaz Sanmiguel:

General, empecemos como toca, por el principio. ¿Cuál es el principio de la guerra en Yarumales, ustedes o la guerrilla?

—La situación en Yarumales, como todo hecho, tiene unas causas, una realidad que se vive en un momento dado, y unas proyecciones. En mi concepto, las causas son estas: dentro de una estrategia de los grupos subversivos, el M-19, a partir del año de 1984, fue ocupando los departamentos del Cauca y del Valle, con una proyección de concentrar sus efectivos militares en esa área. No es un secreto cuando se afirma que ellos movieron toda la gente que tenían en el Caquetá, en el Huila y en otras partes, hacia el Cauca. Esto empieza a manifestarse con hechos violentos anteriores a lo que ellos llaman la firma de los acuerdos. Usted recuerda que en febrero del 84 hicieron un ataque violento sobre la población de Corinto donde mataron al comandante de la policía y causaron otra serie de destrozos. ¿Ahí quién atacó? El M-19 al mando de Pizarro Leongómez y el Ricardo Franco, al que llaman «grupo disidente de las FARC». Posteriormente se presenta el ataque a Miranda; lo mismo, en forma violenta, entraron a la población, mataron a un poco de personas… nuevamente era el M-19 y el Ricardo Franco. Todos conocemos la triste historia de Yumbo, cuando el M-19, nuevamente al mando de Pizarro, se une con el Ricardo Franco, atacan y asesinan a un poco de personas, justificando eso, como lo hizo el propio Pizarro en una entrevista con Margarita Vidal, con el argumento de que era necesario que hubiera todos esos muertos para demostrarle al gobierno que tenían poder suficiente de exigirle la firma de la tregua. Es decir, firmar una tregua encima de los cadáveres. Esto nos demuestra cómo fue llegando esa concentración del M-19 desde el 84 al Cauca, cómo fue asentándose. Luego ellos exigen como condición para firmar los acuerdos que sea en Corinto. Ningún otro sitio les servía, porque allí tenían aterrorizada a la población, allí habían hecho un poco de actos ilegales y necesitaban legalizar ante el país que ellos eran dueños de esa población. Les aceptaron, y se reunieron en Corinto, y nos encontramos con eso que hicieron allá, ese desborde de felicidad y de todo lo que quisieron, para firmar los acuerdos. Posterior a la firma de los acuerdos encontramos que los señores del M-19, que habían firmado un acuerdo de tregua, constituyen una fachada para encubrir sus pilatunas. ¿Cuál es esa fachada? Cogieron a un grupo que se llama el Quintín Lame, que es un grupo de indígenas subversivo, con armas pero muy pequeño, y les superpusieron un comando del M-19. A la vez, aunque el Ricardo Franco se seguía identificando como disidencia de las FARC y no firmaban ningún acuerdo, porque ese es otro grupo de fachada, pues sencillamente siguieron siendo muy amigos, y la prueba de eso es que, cuando se estaba desarrollando en diciembre la acción de Yarumales, aparece el Ricardo Franco con el M-19 golpeando en Santander de Quilichao.

Perfecto. ¿Qué pasó después de la firma de la tregua? Ellos se enseñorearon de esa región, se metieron a ese sitio que llaman San Pedro y empezaron a hacer una serie de actos ilegales. Les pusieron cuotas a los dueños de los ingenios y de todas las industrias: «Ustedes tienen que dar tanto y si no...». Por otro lado, sin ningún empacho, incorporaron personas e iniciaron un entrenamiento en San Pedro, a donde llevaron individuos de otros países. Luego, sin ningún problema, armaron una posición militar, unas fortificaciones que usted misma vio, y eso lo rodearon de minas, sobre la base de que se iban a defender. Desgraciadamente uno no puede hacer fortificaciones militares en un país, porque eso es totalmente ilegal. Ahora, a eso se añaden otros elementos. Empezaron a recoger plata en todos los pueblitos de cerca a Corinto, en Miranda, en Jamundí, en Santander de Quilichao, por todas partes. Esto según ellos era voluntario, pero voluntario pidiendo la plata de día sin armas y por la noche viniendo a recogerla armados y uniformados. Es que hasta en Ciudad Jardín, que es el barrio más elegante de Cali, piden contribuciones.

Empezaron a hacer un movimiento dizque político que tuvo su final en lo que ellos llaman la «Gran toma de Cali», en octubre, que fue una concentración en la plaza de Caycedo. Pero ¿cómo hicieron eso? Yendo a las empresas de buses y diciendo que si no les movían la gente los mataban. Entonces movieron los buses... Bueno, esa es la serie de actos ilegales que estaban siendo manejados desde San Pedro y Yarumales, dirigidos por el señor Pizarro y por Iván Marino Ospina y Rosemberg Pabón y todos esos antisociales. Pero llegó un momento en que, fuera de todo lo que habían hecho, cometieron dos delitos para mí demasiado graves: secuestraron a dos personas, así digan que no se lo hemos podido demostrar. ¿Por qué decimos nosotros que los tenían secuestrados? Muy sencillo, porque uno de los hijos de un personaje de esos nos dijo que él estaba dispuesto a ir a declarar que a él le habían ordenado ir a San Pedro a negociar el secuestro de su papá, y allá había hablado con Fayad. Y el otro, una señora —por obvias razones no vamos a dar el nombre— que tiene una niña de unos trece o catorce años que se llevaron para la guerrilla. Ella fue a pedir a su hija, y se encontró con que se la dejaban visitar pero no se la devolvían, y estando con esa niña allá en San Pedro, vio que ahí cerca tenían trabajando a uno de los secuestrados, encadenado de un pie en unas granjas.

¿Quiénes eran esos dos secuestrados, general?

—La opinión pública lo sabe; yo no quiero dar nombres propios, pero eso todo el mundo lo sabe. Ante la opinión pública se dijo que nosotros estábamos diciendo mentiras, pero nosotros tenemos las declaraciones de esas personas que le digo. Finalmente cometieron un nuevo delito, apoyándose en el problema de los indígenas de López Adentro, y fue que armaron a un grupo de gente que bajó a un sitio en el Cauca cerca a El Palo, en donde hay un campamento del ingenio Castilla, donde había unos depósitos con tractomulas. Se entraron, quemaron dos tractomulas, quemaron la caña e hirieron a un trabajador. De eso hay declaraciones de los trabajadores del sindicato Castilla, expresas, diciendo que fue el M-19. Ellos lógicamente le pasaron ahí mismo un comunicado al país diciendo que se atribuía el hecho el Quintín Lame, que también son ellos. Ahora, la fuerza pública necesariamente tenía que actuar, con base en una directiva presidencial, e impedir que siguieran adelante con todos estos actos que el gobierno no tiene por qué permitir. Nosotros iniciamos una persecución de las gentes que llegaron al ingenio Castilla, y al hacerlo nos encontramos en las puertas de Yarumales, pero eran ellos los que habían bajado. Ahora, ellos ahí nos hicieron una emboscada; vino el contacto, nos atacaron y nos encontramos con las primeras minas cerca de San Pedro. Así se presentó la situación que todo el mundo conoce. Tuvimos que rodear ese cerro con tropas, tomarnos San Pedro, San Pablo, empezar a desactivar todas esas minas, y lógicamente hubo bajas de lado y lado, porque necesariamente en donde se combate, en donde hay minas y hay dinamita, tiene que haber muertos y heridos. Pero dejamos claro el principio de autoridad.

¿Quién ganó en Yarumales, militarmente hablando?

—Ellos manifiestan que el ejército no fue capaz de derrotarlos.

¿Pero por qué? Es que el problema en Yarumales no era de tipo militar. Es claro que hoy por hoy, en el país, el juego no es estrictamente militar. Nosotros estábamos dentro de un proceso, ayudándole al gobierno en todo momento a hacer la paz. Éramos conscientes de que había que manejar la situación con mucho cuidado. Claro que el ejército tiene la capacidad suficiente para haber eliminado a esa gente. Pero no lo hicimos también por otra razón, de tipo humano: ahí no había más de 50 ó 60 combatientes viejos del M-19; gente con experiencia de combate no había más. Lo demás eran mujeres y muchachitos de 14 ó 15 años, que tenían metidos entre esos huecos, a los que les habían dado un corto entrenamiento y un arma. Usted tiene que entender que el ejército de Colombia no puede pa-

sar ante la opinión internacional y nacional con la imagen
—que ellos sabrían cómo explotar— de genocidas. Además no estábamos interesados en matar niños y mujeres. Usted que estuvo allá, sabe que allá había niños y mujeres. Y encima de eso, cuando le dijeron a la Comisión de Paz, porque yo se lo oí decir a ellos, que los iban a echar por delante, nosotros no podíamos cometer la estupidez de ir a matar así a la gente. Entonces lógicamente se presentó una situación difícil. Nosotros analizamos el problema, lo consultamos con el gobierno, dejando claro que no íbamos a servirle de carnada al M-19 para que dijeran que habíamos dado de baja a 80 o a 90 menores de edad, embasucados, porque les estaban dando basuco para que combatieran. El ejército les ha demostrado a los bandidos estos que cada vez que actúan los pone contra la pared. Tenemos capacidad, organización y entrenamiento. Cuando ellos trataron de entrar por el Chocó y por el sur los acabamos sin ningún problema. ¿No acabamos con el ELN en Anorí? Yo creo que el país entiende que un ejército sólido como es el de Colombia, con una solución rápida hubiera eliminado el problema de Yarumales.

¿Cuál hubiera sido, según usted, esa solución rápida?

—Los habríamos atacado y eliminado a los 150 bandidos. Nosotros teníamos el poder total y hubiéramos podido usar los aviones. Les bombardeamos eso con bombas de 500 libras y acabamos con todo. Hubiéramos podido meter nuestra gente. Teníamos allá dos batallones. Con dos batallones entramos, así nos hagan unas bajas. ¿Qué más podía pasar? Es que no más piense usted que ellos no tienen abastecimientos continuos, que no tienen munición en depósito, ni tienen nada. A ellos los hubiéramos podido obligar a gastar eso muy rápidamente en un ataque, y hubiéramos dado de baja a toda esa gente. No lo hicimos.

Y si el ejército no quería matar niños, como usted dice, y el gobierno estaba dispuesto a negociar, ¿por qué se prolonga tanto el enfrentamiento militar?

—Se prolonga tanto porque ellos no querían retirarse. Querían obligarnos a las fuerzas militares a retirarnos del cerro, cosa que era estúpida e ilógica, porque las fuerzas militares son el brazo armado del gobierno. Ellos son los que están fuera de la ley. Pero si aceptaron retirarse fue porque sabían que lo que a nosotros nos detenía era un problema de tipo moral. Ellos empezaron a poner condiciones: que se retiraban pero para tal sitio, y tal. Nosotros siempre les dijimos que no íbamos a negociar con ellos porque no éramos poder político. Les dijimos: «Váyanse para donde quieran, si quieren para Cali, para Cali; si quieren para Bogotá, para Bogotá. La única condición que nosotros les ponemos es que no pueden seguir armados ni uniformados, porque eso es un delito en este país».

Sin embargo, ellos firmaron un acuerdo de tregua con el gobierno donde no se les exige la entrega de las armas…

—En este momento eso ha sido totalmente aclarado por el ministro de Gobierno, porque la ley 35 de 1982, que es la ley de amnistía, dice muy claramente que quien porte armas de uso exclusivo de las fuerzas militares tendrá pena de dos a cinco años. Eso es lo que dice la ley, que es la que rige en Colombia. El hecho de que no se les haya dicho «no entreguen las armas», muy respetable por parte de quien firmó el acuerdo, no quiere decir que ese acuerdo invalide la ley. Aún más: uno de los decretos del estado de sitio, el último, el decretado después de la muerte del doctor Lara Bonilla, vuelve a insistir en que el porte de armas es un delito.

Volviendo a los hechos de Yarumales, la prensa publicó las declaraciones de un soldado que contaba cómo el m-19 había salido del campamento y había atacado un puesto militar en San Pablo. Después eso fue desmentido por voceros del ejército. ¿Sucedió, o no?

—Ellos sí salían; ellos de los huecos esos salían por la noche y atacaban donde estaba el ejército, y nos hicieron algunas bajas de esa forma. Lógicamente cuando eso pasaba nosotros les respondíamos, y se volvían a meter en los huecos.

¿Entonces usted prevé que se van a repetir los hechos ahora en Los Robles, donde la situación es exactamente igual a la de Yarumales?

—Ahí están y quisieron hacer un congreso, es decir que quisieron hacer política, partidos políticos con armas y ya el gobierno les dijo que no se puede. Que antes del periodo electoral deben entregar o esconder las armas. Ellos verán si no quieren entender pero el proceso de paz no puede tener otro fin. Lo que tienen que entender esos señores es que nosotros no queremos que bajo ningún punto de vista se nos vaya a decir que nosotros rompimos la paz; es que nosotros somos los más interesados en la paz, porque somos los que sufrimos la guerra. Lo que sí no vamos a aceptar es que la paz esté condicionada por unos antisociales que quieren seguir movilizados y seguir cometiendo delitos. Pueden contar con que cada vez que los encontremos armados y movilizados, va a haber problemas. Y va a haberlos porque nosotros no podemos permitir que se viole la ley.

Después de la experiencia de Yarumales, ¿qué apreciación tiene usted de la capacidad militar del M-19?

—Usted misma vio qué es el M-19. La capacidad política la desconozco, debe ser grande, no sé. La capacidad militar es eso, 150 hombres armados. Ahora, si 150 personas piensan algún día poner en problemas al ejército de Colombia pues estamos perdidos. Eso no es factible, es absurdo pensar que pueda suceder.

He escuchado que hay descontento dentro del ejército porque no se hubiera acometido una «acción más drástica» contra Yarumales; parece que circula internamente el comentario de que allí el ejército fue a pelear «maniatado». ¿Qué opina de eso?

—El gobierno bajo ninguna circunstancia ha maniatado al ejército y en ningún momento lo ha condicionado, porque sería ilógico que el gobierno nos limitara a nosotros que somos su órgano armado. Nosotros no somos una rueda suelta en este país. Ahora, otra cosa es que las condiciones con que se mueve el ejército, con que se emplea la fuerza pública, dependen de las circunstancias que está viviendo el país. Por otro lado, yo no creo que los militares estén criticando a los mandos, porque a nosotros, si algo nos une, es que somos integrados, monolíticos y jerarquizados. Aquí no hay discusión. Aquí no hay descontentos ni contentos. Aquí cumplimos órdenes. Entonces yo estoy seguro de la lealtad de mi gente. Se entiende que si yo doy una orden ellos la cumplen. Ellos no están en el problema de dialogar con nosotros. Esto es jerarquizado, aquí no hay diálogo, lo que hay aquí es integración y comprensión.

¿Considera que los pactos de tregua sí restringen la acción del ejército?

—Pues no restringen ninguna acción porque a nosotros nadie nos ha dicho que incumplamos la Constitución. Ellos creyeron hasta última hora que en Yarumales el gobierno le iba a decir al ejército «ustedes se retiran». Por eso estaban ahí, dueños del departamento del Cauca. Pero eso no sucedió. Fue lo mismo que sucedió en Riosucio con el EPL, que creyó que nos acusaban a nosotros y el gobierno iba a decir que sí. Hubo que actuar y se actuó. Ellos le pusieron un ultimátum al gobierno y quedaron mal porque no pasó nada y los sacamos de ahí.

Cuénteme cómo fue la reunión de ustedes con la comisión presidida por Bernardo Ramírez.

—Fue un saludo protocolario, de unos pocos minutos, una reunión de tipo social. Nosotros no tenemos por qué proponer nada porque no tenemos nada qué negociar. Tenemos una razón constitucional, estamos cumpliendo con ella, y a nosotros nos da órdenes el ministro de Defensa y él, a su vez, recibe órdenes del señor presidente.

General, ¿qué conclusiones sacó usted de los hechos de Yarumales?

—Yo saqué conclusiones muy importantes de Yarumales: primero, que allí se sentó el principio de que el gobierno está dispuesto a hacer cumplir la Constitución y la ley en este país. Segundo, que la fuerza pública no tiene ninguna limitación, por parte del gobierno ni de nadie, para el cumplimiento de su deber. Tercero: que el país se dio cuenta qué es realmente el proceso de paz tal como lo entienden los bandidos. Que para ellos el proceso de paz es hacer fortificaciones, minar el terreno, seguir con el secuestro y el boleteo, los asaltos y los incendios, con reclutamiento, con entrenamiento. Esos es para ellos el fenómeno del proceso de paz. También el país se ha dado cuenta de las consecuencias de Yarumales; por eso cuando en Los Robles quisieron hacer un congreso político armados, se les dijo que no. Y acabamos de ver la carta del doctor Castro, muy clara, planteando que el gobierno tiene que hacerle saber a esos individuos que la tregua es para que se integren al proceso político y no para que sigan creándole problemas al país.

¿Qué papel jugó el presidente en los hechos de Yarumales?

—El primer enterado de todo lo que hicimos allí fue el presidente. Actuamos por órdenes suyas.

Después de Yarumales no tuve la oportunidad de entrevistar personalmente a Pizarro, así que las preguntas que aquí aparecen fueron hechas a través de terceros, con mil inconvenientes, y se quedan en los rasgos generales. Yo quería que él precisara una serie de detalles, más que todo de índole militar, como por ejemplo cuándo le habían llegado los refuerzos y cómo habían logrado entrar, qué tenía planeado hacer si la negociación no se daba, cómo se abastecía el campamento de comida y parque, en qué momento había estado la situación más crítica, y tantas otras cosas que pican la curiosidad. Pero no se pudo.

¿Usted quiere hacer creer que a punta de heroísmo un grupo de hombres mal armados, en condiciones de indefensión y con poca experiencia vence a 5.000 hombres que cuentan con todos los recursos técnicos y humanos del Estado?

—El heroísmo es lo más desprestigiado del mundo hasta que demuestra sus posibilidades.

¿Cuál es su explicación desde el punto de vista militar?

—Hicimos lo que en términos militares se llama una defensa circular de campamento; teníamos hombres por todos los flancos que podían enfrentar la agresión por cualquier lado. Al mismo tiempo hicimos y trabajamos adecuadamente una defensa de montaña donde, aprovechando las condiciones propias de la montaña, una fuerza pequeña y débil puede controlar los espacios que tiene frente al movimiento del enemigo. Hicimos una fluida defensa en la que no había ninguna posición estática ni ningún hombre fijo al terreno. Igualmente, aprovechamos todas las técnicas ingenieras y convertimos una pala común y corriente en la mejor arma contra los morteros. Y dimos la orden —en vista de una situación militar excepcional y porque el enemigo estaba pegado a nosotros— de que al costo de munición que fuera se evitara que el ejército rompiera nuestras líneas.

Y si el ejército deja caer bombas más potentes ¿los hace polvo?

—Se hace polvo a sí mismo, a toda la tropa que tenía al pie nuestro; nosotros teníamos refugios antiaéreos, ellos no...

Usted sostiene que su respuesta al ejército fue defensiva. ¿Por qué no asumieron la ofensiva?

—Desde el punto de vista militar era perfectamente posible que hubiéramos emboscado a sus unidades, que hubiéramos hostigado, que hubiéramos asumido una actitud ofensiva contra un ejército que se movía libremente por las montañas. Lo que pasa es que políticamente era improcedente. Era preferible que el M-19 arriesgara, como arriesgó, su propia vida y la de combatientes valiosísimos y que hubiéramos puesto en juego tantas cosas por algo que aparentemente no merece tanto pero que para el M-19 tiene un enorme valor, que es la palabra empeñada. Nosotros no podíamos ser los que violábamos los pactos firmados el 24 de agosto en Corinto.

Pero el gobierno y las Fuerzas Armadas dicen que fue el M-19 el que violó lo pactado.

—Ellos querían ganar en la política y ganar en la guerra; querían ganar en la guerra con el aniquilamiento del M-19 y ganar en la política haciendo creer, con los argumentos más traídos de los cabellos, que no estaban violentando la tregua cuando habían montado tamaña agresión contra nuestra organización. Los argumentos iniciales eran peregrinos: que teníamos secuestrados en el campamento y que habíamos participado en el asalto al ingenio Castilla. Para las Fuerzas Armadas en realidad no importaban los argumentos: lo fundamental era simplemente la decisión militar de aniquilar al M-19. Cuando esa decisión militar no se pudo realizar, porque encontraron una resistencia inesperada por parte de una guerrilla que se comportaba en una forma nueva, empezaron a buscar los argumentos de antaño para justificar las agresiones de hoy. Sólo entonces hablan de repúblicas independientes, se acuerdan de las trincheras, empiezan a pensar en los campos minados. Entonces se trataba de acomodar argumentos para justificar una agresión que se inició con pretextos completamente diferentes.

Si la decisión militar de aniquilar al M-19 estaba tomada, como usted dice: ¿qué lleva al gobierno a negociar?

—Tras 22 días de combate, el gobierno firma en pocas horas un nuevo pacto que permite una solución política y militar a un conflicto que militarmente había sido imposible de resolver. Es decir, el espíritu de negociación se gestó sobre la incapacidad real de destruir las armas de la revolución. Aquí constatamos, una vez más, que la oligarquía colombiana se ha acostumbrado a no entender sino cuando hay embajadas de por medio, cuando hay morterazos a palacio de por medio, cuando hay victorias militares de por medio.

Personalidades como el general Vega Uribe y el ex presidente Lleras Restrepo afirman que el gobierno negoció para «evitar la muerte de ancianos, mujeres y niños», y que por esta razón el ejército no entró al campamento.

—Todos los hechos de los combates de Yarumales señalan que no era precisamente el humanismo el que estaba guiando los pasos de las fuerzas élites del ejército que combatieron contra el M-19. Si los militares estuvieran buscando una solución humanista, no habríamos estado en Yarumales, silenciados ante el país durante cuatro días, sufriendo los ataques de las mejores armas del ejército: tanquetas, morteros, lo mejor de la contraguerrilla colombiana colocada en posiciones dominantes, atacando por sorpresa, emboscando a la guerrilla, emboscando fundamentalmente la buena fe del país. Simplemente, el ejército se empeñó en una guerra para aniquilar a los niños, a las mujeres, a los hombres, a los ancianos que podían estar combatiendo con nosotros allá en Yarumales. Sólo cuando fue imposible una victoria militar, buscaron una solución política. Y buscando la solución política, encontraron que también tenían que buscar fórmulas periodísticas —digámoslo así— para quedar bien. Pero lo que el país vio fue una derrota de proporciones todavía muy difíciles de evaluar, de un ejército que se empeñó a fondo para aniquilar.

No se empeñó a fondo para salvar la vida de los niños ni para salvar la vida de los secuestrados —que no existían— sino para arrasar y aniquilar a esos niños y a esas mujeres.

¿Qué cree usted que buscaba el presidente al dar el visto bueno a la acción del ejército en Yarumales?

—Belisario va a México a emboscarnos, y de hecho lo logra. El triunfador en México fue Belisario. El M-19 no tuvo sino malas salidas. En la alocución presidencial nosotros quedamos regañados. Pero de por medio había una cosa: estaba montado el operativo y estaba cubriéndose él, porque al ir a hablar con los jefes del M-19 estaba exhibiendo una voluntad de paz, cuando estaba en marcha el operativo de aniquilamiento. Y en segundo lugar, iba cubriéndose él al regañar a la guerrilla, hablando de boleteo y de secuestro al mismo tiempo que se daba una decisión militar acá. Él iba a decir: «Yo busqué la paz con los líderes del M-19, pero los líderes del M-19, que han violentado la tregua con el boleteo y el secuestro, obligaron al gobierno y a las fuerzas militares a tomar la decisión de escarmentar a una organización que estaba incumpliendo los pactos». Ese era el montaje propagandístico que buscaba Belisario. Todo eso se le desmoronó por la resistencia de Yarumales.

¿Cree que el presidente estaba dispuesto a sacrificar el proceso de paz con tal de «escarmentar» al M-19?

—Belisario necesita desesperadamente el proceso de paz. Lo que él busca con la agresión al M-19 es defender su proceso de paz, o sea defender la perspectiva oligárquica de la paz en Colombia. Esa paz amansada que están logrando con algunos grupos revolucionarios en Colombia. Quería amansar al M-19, que no se ha dejado domesticar.

¿Cuál es, a su juicio, el principal logro de ustedes en Yarumales?

—El ejército nos regaló a nosotros un ejército. Porque nos dio algo que no se le puede dar al combatiente en ninguna escuela, y es la confianza de poder derrotar al enemigo cuando se siente la razón en las propias manos. Nos crecimos en todo. Hoy podemos decir que el M-19 es una fuerza nueva y que tiene a su lado un pueblo nuevo. Hoy podemos decir que la autoridad y la credibilidad en el M-19, en su manejo de la política y de la guerra, son inmensas. Nuestro pueblo sabe hoy que podemos hablar su lenguaje, pero también que podemos vencer con hechos. Y eso es una victoria de carácter estratégico.

Después de Yarumales, ¿el M-19 sigue sinceramente en la paz?

—Sí. Hoy el M-19 es sincero en la paz, porque sabe que puede ganar la guerra. Por eso permanece en la paz con una frescura inmensa. Y le da al pueblo la seguridad de que puede seguir en el proceso de la paz tranquilo, porque si es violentado en su credibilidad, si es intimidado, si los pactos no se cumplen, si las reformas no llegan, si la esperanza se ve nublada por el comportamiento de un gobierno y de unas Fuerzas Armadas, hay otra fuerza que logrará la paz siendo gobierno, convirtiéndose en poder. Ya Colombia puede luchar con toda tranquilidad por la paz porque esta va a ser posible.

Cocuyo de lumbre roja

Quien lo cuenta no sabe precisar a la orilla de qué río fue. Pudo ser junto a las aguas transparentes del Quinamayó, o bajo alguna tormenta eléctrica de las que rugen aprisionadas en el cañón del río Palo. Pudo ser también sobre las pulidas piedras negras del río Desbaratado; incluso al lado del hilo casi muerto del Mandirá, o en el precipicio que se asoma sobre el río Jambaló, hasta donde sube el ruido de cristales rotos de sus cascadas. Quien lo cuenta no puede asegurar tampoco qué noche fue, pero jura que tuvo que ser alguna en el quiebre del año 84 al 85, cuando se juntaron los indios del Quintín Lame alrededor de su médico y pasaron la noche en vela debajo de un árbol frondoso mascando oraciones y hojas de coca para voltear su mala suerte. El hombre que relata no estuvo presente porque allí sólo podían estar los guerreros y el oficiante, pero si sabe exactamente cómo fue, es porque fue como siempre, como ha sido durante 150 años. Por eso no teme equivocarse cuando cuenta que los quintines buscaron cocuyos de los que alumbran rojo, no de los comunes, de luz mortecina, sino de los que arden como la lumbre de un cigarrillo, y cuando juntaron suficiente se los llevaron al hierbatero para que les arrancara las patas, los mezclara con hierbas refrescantes y con hierbas pesadas en la cantidad

313

exacta que él conoce. Que después pusiera todo en la jigra, se sentara a meditar, a prepararse, a descubrir, en su código de cantos de pájaros y de resplandores de cocuyos y en las señales de su propio cuerpo, los secretos del enemigo, sus movimientos, sus posiciones, su pensamiento. Ya de noche vuelven los quintines, ahora vestidos de guerrilleros, recién lavados y planchados los uniformes militares, aceitadas las armas, morena la piel, retinto el pelo bajo la única prenda que no es militar, el sombrero alón de fieltro. El oficiante inicia la ceremonia. De su boca salen las palabras, algunas en español, otras en paez, las demás irrepetibles, comprendidas sólo en la borrachera mística de la noche. El viejo habla, sopla, llena sus pulmones con el aire frío y lo sopla en la cara de los quintines; con una varita flexible les va volteando la mala suerte, soplándola para que se aleje, volteándola para que se vuelva buena. Los presentes son los 30 indios paeces que han de estar unos días después en la toma armada del pueblo de Santander de Quilichao. No puede faltar ninguno: todo el grupo, tal como va a entrar al combate, tiene que rezarse a la vez, porque si alguno queda por fuera y se aventura a la lucha sin antes limpiar su suerte, por él es seguro que se cuela el enemigo, él el punto débil, el agujero que rompe la cadena del valor. Por eso están los 30: todos los que estarán mañana, o pasado, en el combate de Santander de Quilichao.

A quien cuenta le contaron que al amanecer terminó la ceremonia; el médico, ya exhausto, sacudido su cuerpo por los últimos estertores del trance; los quintines renacidos, sabiéndose inmunizados, colocándose de nuevo sus camisas verde olivo, lentamente, ritualmente, como quien se ciñe la armadura para una guerra santa. Lavada la suerte, liviana el alma, listo el fusil, se alejan del río para buscar a sus aliados, los francos, que los han esperado cerca. Las dos columnas, que juntas suman 150 hombres, se encaminan hacia el destino: Santander de Quilichao. Cuenta quien los vio partir que todavía al bajar, silenciosos como sombras, los quintines arrancan ramitas de espadilla, la hierba de hoja afilada que da valor en la guerra, y las sujetan a la cinta de sus sombreros de fieltro.

***

Del medio millón de indígenas que hay en Colombia, 100.000 habitan en el departamento del Cauca y de esos 100.000, 60.000 son de raza paez. Desplazados y despojados de sus tierras por terratenientes y colonos, los paeces escarbaron en las montañas de olvido de los archivos de Popayán hasta encontrar los desleídos pergaminos en los que siglos atrás, durante la Colonia, el propio rey de España, con su firma y sello, los acreditó como legítimos dueños de las tierras de sus antiguos resguardos, y armados de papeles y de razones los pacíficos paeces visitaron abogados; entablaron pleitos; pusieron denuncias; formaron una poderosa organización gremial que llamaron CRIC; ocuparon 35.000 de las hectáreas de tierra que habían sido suyas y desafiaron al mundo con una afirmación que muchos se niegan a reconocer: «Somos humanos, y como humanos tenemos derecho a vivir».

Fue entonces cuando murió el primero de sus muertos, Avelino Ull, primer concejal paez, asesinado por la banda a sueldo de un terrateniente; muchos años después, probablemente de la misma manera de Ull, fue asesinado el último, Álvaro Ulcué Chocué, primer paez en consagrarse como sacerdote católico. Entre el primer muerto y el último cayeron tantos —hombres, mujeres y niños— que sólo los ancianos tienen memoria para acordarse de todos sus nombres.

En algún momento entre la muerte de Ull y la de Ulcué hubo paeces que perdieron la paciencia, abandonaron sus resguardos y se hicieron guerrilleros, para «defender a su comunidad» y «castigar a los asesinos de su pueblo». Este primer grupo de 40 hombres se llamó de autodefensa indígena, y su primera acción fue matar a un asesino de Inzá, un pájaro llamado El Llanero, que les debía dos docenas de muertes. Después de que El Llanero se acurrucó en un rincón encogido por las balas, los 40 de autodefensa hicieron una fiesta, se embriagaron de venganza cumplida y sólo se despertaron, horas después, cuando los golpeaban los policías que los encontraron y los llevaron presos.

Con el tiempo se hicieron más diestros, y sin embargo les tomó años conformar una guerrilla regular, porque los paeces, a pesar de todo, no son gente de guerra, y siempre buscan volver a su parcela y a su familia. Por eso inicialmente establecieron un grupo armado rotatorio: quienes lo integraban luchaban un tiempo y después se retiraban para reincorporarse a la comunidad, y eran reemplazados por otros. A medida que la guerra se fue haciendo más recia fueron estabilizando un núcleo permanente, al cual le pusieron el nombre del más grande luchador de su raza, Manuel Quintín Lame, quien a principios de siglo les enseñó sus derechos, encabezó las primeras recuperaciones de tierra, creó la primera organización indígena, fue puesto preso, pateado, azotado y exhibido en una jaula, como si fuera una fiera, en la ciudad de Popayán. Desde que se llaman como él, Comando Quintín Lame, los quintines son comandados por un personaje cuya identidad está rodeada de misterio: no se sabe a ciencia cierta su nombre y de él se dice que no es indígena y ni siquiera mestizo, sino mulato; que no es campesino como los indios, sino estudiante universitario, o agrónomo, o abogado de Popayán.

Dirigidos por él y aliados con la disidencia de las FARC, el Comando Ricardo Franco, la tarde del 4 de enero de 1985 —en medio de la tregua y en medio también de la batalla de Yarumales— se tomaron Santander de Quilichao, una población caucana de 30.000 habitantes, ubicada a 15 minutos de la montaña donde el M-19 llevaba 25 días resistiendo el cerco militar.

***

Cuando los primeros periodistas llegaron a Santander de Quilichao, encontraron en el trayecto de la carretera Panamericana al parque central, nubes de soldados que subían y bajaban pidiendo papeles, haciendo preguntas. En el parque vieron las tanquetas nuevas, las brasileñas, que la noche anterior habían llegado tarde, cuando ya no podían enfrentarse más que a los rumores porque de los guerrilleros no quedaba sino el humo, los agujeros de bala en las paredes y unos letreros a mano alzada que no alcanzaron a terminar: «Viva el Quintín L» y «Ricardo Fra». Por la calle que lleva del parque hacia el cuartel, al frente del hospital, se unieron a uno de los corrillos de vecinos que ese día se rapaban la palabra entregados a la tarea de codificar la historia de la toma en mil anécdotas, que se modifican según las relatara la matrona, el estudiante, el cura, el viejo, el tendero:

«Las cosas hay que decirlas como son; los de anoche no eran guerrilleros, eran los familiares de los presos que vinieron armados a tratar de soltarlos. Lo que pasa es que ahora todo lo que ocurre vienen y dicen que fueron los de Corinto».

«Eran unos cien, con fusiles y escopetas modernas.»

«Yo creo que eran doscientos. Por lo menos quinientos. Lo que sí fue verdad fue lo del milagro...»

«¿Cuál milagro?»

«Ahí se armó el tiroteo, que duró desde las cinco hasta las ocho de la noche.»

«Qué iban a ser familiares de presos, eran guerrilleros, seguro eran guerrilleros porque tenían la vaina bien pensada, sólo que no les resultó la toma del cuartel, pero cuando entraron al pueblo enseguida unos rodearon el cuartel y la cárcel, otros corrieron a Telecom, otros al parque y otros salieron a vigilar la carretera Panamericana.»

«Pero cuál fue el milagro...»

«Pues que la situación se salvó por un milagro, no ve que el policía que siempre está en la esquina de arriba estaba descuidado, medio dormido, y no se había dado cuenta de que con disimulo se le estaban acercando unos hombres encubiertos... Fue la niña la que lo salvó, porque ella sí los vio y le alcanzó a gritar cuidado que lo matan; ese hombre salió volando y les avisó a los otros 15 policías que estaban adentro, por eso no dejaron que se tomaran el cuartel, ese fue el milagro.»

«Yo lo que digo es que fue un pacífico asalto a mano armada. Cuando empezó el tiroteo la gente se refugió en sus casas, cada quien en la suya, y los que no alcanzaron pues en la de un vecino, y esperamos a que pasara el tiroteo. Donde yo estaba se oían más que todo voces de muchachas guerrilleras que nos gritaban a los encerrados que no saliéramos porque nos podían alcanzar las balas, que no temiéramos que nada nos pasaría, que no era contra nosotros, que a las casas no entrarían.»

«Dicen que hubo mucho herido entre los vecinos.»

«Algunos sufrieron las consecuencias porque no alcanzaron a protegerse, o por asomarse; hay dos heridos que se están haciendo la curación aquí en el hospital.»

«Fue una operación de propaganda armada, los guerrilleros lo llaman así; la hicieron los que no firmaron tregua para anunciarle al gobierno que sigue la guerra.»

«De resto lo que hicieron fue ahuecar las paredes del cuartel y de algunas de las casas vecinas y rompieron unas cuantas tejas cuando salieron corriendo por los tejados.»

«Lo que sí fue verdad fue lo del milagro... Yo lo que quiero saber es de quién será hija la niña que le avisó al agente.»

«Obligaron al ejército a desplazar hacia acá parte de la tropa que tenía combatiendo allá en Yarumales.»

«¿Y no serían entonces más bien del M-19?»

«No, eran quintines y francos, yo los oí gritar sus consignas, mire, allá están los letreros que no alcanzaron a terminar, y además dejaron por las calles este papel donde dice todo.»

***

Hoja mimeografiada que circuló de mano en mano por Santander de Quilichao después de la toma:

> Comunicado número 1 del Comando Quintín Lame.
> Cauca, diciembre de 1984.
> ¿Qué es el Comando Quintín Lame? Es una fuerza organizada al servicio de las comunidades indígenas del Cauca, para apoyarlas en sus luchas, defender sus derechos y combatir sus enemigos. ¿Por qué surge el CQL? Cuando los indígenas hemos decidido organizarnos para recuperar nuestras tierras, defender nuestra cultura y exigir nuestros derechos, el enemigo ha respondido con una brutal represión. Entre el ejército, la policía y los pájaros han matado a decenas de dirigentes indígenas, centenares han sido encarcelados, nuestras viviendas han sido quemadas, nuestros cultivos arrasados, nuestros animales muertos o robados. Cuando las comunidades resolvieron no aguantar más, fueron formando grupos de autodefensa y de estos grupos se organizó el CQL.

Debajo del texto, aparece reproducida la fotografía borrosa de un destacamento de hombres que se han parado con una rigidez anticuada frente a la cámara y la miran serios y fijamente, como si fuera en un viejo daguerrotipo. Llevan puestas prendas militares, están provistos de armas modernas y en sus caras descubiertas se pueden ver rasgos indígenas.

***

La toma de Santander de Quilichao no es el inicio de una historia, es simplemente el desenlace del capítulo más reciente de una guerra larga e inconclusa. Capítulo que comienza en enero de 1984, cuando la fuerza pública intenta desalojar 150 familias que han ocupado la hacienda López Adentro, un latifundio de 1.300 hectáreas ubicado en el Cauca, entre los municipios de Caloto y Corinto. En la operación son asesinados 5 indígenas y 45 resultan heridos, de los cuales 4 quedan inválidos. En solidaridad con los afectados, al día siguiente un grupo de paeces se toma la iglesia de La Niña María de Caloto, y al mismo tiempo, después de enterrar a sus muertos, miles inician una marcha hacia Popayán. Por el camino, cuando la manifestación pasa por un lugar llamado La Viuda-Cajibío, otros dos son asesinados. Crece la indignación y cuando entran a Popayán, 11 días después, 10.000 personas se han sumado a la marcha. El gobernador del departamento, Diego Arboleda Valencia, los recibe y les promete tanto una investigación exhaustiva sobre los crímenes como fórmulas de solución para el problema de la tierra.

Sin embargo, los enfrentamientos en López Adentro continúan durante todo el año, hasta que el 9 de noviembre el alcalde blanco de Caloto resuelve oficializar las medidas de fuerza para ponerle fin al conflicto de un solo envión, y ordena un desalojo masivo. Doce horas después de firmada la resolución 1.000 efectivos de la policía y el ejército entran en acción incendiando las casas, con todo y enseres y animales domésticos adentro, porque sus habitantes no alcanzan a desocuparlas. Con los buldózeres de los ingenios azucareros la tropa arrasa los cultivos de yuca, maíz y plátano que son la única fuente de alimentación de los mil indígenas que les han dedicado su trabajo de todo un año. Álvaro Tombé, del comité ejecutivo del CRIC, denuncia que 15 días antes de la brutal expulsión un pelotón del ejército ha ocupado la casa de la hacienda convirtiéndola en cuartel. Informa también sobre la participación activa de los propietarios en los hechos, transportando galones de gasolina y manejando los lanzallamas. Cuando la operación termina, se enuncia que de ese momento en adelante López Adentro será una base militar. Tombé vuelve a hablar para denunciar que dicha base será financiada con un fondo creado para tal efecto por los grandes de la industria azucarera, los llamados Barones de la Caña.

Al día siguiente del desalojo, el 10 de noviembre de 1984, es asesinado el sacerdote Ulcué Chocué, párroco de Toribío, quien cumplía una labor clave en la educación de los paeces y era su principal vínculo con la Iglesia católica. Testigos presenciales del asesinato señalan con nombre propio a dos policías como responsables de su autoría, pero tras una serie de circunstancias confusas se retractan, de tal manera que los acusados quedan en libertad y el crimen, como tantos otros, queda sin esclarecer. El asesinato del padre Álvaro no sorprende a nadie porque, según el CRIC, desde 1980, cuando es señalado por un informe de inteligencia militar como «el dirigente subversivo más peligroso del norte del Cauca», se vuelven frecuentes las advertencias de que «cualquier día su cadáver aparece por ahí», lo cual se suma al antecedente de que meses antes, en Pueblo Nuevo, en un enfrentamiento con la policía, una hermana suya muere y tanto su padre como su madre son heridos.

El asesinato del sacerdote ocasiona indignación nacional, y se produce un gran escándalo en la prensa que lleva al presidente a referirse al hecho por televisión, cosa que nunca antes ha sucedido con ninguna de las múltiples muertes y desapariciones de indígenas. Seis mil personas asisten al entierro y en todas las casas de las poblaciones indígenas de la región aparecen banderas a media asta. Una marcha de protesta parte de Santander de Quilichao y va hasta Pueblo Nuevo. Los habitantes de Caldono y Siberia salen a las calles agitando pañuelos blancos en silencio. Pueblo Nuevo, en donde es enterrado el sacerdote, es abandonado por los policías y la tropa por disposición del cabildo indígena que veta su presencia y que dispone que ese día sean la guardia cívica y los comités de autodefensa los que garanticen el orden. La misa se convierte en un enardecido acto político, en el que grupos de sacerdotes y monjas, delegaciones cristianas y representantes indígenas, caciques de las comunidades y dirigentes del CRIC, gritan «Castigo a los asesinos»; «A Cristo también lo mataron los poderosos»; «Si asesinan a un santo el pueblo debe prepararse»; «La sangre de tu hermano está clamando».

Las protestas se extienden. El 15 de noviembre se realiza un paro cívico en Santander de Quilichao con la participación de 4.000 indígenas que bloquean la vía Panamericana, levantan barricadas y se enfrentan a piedra con la fuerza pública. La carretera es despejada con tanquetas, lo cual causa varios heridos. Cinco días después los indígenas inician el bloqueo de las demás carreteras importantes del departamento exigiendo la devolución de las tierras de López Adentro, castigo a los asesinos del padre Ulcué y renuncia del gobernador Castrillón Arboleda. El CRIC se pronuncia en duros términos contra el gobierno nacional: «Detrás de la paz del gobierno hay una guerra secreta y sucia contra los indígenas». El Comando Quintín Lame reparte un volante en el cual jura castigo para los asesinos del padre Ulcué, y como parte del plan para cumplir con su palabra, el 29 de noviembre 40 de sus guerrilleros asaltan el ingenio Castilla y destruyen tres tractomulas, y aquí la historia se muerde la cola, porque es precisamente esa acción la que los militares atribuyen al M-19 y esgrimen ante el presidente Betancur como justificación para el ataque al campamento de ese movimiento en Yarumales. Un miembro del Quintín Lame, comentando el hecho, dice después: «No creen que hayamos sido nosotros porque nos ven como nos han visto siempre, como menores de edad, como gente incapaz de actuar por sí misma. Por eso ni siquiera reconocen la decisión que hemos tomado de administrar nuestra propia ira».

Un mes después el Comando Quintín Lame cierra el capítulo con la toma de la población de Santander de Quilichao para manifestar con ello que «si no ha habido tregua en la opresión del indígena, tampoco habrá tregua en la lucha por la recuperación de nuestros derechos y de nuestras tierras». Así lo dicen los quintines y están seguros de que así lo harán, porque los cocuyos que han encontrado en su camino, que no son los de tenue resplandor verde sino los de encendida lumbre roja, les indican que por ahora su camino no puede ser el de la paz, sino el de la guerra.

No

Una de las paradojas del proceso de paz es que también hicieron parte de él quienes optaron por quedarse al margen, los grupos guerrilleros que, como el Quintín Lame, se negaron a firmar con el gobierno. Un coronel del ejército afirmaba que durante el periodo de negociación y vigencia de la tregua los enfrentamientos armados habían sido fuera de lo común, en cantidad e intensidad, que algunas organizaciones armadas débiles se habían fortalecido y habían surgido por lo menos otras cinco que antes no existían.

Así parecía ser en efecto. Durante esa etapa el Quintín Lame estuvo más activo que nunca. El ELN se recompuso de la crisis por la cual atravesaba y dos días antes de la firma de agosto se tomó la población de Betoyes, en la frontera con Venezuela, gritando mueras a los acuerdos de paz.

«Decimos no a la tregua con el gobierno porque no hay tregua en la represión, no hay tregua en las alzas, no hay tregua en los despidos, no hay tregua en nada», se justificaron.

Una fracción opuesta a la firma, el Frente Ricardo Franco, se desprendió de las FARC, y como de la nada aparecieron el PRT, Patria Libre. Democracia, los Grupos Barriales en Cali y el Movimiento 16 de marzo en Bogotá. Un dirigente del M-19, explicaba así este *boom* de beligerantes en tiempos de paz: «Como el proceso no funciona ni produce cambios, la guerra va llenando el espacio que la paz no copa. Las armas que nosotros silenciamos otros las hacen sonar».

En un principio el movimiento guerrillero pareció dividirse en dos grandes grupos, el de los que firmaron y el de los que no lo hicieron. Sin embargo, a medida que los meses pasaron, empezó a perfilarse un reordenamiento en esa división. El M-19 y el EPL, cada vez más acosados por el ejército y más enfrentados a Belisario, iban confluyendo en un espacio común con los no firmantes, mientras que las FARC, de su campaña electoral, se deslizaban solas hacia un plano distinto. A pesar de que por esta época —principios de 1985— todavía faltaba más de un año para las elecciones parlamentarias y presidenciales, estas se convirtieron en la nueva línea divisoria en el movimiento guerrillero, no tanto por sí mismas como por la actitud más blanda frente al gobierno que necesariamente imponía la perspectiva electoral: guerrilla que entrara por ese aro tenía que mantenerse, al precio que fuera, dentro de la tregua.

El M-19 y el EPL ni siquiera se planteaban la posibilidad de participar: «La democracia no es solamente votar; no puede ser un acto solitario y único de cada cuatro años. Democracia es participación popular en el destino del país», decía Álvaro Fayad, y consideraba que el gobierno de Betancur, lejos de alentar esta participación, le bloqueaba cada vez más la vía.

Las FARC en cambio habían optado por apostarle duro a las urnas y en consecuencia mantenían una presencia pública de bajo perfil, absteniéndose de cualquier actividad que exacerbara al gobierno o a los militares y precipitara por tanto la ruptura. A pesar de esto sufrieron más bajas en choques no buscados con el ejército que los otros grupos guerrilleros en tregua, pero se abstuvieron de hacer de ello motivo de enfriamiento de sus relaciones con el gobierno. Sin duda obtuvieron rédito de su actitud. Las páginas de la gran prensa no se cerraron para ellas, sino que las mostraron como ejemplo de guerrilla buena contraponiéndolas a la guerrilla mala; ex presidentes de la República los visitaron en su campamento de La Uribe, y en los discursos de Belisario Betancur la buena marcha del acuerdo con ellas fue esgrimida una y otra vez como prueba del éxito de la política de paz. Para lo que no les sirvió fue para ganar muchos votos, y su campaña electoral terminaría un año después con un 4% de adhesión popular. El interés que tradicionalmente habían suscitado las FARC como grupo armado, con sus 35 años de lucha, con sus gestas de resistencia campesina, con sus 23 frentes por todo el país, con la presencia legendaria de su dirigente histórico Manuel Marulanda, no se tradujo, por misterios de la alquimia política, en entusiasmo electoral por parte de los colombianos.

Mientras tanto los demás grupos guerrilleros, unos en tregua y otros fuera de ella, avanzaban hacia un acercamiento cada vez más estrecho, y conformaban un germen de unidad: la Coordinadora Nacional Guerrillera. Unidad largamente esperada y por primera vez esbozada en términos concretos y orgánicos, y que por poco estalla por los aires cuando uno de los grupos que la componían, el frente Ricardo Franco, protagonizó una de las historias más macabras que puedan concebirse.

El primer capítulo de esa pesadilla se dio cuando los francos rompieron con las FARC, y se casó una guerra a muerte entre la organización matriz y la disidente que le ocasionó varias bajas a los francos. En el segundo capítulo estos decidieron vengar a sus muertos atentando contra la vida de dirigentes del Partido Comunista, disparándoles por la espalda cuando los sorprendían, como siempre desprotegidos y desarmados, por la calle. El último inenarrable capítulo se daría meses después del marco temporal de esta historia, cuando los francos, acusándose los unos a los otros de infiltrados del ejército y desconfiando cada uno hasta de su propia sombra, empezaron a ajusticiarse entre sí, a fusilarse en sus propios campamentos hasta que no dejaron de su organización más que un centenar de cadáveres. Sólo sobrevivieron unos pocos que lograron escapar del horror, y un puñado de asesinos que en alguna cueva de mala bestia debieron refugiarse, maldecidos por la opinión pública y repudiados por el resto del movimiento guerrillero.

Sacudida hasta la raíz por ese abismo de muerte y de oprobio al cual tuvo que asomarse, la Coordinadora Nacional Guerrillera expulsó al Ricardo Franco, e intentó seguir su marcha afirmando ante un país hastiado de horror y de sangre que la revolución no podía ser otra cosa que vida, alegría, dignidad y limpieza.

No hay tal lugar

«Autopista Simón Bolívar», llaman los guerrilleros al último trecho del recorrido que durante dos o tres días deben hacer a pie, Cordillera Central arriba, los visitantes
de todo el país que parten del pueblo de Florida hacia el
«Congreso por la paz y la democracia» que el M-19 va a
celebrar en el campamento guerrillero de Los Robles. La
«Simón Bolívar», en realidad un escarpado camino api-
sonado con troncos, es en efecto una suerte de autopista
comparada con lo que la precede, que son peladeros y des-
peñaderos, cañaduzales de afiladas hojas, potreros ardidos
de pringamosa, ríos de lodo, ríos con endebles puentes col-
gantes sobre sus aguas de deshielo y sus piedras de lomo
negro, trechos de vegetación tan poblada que no deja ver
el sol, trechos sin una sola planta que ofrezca sombra en
las horas de sol bravo, inciertos trechos oscuros en la hora de la caminata nocturna. A la «Simón Bolívar» se llega
una vez coronado lo que los campesinos llaman «territorio de la Eme», y cada tanto a lo largo de ella hay avanzadas guerrilleras en las que los visitantes reciben una ta-
za de agua de panela, un trozo de carne ahumada, alcohol
para las lastimaduras. Hay también altoparlantes por los
cuales La Voz de Macondo, entre salsas y vallenatos, transmite noticias, instrucciones y saludos de bienvenida a los

visitantes que van llegando. Se leen letreros clavados en los troncos de los robles que bordean el camino:

«La revolución es el opio del pueblo».

«El campamento de Los Robles está a una altura de 200 metros por encima del Palacio de Nariño.»

«Queremos una Colombia del tamaño de nuestros sueños.»

«Por la paz haremos hasta lo imposible.»

«Los Robles: el país donde todo es posible.»

«Todos los caminos llevan a Los Robles.»

Todos los caminos llevan a Los Robles. La invitación abierta al congreso guerrillero fue hecha en enero del 85, y la noticia se regó por el país. El M-19, tras el éxodo de Yarumales, estaba ya instalado en el pico de Los Robles y quería que la mayor cantidad posible de gente subiera hasta allá para participar en su novena conferencia. Al anuncio público lo siguió la invitación impresa, que incluyó a los gremios patronales y a las centrales obreras, al episcopado y a los grupos cristianos disidentes, centros de investigación y comités de derechos humanos, directorios políticos tradicionales y partidos de oposición, ciudadanos ilustres y ciudadanos del montón. A cada quien le llegaba un folleto con la fecha: 13 a 17 de febrero; el lema del congreso: «Por Colombia y por su gente, hasta la paz con justicia social»; el temario que sería tratado; un mapa con indicaciones para llegar; direcciones de las sedes de información en Bogotá, Cali y Florida, y una lista de los objetos de uso personal que cada invitado tendría que llevar, y que hacía pensar más bien en una excursión de *boy scouts*, o como dijo un columnista, en «un safari del M-19». Botas pantaneras, plato y cuchara, encauchado para la lluvia, bolsa para dormir, papel higiénico, chaqueta abrigada. Varios miles de colombianos se dejaron picar por el entusiasmo y se prepararon para el peregrinaje hacia la montaña donde se encontraba congregada la dirección política que estaban dispuestos a acatar. Un encuentro del país disidente con su nueva alternativa política: eso prometía ser el congreso de Los Robles.

Mientras los militantes del Eme mimeografiaban documentos y elaboraban propuestas, y los invitados compraban o pedían prestada su parafernalia de *camping*, el gobierno percibía señales de que una nueva sobredosis de propaganda armada de la subversión, como la que implicaría el congreso, sería demasiado para las agotadas paciencias de los empresarios, los políticos, los altos mandos militares y sobre todo los hacendados del Valle, que tan a menudo habían tenido que presenciar la «gran rumba democrática» del Eme avanzar amenazadora sobre sus predios. Sin embargo, el gobierno no se pronunciaba ni a favor ni en contra, calculando las implicaciones negativas que tendría prohibir un congreso pacífico en tiempo de tregua. ¿Se prohibía acaso la celebración de la asamblea anual del Partido Liberal o la junta de accionistas de Bavaria o la Gran Tenida a los miembros de la Logia masónica? Pasaban los días y mientras los delegados que viajarían a Los Robles contrataban buses que los llevaran hasta Florida, Valle, las señoras elegantes se apresuraban a comprar dólares para depositarlos en los bancos de Florida, EE.UU.

La revolución es el *solle* del pueblo. Tomada de la jerga marihuanera, la palabra *solle* alude al éxtasis producido por la droga. Un guerrillero que está haciendo la posta nos comenta, a propósito de esta consigna: «A los militares les gustaba decir que aquí metemos droga, que repartimos basuco. No entienden que no necesitamos, porque el mejor solle es luchar por lo que uno cree».

Pese a que algunos figurones conservadores y liberales como Jota Emilio Valderrama, Jorge Mario Eastman y Alberto Santofimio Botero, y ex ministros como Guillermo Alberto González habían confirmado públicamente su asistencia, el domingo 10 los directorios de los partidos tradicionales anunciaron que se oponían al congreso guerrillero por considerarlo «contrario a los intereses de la paz». Al día siguiente, lunes 11, faltando dos días para la inauguración y cuando la mayoría de las delegaciones ya estaban en camino, se dio a conocer una carta pública del ministerio de Gobierno que contenía la prohibición oficial. «Hay que meter en cintura el proceso de paz», declaró a los medios el ministro. «El gobierno no puede dejarse desconceptuar ni manosear ante los ojos de la opinión pública; para ser respetado tiene que mostrar su decisión de imponerse…»

**

Todos los caminos llevan a Los Robles, pero no todas las personas que iban pudieron llegar. La prohibición del gobierno tuvo efectos inmediatos. Las Fuerzas Armadas asumieron el control de la región aledaña al campamento y camiones cargados de tropa y retenes militares se apostaron en los pueblos de Miranda, Florida, Pradera y en todas las vías de acceso, mayores y menores.

Los vehículos que salían de Cali o de Popayán eran detenidos, sus ocupantes obligados a vaciar sus paquetes y maletas sobre el asfalto. La inteligencia militar hacía la lista de los nombres y cédulas de todos los que se dirigían al congreso, fueran delegados, periodistas o invitados internacionales. Datos para el computador. El que llevara botas de caucho, morral, cámara de fotografía o pastillas para prevenir el paludismo, resultaba cliente fijo para las comisarías de policía. Pronto los periodistas descubrimos que la tarjeta profesional, que en otras circunstancias abría todas las puertas, esta vez era la perdición, así que la escondimos y tratamos de hacernos pasar por campesina boyacense, bulto de mazorca o turista alemán.

Yo viajé con un grupo de siete fotógrafos y reporteros de *Semana*, *Cambio 16* y *El Tiempo*. En el aeropuerto de Cali resolvimos irnos en dos taxis. Uno de los taxistas que elegimos al azar se mostró decidido a hacernos llegar por el atajo que fuera, y hablaba con tanto entusiasmo y conocimiento de causa del M-19 que despertó nuestras sospechas: «Este, o es tira o es comandante guerrillero». (Debía ser comandante porque al despedirse me regaló una cachucha sin estrenar que llevaba en la guantera, diciéndome que me haría falta para el sol.)

«¿Para dónde van?», preguntó un teniente en el primer retén militar que nos topamos. «Somos todos familiares y vamos a pasar una semana de vacaciones en la hacienda El Rosal, que queda a dos horas de distancia.» «Aquí tengo a siete que si no son periodistas me corto una mano», informó el teniente por radio, y pese a nuestras protestas y al escándalo que armamos, nos cerró el paso y nos obligó a dar marcha atrás.

En Cali planeamos una segunda tentativa. Abandonamos las botas y demás objetos delatores, y sin equipaje alguno nos repartimos en diversos buses repletos de gente que transitaban por una carretera distinta de la primera. Tarde o temprano a todos los siete nos volvieron a detener, y nos reencontramos en el patio de una estación de policía en Florida, reseñados por sospechosos de ser guerrilleros. Después de un interrogatorio, en el cual confesamos ser periodistas y logramos que lo confirmaran, nos soltaron con la condición de que no nos moviéramos del pueblo.

***

Del boletín informativo impreso en mimeógrafo que con noticias del congreso circulaba de mano en mano por el campamento:

«Todos los cambuches están repletos y el personal de recepción sigue registrando cada día nuevas visitas, lo cual no nos preocupa porque donde come uno comen dos, y donde duerme uno duermen diez».

«No esperemos a escuchar los primeros morterazos para empezar a cavar los refugios.»

«Ante la afluencia de niños al campamento: hagamos que los niños vivan como niños, colaborando con las tareas recreativas que se han programado para ellos, respetando su prioridad en los turnos de alimentación, respetando las horas que requieren de sueño y aportando a su educación básica.»

«Todos con la pala en la mano y el fusil bien limpio. (Ojo a la carta del ministro de Gobierno.)»

***

Salimos de la comisaría de la policía de Florida a buscar la heladería El Sitio, que figuraba en la invitación como oficina de información del congreso, desde donde partirían jeeps y grupos con guía hacia la montaña. Encontramos que las autoridades la habían cerrado y sellado la puerta, y que allí no había nada ni nadie. ¿Dónde buscar ahora rastros de los del Eme?

«Los muchachos están en el Hotel Central», nos dijeron en la esquina unas prostitutas, guiñando los ojos fatales y haciendo la V de la victoria con sus dedos de uñas nacaradas.

Por el camino encontramos colegas de RCN, de Todelar, de los noticieros de televisión. «Dicen que se puede llegar», comentaban, «pero saliendo a pie desde el pueblo por entre el monte antes de que aclare, y dando un rodeo para evitar los caminos, que están todos vigilados».

El Hotel Central era un hervidero de gente. A toda la fauna del gremio nacional se sumaba una periodista chilena, uno argentino, tres camarógrafos franceses, dos diputados costeños, varios legales del M-19 que trataban de organizar aquella barahúnda, la dueña del hotel y su hija, que revolaban multiplicando chuletas con ensalada, gaseosas, toallas y sábanas para la inusitada nube de visitantes.

Más tarde esa noche, de un automóvil que frenó en seco frente a la puerta del hotel se bajaron cuatro hombres de civil, agarraron a Henry, uno de los legales del Eme, y en medio de un forcejeo violento lo arrastraron hasta el coche. Mientras él tiraba patadas y puñetazos para impedir que lo secuestraran, los fotógrafos salieron a la calle y empezaron a disparar sus cámaras hacia las caras de los secuestradores, hacia las placas del vehículo, hacia la escena del secuestro. Al darse cuenta, los hombres soltaron a Henry, quién quedó en el suelo sin camisa, zapatos ni papeles de identidad y con el pantalón en jirones.

Una vez pasada la conmoción nos repartimos de a siete y ocho por habitación, y los que no cupieron se acomodaron en el suelo, a la entrada. Nadie pudo dormir, pendientes como estábamos de un allanamiento, o de que quienes habían intentado llevarse al muchacho regresaran por él o por los demás.

***

En Los Robles, Álvaro Fayad comentó cuando le preguntaron sobre las medidas del gobierno para impedir la realización del congreso: «No fue que cercaran a la guerrilla; tuvieron que cercar a un país para que no se acercara a la guerrilla».

Al conocer el dato de que son miles las personas que pese a la desautorización no se han echado atrás en su decisión de acudir al congreso, el gobierno intenta una jugada para evitarse problemas de opinión y de orden público: le sugiere al M-19 que desconvoque al congreso motu proprio. La dirección del Eme se niega a considerar la posibilidad.

La prohibición pesa sobre los ánimos y mucha gente que tenía planeado el viaje deshace el morral. Los mismos voceros del oficialismo liberal que días antes habían confirmado su asistencia, ahora criticaban al presidente por haber tardado tanto en bloquear el congreso.

«Estaba listo para partir, pero con toda la tropa que han puesto, mejor me quedo», nos dice un alto funcionario público en Cali.

«Si ese congreso empieza con invitados y todo, en 24 horas tienen allá arriba a todo Yumbo, la mitad de Cali y quién sabe qué gentío de todos estos pueblos», monologa el taxista-comandante.

Grupos en Bucaramanga, en Bogotá, en Santa Marta, que se habían puesto de acuerdo para pagar conjuntamente el transporte, se arrepienten pensando que si los trancan pierden el tiempo y la plata. La medida del gobierno surte efecto, pero al mismo tiempo actúa como bumerán: no es fácil cercar al país. Todas las carreteras que llevan al occidente son militarizadas y en los retenes los soldados empiezan a detener buses llenos de invitados y delegados. Las cadenas de radio, que hasta ese momento habían guardado prudente silencio, se desatan. Hablan de 20 buses devueltos, de 40, de 60. En Yumbo, un grupo grande se pone cita en el Parque Panamericano de Cali con pobladores de Aguablanca y otros barrios, para viajar en caravana. Cuando la tropa los frena empieza la jarana: se toman la iglesia de San Fernando y no se dejan sacar de ahí. La radio riega la noticia y la idea cunde. Los de Candelaria se toman otra iglesia. De varios buses detenidos en Armenia se baja la gente, se toma la catedral y la ocupa durante tres días, mientras el gobernador, el obispo y miembros de la Comisión de Paz negocian su salida con las autoridades militares. En cada retén del ejército se arma un pequeño mitin. En Girardot se organiza una manifestación de desagravio con todo y pancartas, oradores, bolillazos y detenidos. El congreso se ha fragmentado en cientos de corrillos regados por toda Colombia. Todo el país habla del frustrado congreso. «El congreso no cabía en Los Robles y se ha regado por todo el país», declaran por radio los comandantes del Eme.

Empiezan las negociaciones entre la dirección guerrillera y el gobierno en un destartalado jeep que los soldados bautizan «el zancudo amarillo», en el cual sube y baja montaña el delegado del gobierno trayendo y llevando razones: que el gobierno les ofrece la posibilidad de hacer el congreso en un recinto cerrado en Cali; que no, que nos dejen hacerlo cerca de aquí, fuera del campamento, en las minas de Las Dantas; que no, que desarmados y en un teatro o salón de convenciones; que bueno, que desarmados pero en Florida; que no. Los colombianos, pendientes del televisor, se enteran de los vaivenes de la negociación. El escándalo no puede ser mayor. Finalmente la guerrilla se declara saturada de las dilaciones del gobierno y el zancudo amarillo no sube más. El mando guerrillero convoca, para un mes después, a un acto público en la Plaza de Bolívar de Bogotá, como «desagravio a la democracia». Mientras tanto, a los asistentes que han salido de Medellín los detienen llegando a Florida, los bajan del bus y, según versión de las autoridades, al requisarlos les encuentran basuco y una pistola. Decenas de paisas acusados de ser miembros de las redes urbanas del M-19, van a dar a la brigada en donde permanecen dos días, hasta que el ejército los manda de vuelta a su ciudad natal, escoltados y custodiados para que por el camino «no armen bochinche».

«Íbamos al congreso a presentar nuestro punto de vista ante los distintos invitados» declaró un veterano dirigente cívico que cayó en esa redada, «e inclusive a sentar nuestras críticas y diferencias políticas con el M-19. Y terminamos en que la brigada nos matricula en la guerrilla urbana».

En Florida otro grupo se toma la iglesia cuando los parroquianos están en misa. El ejército la rodea y coloca frente a la puerta dos tanques y una tanqueta que empiezan a disparar al aire, ante el pánico de los devotos que salen en estampida y el frenesí de los estudiantes que gritan consignas y torean a los soldados. En Cali media docena de tanques se pasea por la céntrica plaza de Caycedo, y la confusión y la alarma llegan a ser tan grandes que un columnista de derecha, Enrique Caballero, alerta sobre una posible toma de la capital del Valle por parte de la guerrilla.

Al Hotel Central, en Florida, llega un personaje legendario: Clementina Cayón de Bateman, la madre del difunto Jaime Bateman y «mama grande» del M-19. La asedian los periodistas y ella da declaraciones con energía, las canas disimuladas con tintura y en la cara el mismo, casi idéntico, aire de su hijo.

—Clementina, ¿qué opina de la prohibición del ministro?

—Que me indigna que no me dejen transitar libremente por los caminos de mi patria, y que desde ahora le advierto al ministro que voy a subir, así sea en cuatro patas; así me demore un mes.

—Clementina, ¿usted es del Eme?

—No señor, claro que no soy, porque yo no recibo órdenes de nadie. Los muchachos me dicen, Clema tienes que venir aquí con nosotros y ser de la dirección. Yo les digo ni loca, porque ustedes me van a indicar esto es así y esto es asá, tienes que decir esto y aquello. Y a mí me gusta pensar lo que quiero y decir lo que pienso.

—Clementina, ¿la molestan los militares por ser la madre de Bateman?

—Antes sí, ahora menos. Me amenazaban, querían que les dijera en dónde estaba él. Mis otros hijos me repetían: te van a matar. Al final siempre iba el mismo capitán, yo le daba café y le aconsejaba: no pierda el tiempo viniendo, esta no es la casa de mi hijo; él vive en una casa verde, inmensa, en donde no lo van a encontrar nunca: las selvas colombianas.

***

Nos tomó 52 horas ir desde el pueblo de Florida hasta el campamento de Los Robles, un trayecto que, por carretera, un jeep tarda escasos tres cuartos de hora, más las cuatro o cinco que forzosamente hay que hacer a pie por la autopista Simón Bolívar. Éramos 16 periodistas y dos guías. Parte del tiempo la pasamos perdidos dando las vueltas del perro; otra, inmóviles esperando que se alejara la tropa, que por momentos estuvo tan cerca que escuchábamos sus conversaciones; otras más, caídos entre huecos o enredados en las matas; la mayor parte, tendidos en el suelo acogotados por la fatiga. Tuvimos que dar rodeos y subir y bajar montañas hasta encontrar resquicios en el tupido cerco de soldados. Una tarde de mucho sol trastabillábamos locos de sed entre el rastrojo, mientras veíamos abajo el río más apetecible y transparente.

«En el río está la tropa», advertía Angelito, nuestro guía. Antonio Caballero, de *El Espectador*, y Roberto Pombo, de *El Tiempo*, resolvieron no soportar más el suplicio y correr el riesgo bajando al río, y mientras tomaban agua los agarró el ejército y los devolvió. Pombo se tronchó un tobillo y quedó inmovilizado en Florida, y Antonio se las arregló para viajar al campamento, bajo amparo oficial, en el zancudo amarillo, adonde llegó antes que nosotros.

Al mismo tiempo y por otros caminos marchaban hacia el mismo destino romerías de campesinos y filas indias de citadinos, entre ellos Clementina Cayón de Bateman en una mula, un camarógrafo epiléptico que sufrió ataques en el trayecto, un pesado delegado panameño que se transportó sobre los hombros de su desdichada guía, y todo el quinto año de bachillerato de una escuela del Valle, que había tomado la decisión colectiva de ingresar a la guerrilla.

Si por algo pudimos llegar, si por algo pudieron llegar todos ellos, pese a los múltiples factores adversos —políticos, militares y de estado físico— fue por la colaboración incondicional y entusiasta de los habitantes de la zona. Bastaba con golpear en cualquier casa elegida al azar y decir a dónde íbamos, para que el abracadabra funcionara: nos daban comida y ánimo, nos prestaban sus camas para pasar la noche, nos escondían de la tropa, nos informaban dónde estaba, nos pintaban mapas para encontrar a la guerrilla y acaban guiándonos personalmente durante varias horas.

«¿Lo hace por miedo?», le preguntamos a la dueña de un rancho donde dormimos una de las noches.

«Por miedo no, los de la Eme 19 no meten miedo. Lo hago porque me gusta la Eme. Son muchachos distinguidos, nunca nos han pedido un peso ni nos han quitado una gallina.»

Nos hace gracia darnos cuenta de que cuando los campesinos hablan del M-19 no le anteponen un *el* sino un *la*. «Allá están los de la M-19», dicen, «este es territorio de la Eme». «La eme», como la letra m.

***

El campamento estaba en medio de uno de los bosques de robles más grandes y hermosos del país. Centenarios árboles de veinte metros de alto sombreaban el lugar, y los líquenes, musgos y lianas crecían de sus troncos y colgaban de sus ramas. Los guerrilleros talaban el robledal para sacar leña para cocinar y madera para construir cambuches, refugios y trincheras. Al ver semejante atentado ecológico, los periodistas comentaban:

«Si estos se llegan a tomar el poder, que ocupen la presidencia, los ministerios, todo. Pero el medio ambiente que se lo dejen de cuota a la oposición».

Alrededor del campamento había un bosque de robles, y alrededor del bosque de robles había un cerco militar. La prohibición del congreso no vino sola, sino que arrastró con ella una oleada de movimientos por parte de los del ejército, que así como podían tener un objetivo de disuasión, de la misma manera podían ser el punto de partida para operaciones de envergadura, similares a las que pocas semanas antes se habían emprendido en Yarumales. Se sucedían ahora los mismos pasos de entonces: estrechamiento progresivo del cerco, instalación de morteros de 60, 81 y 120, de lanzacohetes y de ametralladoras punto

30 en los picos circundantes, afluencia de tropas de contraguerrilla, vuelos de reconocimiento, patrullaje en helicópteros. En el centro de todo aquello, contemplándolos sin sobresalto, sintiéndolos acercarse, los guerrilleros cavaban trincheras, limpiaban sus fusiles Fal, preparaban los M-16, cargaban la subametralladoras, acariciaban los viejos Garand.

**

Ana Cristina Navarro, periodista de la televisión española, viaja tarde al congreso del M-19 porque antes ha tenido que cubrir en Panamá una reunión del Grupo Contadora. Cuando llega a Florida ya no encuentra contacto en el Hotel Central ni guía que sepa llevarla. Arranca sola con su camarógrafo y su técnico, y la sorprende la noche en un lugar despoblado donde no encuentra a quién preguntarle el camino. Empieza a llover a chorros y los tres, desolados y perdidos, se disponen a malpasar la noche arrimados a una piedra. De pronto ven la silueta de un hombre con fusil que cruza la oscuridad. Temiendo que sea un soldado, se quedan paralizados en silencio. Ana Cristina nota que el hombre lleva puesto, además de la camisa verde oliva, un bluyín desteñido.

«Hermano, soy periodista. ¡Lléveme a Los Robles!», le grita, segura de que se trata de alguien del Eme.

«No joda, si yo soy es de las FARC», le contesta el tipo, pero de todos modos les indica el camino y los acompaña un buen trecho.

***

Los Robles, el país en el que todo es posible. No hay congreso y los guerrilleros ya no preparan documentos sino que cavan trincheras, y sin embargo los visitantes llegan. No los 10.000 que el M-19 esperaba antes de la prohibición pero sí casi 2.000. Llegan encalambrados y negros de barro, pero llegan. Los Robles, meca de peregrinos, hasta donde suben los que buscan el milagro que los cure de la orfandad política, de la miseria, de la impotencia. Así escribió Antonio Caballero: «Si al Señor de Monserrate le ponen un cerco militar de 12.000 hombres, y cinco retenes y doce requisas, es muy probable que de todas maneras la gente vaya a adorarlo, trepando cerro acurrucada entre los matorrales. Pero, ¿va alguien, sorteando un cerco de soldados hostiles, a oír un discurso de augusto Espinosa Valderrama, por ejemplo? No. No va. Al congreso del M-19 en su campamento de Los Robles le pusieron un cerco, y sin embargo la gente iba».

Los Robles, país de los milagros: niños que suben a jugar en las trincheras, viejos que caminan días para estrecharle la mano a los comandantes, para sacarse fotos con las muchachas del monte. En una de las avanzadas, un guerrillero tegua y curandero, iniciado en los secretos curativos de las plantas y en las luces de la astrología y del tarot, se preparaba para recibir a todos los yerbateros del Cauca y del Huila para intercambiar conocimientos. La magia es parte de lo posible. En otra avanzada hay un concurso de pintura infantil para niños de la zona, y treinta de ellos rayan papeles con cachos de lápiz Prismacolor y producen vacas blancas con negro, tricolores banderas nacionales, verdes hombres-increíble y rojas mujeres-maravilla. Al aire libre tres sacerdotes dicen misa campal y le dan la comunión a los rebeldes (mientras tanto unos soldados colocan un mortero en una loma y, sentado en la loma de enfrente, un guerrillero limpia su fusil. La guerra también es posible en Los Robles).

***

Aunque el congreso abierto ha sido cancelado, no así la conferencia interna de la organización, que se realiza de todas maneras. A puerta cerrada y sin la presencia de nosotros los «civiles». Por informaciones que se filtran, nos enteramos que los guerrilleros están más atareados discutiendo cómo proteger en caso de un ataque del ejército a tanto simpatizante que va llegando al campamento, que preparando bases programáticas para la acción pacífica futura. Se dice también que la victoria militar de Yarumales, junto con el empeño de los estamentos dirigentes del país de cerrarle cualquier vía legal al M-19 como fuerza política, ha envalentonado y llenado de razones a los guerrilleros más proclives a la vía armada. Alarmados ante esa perspectiva, los civiles pedimos una audiencia con los comandantes para recordarles que si en Yarumales ganaron militarmente, fue apoyados en un triunfo político que consistía en defender la paz a cualquier costo, y que no hay salida para ellos ni para el país, por los ya demasiado trillados caminos de la sangre y de la guerra.

Ante el llamado de simpatizantes y periodistas se asoma un instante el comandante Pizarro y declara: «Pueden estar seguros de que no queremos esta guerra, pero si nos obligan a pelearla, la ganaremos».

«No es así, comandante Pizarro», le decimos. «Lo único que ustedes pueden ganar, es la paz. Esta guerra eterna, incompresible e inútil no la ganan ni ustedes ni nadie. Recuérdeles allá adentro que los miles de civiles que hemos querido venir a visitarlos, los seguimos porque ustedes han demostrado ser leales a la paz. Pero que ninguno de nosotros los va a acompañar si vuelven a la guerra.»

«Los muertos de la paz los pondremos nosotros», había dicho Fayad en la firma del acuerdo en Corinto, y todos sabemos que así será. Es posible que el ejército no descanse hasta no haber asesinado a todos los guerrilleros amnistiados, porque es mucho más peligrosa para las instituciones una guerrilla que se acerca a la población en son de paz que una guerrilla que se esconde en el monte a echar tiros. Los muertos de la paz ciertamente los pondrá la guerrilla; aun así, aun al precio de sus propias vidas, la historia no tiene otra puerta abierta para ellos como no sea la resistencia pacífica. Los que estamos afuera lo creemos así con ahínco, y hacemos fuerza para que los que están adentro, decidiendo y votando, no se confundan.

***

En el hospital, una médica graciosa y bajita, de origen español, forcejea con un guerrillero fogueado en mil batallas que no se deja poner una inyección. En un rincón un hombre maduro silabea en voz alta un capítulo de *El Quijote* y otros tres lo escuchan. Esos hombres armados leyendo a los clásicos son parte del milagro. Clementina Cayón de Bateman, montada en su mula, manda besos al trote por el medio del callejón de honor que se forma para recibirla.

Filas de campesinos llegan de madrugada, pasean por las trincheras, piden autógrafos, oyen un discurso, sacan olla, prenden hoguera, reparten papas saladas, duermen la siesta al sol y al atardecer, otra vez en fila, vuelven a bajar. En la sala de prensa truena el mimeógrafo, teclean las máquinas, ruedan las grabadoras y los radios repasan letanías de noticias. En la noche los visitantes tiritamos de frío, pedimos más cobijas, nos asombramos de lo cerca que están las estrellas, perdemos la pelea contra la cama de troncos y algunos deciden pasar la noche en blanco, conversando y fumando. (Mientras tanto, a lo lejos, un soldado coloca un mortero y un guerrillero, sentado en la montaña de enfrente, limpia su fusil. Que aún no se estén disparando entre ellos es otro de los milagros que ocurren en Los Robles.)

***

Al regresar de Los Robles, Antonio Caballero publicó un artículo que tituló «La Confianza», en *El Espectador* del 20 de febrero. Así termina:

Todo esto es muy frívolo, sí. Una guerrilla armada no está hecha para organizar concursos de pintura infantil, ni congresos de yerbateros, ni siquiera congresos por la paz y la democracia. Desde un punto de vista estrictamente racional, se justifica el desdén exasperado con que miran al M-19 los sectores solemnes de la izquierda ortodoxa, seguros de su ciencia, los grandes electores de los partidos tradicionales, seguros de sus votos, Fedegán, y la SAC y la Andi y Asocaña, seguros de sus cifras. Pero por detrás de la frivolidad del M-19, rayana en la insensatez, hay

347

un novedoso fenómeno político de incalculables consecuencias (buenas o malas, esa es ya otra historia): la confianza. La exasperación que provocan los insensatos del M-19 en el Partido Comunista, o en Fedegán, o en el Ministerio de Gobierno, se debe precisamente a que esos insensatos inspiran confianza. (La confianza, por lo demás, suele ser insensata.)

Inspiran confianza entre los pobladores de la región, desde los cañaduzales de Valle hasta los modestos sembradíos de coca que se ven montaña arriba, ocultos entre el café, ya llegando a las minas de Las Dantas: todos los campesinos con que se tropezaban en el monte los expedicionarios jadeantes se ofrecían a guiarlos, a mostrarles dónde estaban apostados los retenes de la tropa, a llevarlos sanos y salvos, aunque exhaustos, hasta el territorio del M-19. Inspiran confianza como guerrilla: la batalla de Yarumales, a fines de año, cuando resistieron durante 25 días los embates de las tropas del ejército, mostraron que militarmente hablando el M-19 no es ninguna tontería. Pero también, paradójicamente, inspiran confianza desde el punto de vista de la paz: se la han ganado firmando y respetando los pactos de la tregua pese al asesinato de Toledo Plata, pese a la emboscada a Pizarro y sus hombres en el día de la firma, pese a los ataques de Yarumales. Inspiran confianza incluso en el vidrioso tema de los secuestros: la reciente liberación del ganadero Abraham Domínguez, secuestrado por delincuentes comunes, mostró que el M-19 no tenía nada que ver en ese asunto, pese a las afirmaciones del ejército.

Y la confianza es un hecho político casi olvidado en Colombia, donde desde hace décadas el aire que se respira es el del más absoluto escepticismo. La confianza es intangible, y no es fácil medirla en los votos de los gamonales, en la ciencia de la ortodoxia o en las cifras de los gremios. Pero sus potencialidades son enormes. Que lo diga, si no, el Señor de Monserrate.

***

Hacemos la larga cola para recibir una ración de arroz, arracacha y lentejas. Hace un hambre horrible y avanzamos despacio. Detrás de mí un guerrillero golpea impaciente la gacha con la cuchara.

«Qué desgracia», dice. «Todavía no hemos hecho la revolución y ya estamos en el socialismo: escasez y colas.»

Aprovechando la romería de gente que sube al campamento, deben colarse docenas de informadores e infiltrados. Los comandantes lo saben, y toman medidas especiales de seguridad para sí mismos y para los demás. Entre ellas un santo y seña nocturno que todo el que se mueve después de cierta hora tiene que conocer. Una noche varios periodistas nos quedamos levantados hasta tarde haciéndole una larga entrevista a Fayad. El centinela pasa y nos informa cuál será el santo y seña: «Esfuerzo y confianza». Al rato digo que necesito salir a orinar, pero que he olvidado qué hay que contestar.

«¿Esfuerzo y qué diablos era?», le pregunto a Fayad.

«Diga esfuerzo…¡y pipí!»

***

A veinte minutos de camino desde el centro del campamento queda el improvisado «hospital». Subimos a bañarnos allá porque la cascada de agua es más abundante. Mientras nos peinamos, un guerrillero campesino y cincuentón se nos acerca.

«Bonito el espejito», me dice, insinuando que se lo regale, cosa que hago. «Gracias, compa, lo guardaré como un recuerdo, pero voy a ver dónde lo encaleto para que no me lo quiten… es que aquí, estas cositas bonitas que casi no hay, a veces desaparecen, ¿sabe? Antes no, eso sucede últimamente, imagínese, con tanta gente nueva. Yo me consuelo diciendo que aquí las cosas no se pierden, sino que cambian de dueño no más.»

El M-19 calcula que desde la firma de los acuerdos, cada semana llegan a su campamento pidiendo ingreso a la guerrilla entre tres y cinco personas diarias. De estas, uno o dos se devuelven. Se ha creado así una nueva modalidad de reclutamiento, una especie de campamento abierto donde es permanente el movimiento de gente que entra y sale.

Escuchamos de contrabando una conversación ajena. Sentados en círculo sobre el pasto, los integrantes de un colectivo escuchan a un compañero que ha ingresado hace tres meses y que confiesa que no puede más y que se quiere devolver para su casa. Le responden que es una lástima pero que la decisión es suya. Le comentamos el episodio a un mando medio, quien nos explica que han abandonado sus viejos criterios estrictos de admisión y de relevo porque la tolerancia frente a las limitaciones personales es la única manera de abrir las puertas a una guerrilla que empieza a ser de masas.

«A algunos de los que entran», nos dice, «los agarra la nostalgia, la angustia porque no han vuelto a ver a sus hijos, porque no saben nada de su madre... Otras veces son boberías pero que empiezan a crear desasosiego, como el otro día una compañera, una estudiante, que me confesaba que le estaba haciendo falta la Coca-Cola, que tenía unas ganas locas de tomarse una, que a cada rato se la imaginaba bien fría, con mucho hielo. ¿Qué hace uno? Pues lo posible por convencerlos de que se queden, pero cuando no hay más remedio, dejarlos que se vayan, que estén con sus hijos, que vean a su mamá, que tomen Coca-Cola. Muchas veces van y vuelven, y si no también nos beneficia, porque alguien que ha pasado por aquí es un aliado para toda la vida, esté donde esté».

Le preguntamos a unos de los nuevos, un muchacho de 17 años, por qué ha ingresado.

«Porque aquí se pelea, uno sabe para qué vive, hay amigos y amigas, se aprenden cosas, y no como afuera, que uno se mata estudiando ¿para qué? Para no conseguir trabajo después. Los visitantes que suben, como ustedes, creen que uno es un valiente y un abnegado porque se aguanta esto. Pero es que aquí la vida no es tan dura como parece. Por ejemplo, no falta la comida... ¿y es que acaso hay en Colombia tantos sitios donde le garanticen a uno las tres comidas diarias? Cuando estoy acá arriba pienso mucho en Cali, pero la otra vez que me mandaron a Cali a hacer una tarea me la pasaba añorando la montaña, porque quería volver...»

El número de mujeres que ingresa es relativamente bajo; de cada diez personas que entran sólo tres son mujeres, pero, curiosamente, también es bajo el número de las que, una vez allá, se arrepienten.

«Aquí las mujeres nos crecemos», nos dice una guerrillera. «Nos sentimos bien porque ganamos una igualdad, unos derechos y una importancia que en la sociedad no tenemos.»

***

Flota la nostalgia en el aire de la última noche, la de la despedida, porque los guerrilleros se quedan, los visitantes se van y ni unos ni otros saben qué irá a pasar mañana en el país. Contra la nostalgia, rumba. Se organiza una rumba en lo que llaman la sala del betamax, y las parejas siguen bailando en seco cuando alguien quita el disco para que cante El Negro, Alfonso Jacquin, puros dientes blancos en su rincón oscuro, puro mece-mece y golpeteo de canecas, rodeado de muchachas, allá en su rincón. «Cántanos una cumbia, Negro, un joropo. ¡Un vallenato, Negro Super Star!»

Pero él, caprichoso, sintiéndose admirado, contraría a las admiradoras cambiando las canecas por la guitarra, y poniendo cara trágica se deja venir con un tango llorón.

«Si yo tuviera el corazón, el mismo que perdí…»

«Lo que vos perdiste, Negro, fue la tripa. Negro retinto, qué hiciste con esa tremenda panza que tenías allá en tu despacho de abogado burgués…»

«Entre los trotes por estos montes y las penas de amor, mis hermanas, no hay panza que resista.»

«Cuáles penas, Negro embustero, si sos un coqueto sin corazón.»

«Si yo pudiera como ayer, querer sin presentir…»

«Te estás poniendo azul de la nostalgia, Negro cursi, ¿en quién pensás?»

«Juro por Dios que pienso en mi mamacita sant[...] está allá arriba, a quien conjuro para que se aparezca aquí, ya mismo, y me acaricie el pelo.»

«Dirás la lana que tenés por pelo, este Negro se puso metafísico, ¿y que más querés?»

«Lo que más quiero, óiganme todas, es tener un hijo antes de morir.»

«Negro consentido, siempre buscando quien te quiera, deja el velorio que aquí no se va a morir nadie, mejor levantá esto con una cumbia, no seas plasta, un bullerengue, Negro, ¡un guaguancó!»

«Si yo tuviera el corazón, el mismo que perdí...»

***

Utopía: del griego *ou* —no—, Τοπος —lugar—; no existe tal lugar. El congreso entre los robles ha durado un abrir y cerrar de ojos y no existe en Colombia otro espacio abierto bajo las estrellas donde los hombres y las mujeres puedan reunirse a soñar con un futuro sin violencia y sin miseria, donde la convivencia entre los humanos no esté teñida por el desprecio, la desigualdad y la intolerancia. Un lugar donde no duerman unos en la cama y otros en el suelo, sino todos en el suelo; donde no haya unos que comen y otros que pasan hambre, sino una ollada de arracacha para repartir entre todos; donde las mujeres se bañen sin temor en las quebradas, donde quepan todos los niños y los viejos puedan leer *El Quijote* en corrillo; los árboles crezcan hasta cumplir mil años, los astros alumbren en la placidez de su silencio y los jóvenes puedan tener confianza en que la vida venidera será menos inhóspita que la que debieron llevar sus padres y sus abuelos.

Hombres y mujeres jugando por un rato a que está en sus manos hacer la vida más llevadera: no fue más lo que sucedió en aquel pico de la cordillera y, sin embargo, quienes allí estuvimos no habíamos visto antes nada tan importante y probablemente no lo volveríamos a ver.

Los ministros y empresarios que creen que hacer política consiste en reunirse en un salón de convenciones a calcular votos y traficar influencias, no entendían por qué el M-19 no transaba con un congreso a puerta cerrada, con temarios y credenciales, como son los congresos de sus propios partidos. Un congreso que no hiciera «desorden ni alboroto» como dijo el ministro de Gobierno, ni amenazara las instituciones. Los ministros y los empresarios no saben que sólo a cielo descubierto y en el pico de una montaña se puede jugar a que este feo destino no es el destino que nos tocó.

Las discusiones políticas y programáticas en Los Robles no fueron gran cosa: mucho se habló de paz y se reiteró la decisión de hacer por ella «hasta lo imposible», pero el cerco cada vez más estrecho del ejército y los rumores que llegaban de que el gobierno estaba dispuesto a dar luz verde al ataque al campamento, hacían que esa jurada esperanza de paz sonara lánguida y nostálgica como un lamento de quena andina. Como advirtieron los columnistas, aquello se pareció más a un safari o a un encuentro *scout* que a una deliberación consistente y una responsable toma de decisiones. Fue más el desorden y el alboroto, como temía el ministro de Gobierno. Pero fue mágico y extraordinario como un juego de niños en el bosque, un compartir papas saladas con desconocidos a la orilla del río, un saludar la madrugada en medio del bailongo, un instante de alegría en medio de la inclemencia de este país donde, si algo amenaza las lúgubres instituciones, es justamente la alegría.

Es posible que los grandes momentos históricos no estén hechos de muchas palabras, ni siquiera de acciones trascendentales, sino de iluminados encuentros. Encuentros de una gente con otra y unas ideas con las opuestas, encuentros de enemigos irreconciliables que se reconcilian, de amigos que se abrazan, de desconocidos que se hacen amigos, de los hombres con su futuro, de un pueblo con su esperanza, de un país que, en ese peculiarísimo cruce de circunstancias y caminos, de repente se reconoce a sí mismo como tal y se anima a pensar que tal vez, después de todo, su vida de nación no tiene por qué ser tan dura.

Sólo «desorden y alboroto», como predijo el ministro de Gobierno, o sólo «confianza» como dijo Antonio Caballero. Botas pantaneras y pantanos, hogueras en la noche helada y agua de panela caliente en gachas, romería de jóvenes y viejos trepando loma a escondidas de la tropa y un no poder dormir en toda la noche, en parte por el frío y la incomodidad de la cama de troncos, pero sobre todo por la agitación insomne y deslumbrada que produce un instante de paz, de fe y de entusiasmo en medio de la amodorrada apatía de un país acostumbrado a mirarse la cara sólo en los espejos turbios de su guerra sin principio ni final.

Los Robles, el país donde todo fue posible. Los Robles, el país de nunca jamás.

***

Ha terminado el congreso de Los Robles y los periodistas, madrugados, marchamos ya de regreso. De una cantina arrimada a la carretera sale un borracho dando tumbos. Sin saber si las veinte personas que ve trotar montaña abajo con cámaras, mochilas y maletines son seres de verdad o de su alucinación, se frota los ojos enrojecidos. Para estar seguro, trata de acercarse haciendo un bailecito absurdo con sus pasos inciertos.

«Yo se adónde van ustedes», dice arrastrando las babas, «y cumplo con mi deber revolucionario de avisarles que si siguen por este camino ahora mismo se van a topar con un retén militar».

Pero ya no importa si nos devuelven a Cali. Por el contrario, querría decir que más rápido llegaríamos allá. En cualquier caso no creemos que hagan nada contra un grupo tan grande de gente de prensa, menos cuando vean que hay prensa internacional. Así que seguimos derecho, y tal como advirtió el hombre, llegamos a un retén. Un capitán, amablemente, casi con dulzura, apunta nombres, revisa bolsos, pide credenciales. Pasa por radio nuestros datos, nos pide el favor de que esperemos y se retira con nuestros papeles de identidad en la mano.

Amablemente, casi con dulzura, nos hace esperar más de dos horas sentados al borde del camino. De vez en cuando algún soldado se nos acerca con ganas de saber si los guerrilleros han decidido romper la tregua. Vuelve por fin el capitán y a medida que devuelve los papeles, va dejando pasar periodistas al otro lado del retén. Pasan los camarógrafos franceses, los reporteros de Cali, pasa la chilena, uno a uno van pasando los veinte, ya estamos casi todos al otro lado. Sólo falto yo. El capitán no me entrega la cédula sino que mira la foto pausadamente, me mira a mí, vuelve a la foto, se demora. Me inquieto: ¿me irá a detener?

«Usted no es fotogénica», me dice. «Se ve mejor en la vida real.»

Me entrega la cédula y me deja pasar.

Es el primero de los siete retenes militares que tenemos que franquear durante todo ese día y buena parte de la noche, hasta que por fin logramos llegar a Cali, en donde tendremos que dormir para salir al día siguiente para Bogotá. Ya son las tres y media de la mañana y entramos al pretencioso *lobby* del céntrico hotel Aristi, donde se encuentran reunidos jóvenes ejecutivos y ejecutivas que regresan muy elegantes de una fiesta. Nosotros olemos a diablos, tenemos los pelos tiesos de polvo, vamos de bota pantanera y ropa absurdamente embarrada. En la recepción nos entregan el formulario de registro de rigor para que lo llenemos. «¿Motivo viaje?» «Negocios» no, «Turismo» no, «Otros» tampoco. Ponemos una cruz donde dice «Congreso».

La selva para los micos

El aguacero cae a chuzos sobre las espaldas empapadas de los 15 jóvenes y de tres docenas de curiosos con plásticos y periódicos por la cabeza que han hecho un círculo alrededor de ellos y los miran traer palos, estirar lona encerada, abrir huecos en la mitad del descampado, resbalando con frecuencia en el lodazal que se ha formado, que es el mismo que se forma siempre que llueve así y que hace que los peladeros y los barrancos se vuelvan toboganes en ese barrio que llaman Villa Gloria, agarrado sin mucho éxito de las faldas más pendientes de las montañas del suroriente de Bogotá.

A pesar de la ensopada, los vecinos no se mueven del círculo. Qué se van a mover, si no es de todos los días que haya extraños en esas lomas a donde no llegan ni los buses, ni el alcantarillado, ni el pavimento, ni siquiera las autoridades, ni siquiera los candidatos en campaña electoral, mejor dicho un moridero olvidado en la quinta porra, un peor-es-nada de ranchos de invasión que se sostienen los unos contra los otros y se prenden con las uñas del barro hasta que ya no aguantan y se vienen abajo como un castillo de naipes, arrastrando con ollas y gallinas y con los cristianos que no alcanzan a salirse. Esto y no otra cosa es la Villa Gloria; algún gracioso le pondría el nombre.

Hoy por lo menos hay espectáculo en Villa Gloria, todos mirando a esos jóvenes y a esas muchachas que llegaron por la mañana y que ahora se afanan por levantar un toldo en el claro que les alquiló por tres mil mensuales un vecino que vive al lado en una casa de material. Al principio creyeron que sería algún circo, alguna feria de diversiones o algo así porque a quién más se le ocurre montar carpa. Después se enteraron de que eran guerrilleros del M-19, no armados ni uniformados como aparecen por la prensa, sino normales, de suéter y bluyines, eso sí embarrados hasta los dientes todo el día con la dichosa carpa, o campamento, que le decían.

Después llegó la televisión y la monita que sale por el noticiero era la que mandaba a los de las cámaras, me retratan esto así y así, después se trataba de peinar con un espejito y explicaba todo por el micrófono. Dijo que era un campamento de la paz del M-19, dijo que ya había otros iguales por Cali y Medellín. Unos se asustaron y se metieron a sus casas porque dijeron que había llegado la subversión y que el ejército iba a borrar el barrio, que el que se metiera con los de la guerrilla era hombre preso o muerto. Pero esa noche a la monita la vio todo el barrio en la pantalla, que mire a fulano y que esa es mi tía, sólo que la sacaron por detrás. Cuando ni en sueños se había imaginado nadie que ese peladero de barrio fuera a salir por la tele. Ahí se vio todo; la carpita ya armada más o menos, ellos debajo del diluvio izando la bandera nacional y otra azul, blanco y rojo que es la de su movimiento, y cantando el himno nacional y otro por la paz. Eso fue lo que más les gustó a los vecinos de Villa Gloria ese día, verse por la televisión. Cuando se fueron las cámaras, el jefe del campamento dijo que se llamaba Salvador, que venían para quedarse porque entre todos iban a ser gobierno, que los propios vecinos eran los que tenían que mandar en ese barrio porque nadie más se había ocupado de él. Después gritó: «¡Milicianos del M-19, formarse!» y dijo que el que quisiera ser miliciano podía entrar en la formación para hacer unos ejercicios. Todos se rieron de pensar en ejercicios con ese palo de agua, pero unos cuantos pelados del barrio se metieron de noveleros, por divertirse un rato. Ya eran las cinco de la tarde y el que se llamaba Salvador dijo: «Bueno, ahora sí a ser gobierno, y lo que hace un gobierno democrático es trabajar por el bienestar de todos, así que la orden para los milicianos, los viejos y los nuevos, es ir a las casas de abajo, que son las más inundadas». Se fueron para allá con la nube de curiosos y encontraron a las familias que no daban abasto con ollas y cacharros sacando el agua que adentro les daba por los tobillos. Los guerrilleros, hombres y mujeres, se arremangaron los pantalones; primero reforzaron una pared que se quería venir abajo y después se pusieron a sacar agua. Al principio la otra gente sólo miraba pero después algunos se animaron y dieron una mano. Los milicianos trabajaron casi hasta la madrugada y después se metieron en su tolda. Los vecinos oyeron que hablaban en voz baja y que tapaban las rendijas por donde se colaba el viento y sintieron pena de pensar en el frío que estarían pasando, así que al otro día les llevaron chocolate y unos huevos para que desayunaran caliente.

Se instalaron en el barrio en febrero del 85, y como pasaba el tiempo y no se iban, la gente se acostumbró a verlos, a tenerlos ahí, a visitarlos; al principio por curiosidad, eran lo único raro que había pasado en años allá en Villa Gloria, donde había que matar el tiempo libre mirando el techo. Pero después fue por necesidad; su campamento se había convertido, sin que nadie se diera cuenta a qué horas, en el corazón del barrio. Cocinaban en ollas grandes que ponían al fuego y de ellas comía todo el que aportara en víveres o en trabajo. Pusieron botiquín de primeros auxilios y curaban quemaduras, cortadas, jaquecas; pobretones más bien como médicos, cuando no tenían remedios daban un agua de hierbas o un masaje. Tenían horas fijas de lectura y podía asistir cualquiera. Por esos días andaban estudiando la historia del Partido Liberal. Montaron guardería en la carpa; allá iban los niños y las madres que los cuidaban organizadas por turnos. Turnos también hicieron para la vigilancia de las calles. Iban a donde había robo o pelea y ponían orden. Los ladrones se fueron a robar a otros barrios. Se vio el caso de que entre un policía y un miliciano separaron a dos mujeres que se estaban matando a cuchillo. También pirateaban electricidad de los cables de alta tensión para las casas que no tenían, organizaban misas, fiestas, partidos de fútbol, campeonatos de ajedrez. Uniformaron a la juventud que entraba a la milicia, de bluyín, camisa blanca y brazalete. Los que estudiaban o trabajaban fuera del barrio se reportaban al campamento temprano: «Comandante Salvador, hoy no cuente conmigo hasta las cinco», «Muy bien miliciano a las cinco cn punto lo espero». Todo eso hacían, y además contaban historias. Cuando se sentaban a charlar iba cayendo la gente, se acomodaba a escuchar y no se movía en horas, como en el cine; quería saber de batallas y tomas, del robo de las armas, del avión que hicieron aterrizar en la selva; no se cansaban de oír la historia del *Karina*. Los vecinos preguntaban por curiosidad, por saber cómo eran los protagonistas, como en las telenovelas: yo lo que quiero saber es si La Chiqui eran tan hembra como decían, y ellos, qué va hermano, si el encanto estaba en la capucha; si era verdad que en la embajada el embajador mexicano se había portado como un príncipe, y ellos, verdad, hermano, el tipo era un demócrata consecuente; mi papá lo que dice es que Bateman está vivo sino que se hace pasar por muerto para esconderse mejor, qué va hermano se mató en esa avioneta; quién se craneó lo del túnel y ellos explicaban; dónde tienen la espada y ellos no sabemos; quién si no Fidel Castro les da las armas, y ellos: las que no se ganan en combate se compran en el mercado negro, contestaban, y entre charla y charla difundían la leyenda de su lucha armada.

Todo esto sucedía en Villa Gloria de Bogotá, o tal vez era en Jerusalén, Ciudad Bolívar, La Victoria, o quizá fuera en las afueras de Medellín en Villa Tina o El Salvador, o en uno de esos para los que no alcanzaron los nombres y sólo se llaman Barrio Popular Uno y Barrio Popular Dos; pero podía ser también en Manizales en el Fátima o en el Solferino, o en Cali, más que nada en Cali, en Petecuy, Terrón Colorado o Mariano Ramos, porque más de sesenta campamentos se regaron por todas las ciudades del país, juntando algunos miles de milicianos.

Pero para campamentos, Cali; allá brotaban como hongos. En Aguablanca, donde 350.000 personas vivían entre los desagües de las aguas negras de la ciudad, enorme barriada de un amarillo intenso por el polvo reseco y por el sol del Valle, calles rectas sin acera, discotecas con rayo láser, sectores sociales bien diferenciados: rancho de bahareque para el desempleado y casa de material para el asalariado, tienda con manteles plásticos y gaseosa helada en la esquina elegante, cantina con venta de grano y cerveza al clima en la esquina perrata. Allá en Aguablanca, florecientes, varios campamentos del M-19.

También en Siloé, una montaña de luces apretadas, vieja invasión que nunca se dejó desalojar de los mejores terrenos de la ciudad, los que dominan el panorama; arriba Siloé y abajo Cali a sus pies, las callecitas subiendo y bajando en serpentina con llantas entreveradas formando escalera; barrio verde y violeta de buganvillas que se tragan las paredes y malezas que revientan tapias y tejados; en la punta de la loma un poderoso monumento realista-socialista, pareja en cemento de trabajador y trabajadora, ambos horrorosos e indestructibles, y abajo, sobre la carretera, bailaderos, piqueteaderos y paraderos del bus amarillo-rojo de la flota Roja-Municipal.

En Aguablanca y en Siloé nacieron los primeros campamentos milicianos; allá se los inventaron casi por casualidad, cuando el comandante Eduardo Chávez, el comandante Afranio Parra y el sardino Carlos Alonso Lucio, los responsables del trabajo legal del M-19 en Cali se preguntaron de dónde salía la gente que llenaba las plazas contra tanques y marea cuando la guerrilla convocaba a una manifestación: en algún lado tienen que vivir. Y empezaron buscándola en Siloé y Aguablanca, en donde quisieron abrir un par de sedes políticas. Pero andaban mal de plata, no era barato conseguir casas para alojar 10 ó 15 personas, y alquilaron más bien lotes para montar campamentos, solicitaron permisos a la alcaldía y empezaron. Aunque los partidos políticos no habían hecho pie en esos barrios aquello no era tierra de nadie, así que buscaron las organizaciones naturales: la primera, la iglesia popular; la segunda, las pandillas.

Le propusieron trabajo conjunto a los curas párrocos y unos los sacaron de la iglesia con crucifijo y agua bendita, como al demonio, pero con otros se entendieron y se complementaron en el trabajo de barrio. A algunos sacerdotes los enemigos de la tregua les cobrarían cara esta amistad, como a Daniel Guillard, párroco de Aguablanca, quien dejó Bélgica, su tierra natal, para empatar destinos con los pobres de Colombia, y durante más de la mitad de sus 50 años trabajó y educó, peleó con las autoridades, con el ejército, con la jerarquía eclesiástica, denunció atropellos, protegió a su gente, hasta la noche en que minutos antes de llegar a su casa, en una calle oscura de Aguablanca, metió las narices de su automóvil en un inesperado retén del B2 de policía, vio a los hombres armados, recibió en el cuerpo y en la cabeza las ráfagas de ametralladora, después vegetó descerebrado durante meses en un hospital mientras la policía explicaba que había disparado porque el sacerdote no se había detenido, y luego murió. En Bélgica lo lloraron dos hermanas y un tío, y en Colombia la peste de olvido gubernamental borró su muerte, como la de tantos, y el nombre de sus asesinos.

Un día llegó al campamento de Petecuy un pastor anglicano, de 28 años y raza negra, llamado Irne García Díaz. Invitó a los milicianos a visitar su iglesia y los llevó a Guanabanal, barrio perdido en medio de un cañaduzal en la vía de Cali al aeropuerto, donde les mostró lo que había construido: un templo de todos los cleros, llamado así porque estaba abierto a todos; al fondo había una biblioteca pública y, cuando no había oficios, ensayaban en el recinto grupos de danza y de teatro. Por defender los terrenos del barrio, Irne García se había peleado con los terratenientes y había estado preso más de una vez. «Yo quiero un campamento en Guanabanal», les dijo, y organizó con sus fieles una marcha de tres kilómetros de Petecuy a Guanabanal. Cuando llegaron, clavó la bandera del M-19 en el espacio destinado. Quince días después, a media mañana, dos sicarios de civil lo buscaron y lo acribillaron, desaparecieron, volvieron a la misma hora tres días después, asesinaron a su acólito y desaparecieron para siempre.

La juventud caleña anda en galladas. No hay manzana de barrio que no tenga pandilla: Los Patiaflores, Los Cabecipelaos, El Gran Combo. Quien no tiene patota se las arregla solo, se aburre solo, no lo defiende ni Dios. En cambio, ser de la pandilla es castigar gafanegra y camiseta negra tipo esqueleto, mostrando músculo. Los Michael Jackson latinos, de 13, 15 hasta 25 años, tienen en cada esquina un escenario para lucirse, hacer gran despliegue físico según como venga la mano: o como magos del *breakdance* echándose la noche al bolsillo, o rompiéndose el alma con otra pandilla, a puños, varilla o karate. Para matar el rato no más, para que sepan que la cuadra tiene dueño, que no se pasa por enfrente sin pagar impuesto. O si no, al río con las muchachas, mañanas de sol y tardes de salsa a la orilla del agua, o a otros barrios a tumbarse un televisor, jalarle el pasacintas a un carro y hacerse humo. Disciplina absoluta ante el jefe: por él la vida, para él la mejor mujer; se lo ganó todo siendo el más macho, el más temerario, el más descarado. Pandillas, no de crápulas perdidos, ni de bandidos profesionales, sino de muchachada que cuando no está reunida estudia o vive en familia, trabaja o no hace nada, se mete un varillo pero no trafica, comete algún robo pero no grande y no siempre; minidelincuencia por falta de plan.

El comandante Chávez, el comandante Afranio y Carlos Alonso se la pillaron: la clave de una pandilla es instinto gregario, defensa de territorio y busca de protección, urgencia de socios, de clan, de actividad. Lógico que un pandillero, que ante todo respeta el valor, aceptará respetar a un guerrillero, y estos sabían que se podían ganar pandillas enteras si a su vez respetaban su estructura, su jerarquía natural. Así que Chávez, Afranio y Lucio buscaron a los jefes de las pandillas: «Háganse jefes milicianos, muchachos». Salvo restricciones que quedaron claras —ni robos, ni venta o consumo de droga en el barrio, trato igualitario con las mujeres, horarios de trabajo y cumplimiento de tareas— en la milicia se sentían frescos como en la pandilla, pero con un carretazo mucho mejor: rebeldía, libertad, apoyo, dignidad, dosis de acción y aventura insospechadas antes en la manzana, sólo comparables a las de las series de televisión, o si no tanto por lo menos más emocionantes que andarle rompiendo el coco a los del barrio de al lado. Hecho el acuerdo, los jefes de la pandilla asumieron su nueva autoridad y dignidad, disciplinaron a sus huestes en la onda miliciana, se cambiaron las camisetas esqueleto por unas que decían «Soy del M-19, y qué», y tras ellos la juventud barrial se incorporó en masa a los Campamentos de la Paz. La masculina; la femenina se acercó también, pero por vías más discretas, como el deporte, el estudio, las tareas de solidaridad. También la gaminería fue a parar allá, no podía faltar. Llegaron en manada, harapientos y mocosos, y tuvieron derechos y obligaciones; en Cali hubo todo un campamento sólo para ellos, y el mejor gamín, fue el comandante. Comandante gamín, comandante cura, comandante señora, proliferaron de tal manera que el alcalde de Manizales, hasta el gorro de tanto comandante, dio la orden a sus empleados de la administración: «Salvo al jefe de la policía, al del ejército y al de los bomberos, a ningún otro ciudadano de la localidad se le reconocerá el calificativo de comandante».

Otras órdenes fueron bastante más agresivas. Se desataron los allanamientos diarios de policías y soldados a los campamentos, fueron muchos los golpeados y los detenidos. En una sola edición del diario *El Tiempo*, la del día 20 de junio del 85, se registran allanamientos a diez campamentos, entre ellos, en Cali, el de Terrón Colorado, tomado por el ejército; el de Petecuy, donde los militares detuvieron a tres milicianos, amarraron las vigas a sus jeeps y echaron las toldas abajo; el de Guanabanal, arrasado con tres tanquetas; en Manizales otros tres detenidos; en Bogotá tres, con requisas a todos los habitantes y, en Medellín, el barrio Moravia sometido a patrullaje permanente. Días antes, en *El Tiempo* del 7 de junio, la policía declaraba haber detenido la víspera a 30 personas solamente en los campamentos de Cali. Después empezó a haber muertos y desaparecidos en estas operaciones, y finalmente el ministro de Gobierno prohibió la existencia de campamentos urbanos al declararlos ilegales.

Como cualquier otra organización en tregua, el M-19 podía tener sedes urbanas y hacer en ellas proselitismo político, y argumentaba que los campamentos eran sus sedes urbanas y que allí practicaba, sin armas y sin uniformes, conforme a los acuerdos, su estilo propio de proselitismo político. Las cien veces que los soldados allanaron buscando armas no las encontraron. ¿Qué era entonces lo que exasperaba al gobierno hasta el punto de prohibir los campamentos? Más que guerrilleros, los milicianos parecían hermanitas de la caridad, comiéndose el arroz y las papas que les regalaban, socorriendo a gamines y adolescentes descarriados, secando al sol por la mañana la ropa que se les mojaba por la tarde, más remendados que un zapatero, más engrasados que un mecánico, más embarrados que un damnificado, ayudando al prójimo, dando de beber al sediento, etcétera.

Imitadores de las hermanas de la caridad o plagiarios de los misioneros franciscanos, cualquiera hubiera jurado que eso eran, a no ser porque no hablaban de los mandamientos de la ley de Dios sino de la ley del congreso de Los Robles, según la cual había llegado la hora de ser gobierno. Consigna que la gran prensa consideraba demostración límite del enloquecimiento del M-19 y que los teóricos de izquierda catalogaban de insoportablemente imprecisa, pero que para los habitantes de los tugurios resultaba clara y hasta obvia, asumiéndola satisfechos de gobernar sus dominios, alegremente al margen, por supuesto, del otro gobierno, el del doctor Belisario Betancur. Ser gobierno, en los barrios, significaba poder popular, y en un país como Colombia era justamente ahí, más que en los sindicatos o en las universidades, donde este resultaba más peligroso, porque era el barrio el que recogía la tradición de lucha de los paros cívicos, con quema de buses, amotinamiento, barricadas, pedreas con la policía...

Monjitas o franciscanos cualquiera hubiera dicho, a no ser porque en vez de crucifijos y rosarios tenían himnos, milicias, formación, voces de mando, jerarquías, disciplina castrense, toda la simbología militar que nunca abandonan y que estaba en la médula misma de lo que hacían. Allí no había armas, ni uniformes militares, ni acciones de guerra, sino guardería, botiquín, libros, olla comunitaria, pero era en los símbolos donde estaba el misterio. Los soldados buscaban granadas y encontraban la bandera nacional, querían decomisar propaganda comunista y decomisaban biografías de Bolívar, denunciaban entrenamiento militar y lo que habían visto eran a tres viejas haciendo aeróbicos. Nada ilegal, nada contra la Constitución, nada tangible para detener a nadie, ninguna justificación para que el ministro prohibiera nada; a quién se le hubiera ocurrido decir que no se podía izar la bandera patria o vivir pobremente, que trotar en un potrero era violar la ley, que Bolívar, gloria de la Independencia, era subversivo. Y sin embargo, agotándole los nervios al gobierno y a los militares ahí estaban los símbolos, calando en las conciencias, aglutinando masivamente a la gente, generando organización popular, creando pequeños focos de poder paralelo por todos lados. Arraigando a la guerrilla, por primera vez en la historia del país, en el corazón mismo de las grandes ciudades. Y dejando la selva para los micos.

Una carpa, una bandera, diez muchachos acatarrados por el frío de las madrugadas en medio de una ciudad: esto era sin duda el mayor logro político-organizativo de la guerrilla durante la tregua. Y al mismo tiempo no era sino una ilusión óptica, un reflejo de otra cosa. Porque los franciscanos del M-19 se las habían ingeniado para montar en las barriadas urbanas campamentos guerrilleros que en realidad no eran sino un espejismo de otros campamentos guerrilleros, estos sí reales: los que estaban en la montaña. Por eso era un espejismo políticamente tan eficaz. Las hermanitas guerrilleras de los pobres no fomentaban la lucha armada sino que difundían los ritos de la lucha armada, que era una manera de fomentarla sin violar los acuerdos.

Al ejército no se le escapaba que lo que en periodo de paz parecían asilos de la Madre Teresa, una vez rota la tregua podían llegar a ser dinamita pura. La guerrilla colombiana nunca había logrado dar en las grandes ciudades golpes equivalentes a los que daban en el campo, porque el ejército la rodeaba y la liquidaba. En las ciudades el M-19 siempre había sido un fenómeno político, pero nunca una presencia militar. En el campo, donde sí lo era, no podía romper el aislamiento. Ahora aparecían nuevos eslabones que unían la cadena: la guerrilla rural se había establecido temerariamente cerca de las ciudades; ahí estaba por ejemplo el campamento de Los Robles a tiro de piedra de Cali; habían surgido y se habían multiplicado unas milicias urbanas, por lo pronto legales y pacíficas, pero que podían pasar a la ofensiva y a la clandestinidad; casi todas las ciudades colombianas tenían la montaña al pie, o estaban en medio de grandes cordilleras de vegetación espesa. Las tres cosas juntas significaban un avance cualitativo para la guerrilla: la posibilidad de acciones armadas que empezaran arriba, se volcaran sobre las ciudades, desataran oleadas de agitación a través de las milicias y se replegaran nuevamente hacia la retaguardia protegida de las montañas. Seguramente ni al ejército ni al gobierno se les pasaba por alto esta perspectiva. E indudablemente a la guerrilla tampoco.

Cuando el ejército allanaba los pacíficos campamentos milicianos, y cuando el ministro de Gobierno los prohibía, en términos estrictos estaban cometiendo una nueva arbitrariedad, además de una quijotada: luchaban contra algo tan etéreo como unos símbolos y tan nimio como palos y una lona encerada. Ahora, en términos hipotéticos, estaban tratando de atajar, antes de que se les hiciera tarde, el desarrollo de una nueva fórmula insurreccional. Aunque alguien podría argumentar, también hipotéticamente, que su actitud ayudaba más bien a lo contrario.

El último desayuno

«Qué lástima, me mataron», fue la única frase audible que articuló, con la voz cavernosa y desconocida, ahogado por los borbotones de sangre que le salían por la boca. La vio, espesa y roja, arterial, manando en chorro de su cuello y empapándole la camisa; trató de mirar alrededor pero no vio más, la densa nube de polvo no se apartaba de sus ojos. Trató entonces de escuchar pero sólo logró que se hiciera más agudo el silbido insoportable que le taladraba los oídos desde que aminoró el estrépito de la explosión. Se dio cuenta de que no podría moverse aunque quisiera, y se dio cuenta también de que no quería, porque la inmovilidad absoluta lo hacía sentir casi bien. Lo sobresaltó la idea de no sentir dolor, la rechazó, estaba seguro de que debía tener mucho, trató de encontrarlo en algún lugar de su cuerpo y no pudo. No sentía nada salvo una tristeza profunda y un cansancio infinito, y pensó: «Si me duermo me muero». En ese momento, del fondo de su agotamiento brotó una mínima burbuja de voluntad; «No me puedo dormir», se ordenó a sí mismo, «No me puedo dormir», pero a medida que se lo repetía el sueño le venía en oleadas cada vez más pesadas, cada vez más cercanas al centro de su cerebro, doblegando su resistencia.

«Ahora se me cierran los ojos, me duermo y me muero», pensó el comandante Antonio Navarro Wolff mientras su largo cuerpo yacía tendido sobre los baldosines de la cafetería, reventado por todos lados por las esquirlas de la granada que acababa de estallar a veinte centímetros de sus pies.

Unas semanas atrás un periodista argentino, Horacio Verbistky, en una entrevista le había preguntado: «Usted sabe que en algún momento lo van a matar, ¿no?». «Yo sé», le respondió Navarro, «pero es inevitable, no podemos abandonar el enorme espacio político que tenemos abierto».

Ahora eran las 10:30 de la mañana del día 23 de mayo de 1985, y ese momento inevitable parecía haber sucedido ya. Dos horas antes Navarro Wolff —después de haber pasado toda la tarde y la noche anterior de pie en un baldío, detenido por el ejército— entraba al local público del M-19 en el centro de la ciudad de Cali; se daba un largo baño; escuchaba por la radio la voz de un locutor: «Antonio Navarro Wolff a quien durante 15 horas se dio por desaparecido, reapareció ileso esta madrugada en el Batallón Codazzi de Palmira, de donde se le permitió salir en libertad a las 5:30 a.m...»; llamaba a Avianca a confirmar su vuelo de regreso a Bogotá para el mediodía. Después se enteró de una noticia que lo alarmó: a pocas cuadras de allí acababa de cometerse un atentado contra un bus de empleados del ejército que se dirigían, desarmados y sin escolta, hacia su trabajo en el Batallón Pinchincha. En un semáforo, por la puerta del bus habían arrojado a su interior dos granadas, una de las cuales había estallado matando inmediatamente al conductor, un hombre viejo llamado Luis Eduardo Paredes, dejando entre la vida y la muerte al contador civil Alfonso Mesa, e hiriendo a tres suboficiales y tres soldados. El atentado lo reivindicaba uno de los grupos que no habían suscrito los acuerdos, Democracia. Navarro comentó la necesidad de pronunciarse al respecto con Carlos Alonso Lucio, figura pública del M-19 en Cali, el mismo de los campamentos, el mismo que manejaba la camioneta de Pizarro el día del atentado en Florida, y a quien le decían El Sardino por jovencito. El Sardino se comunicó con una cadena de radio y en directo declaró que censuraban el hecho, que lo consideraban un nuevo obstáculo para la paz, dio el pésame a los familiares del muerto y les deseó pronta recuperación a los heridos. Después Navarro y Lucio bajaron a desayunar junto con otros dos miembros de la dirección de Cali. Alberto Caicedo y María Eugenia Vásquez, esta última embarazada, y entraron a una cafetería cercana llamada El Oeste. Estaba vacía y se sentaron en la esquina del fondo. Caicedo y María Eugenia a un lado de la mesa, de espaldas a la puerta, y frente a ellos Lucio y Navarro. Mientras les traían el caldo con arroz y huevo, las arepas y el chocolate, llegaron Eduardo Chávez y Eduardo Alvarado y se sentaron en las dos cabeceras de la mesa. Chávez quedó mirando hacia la ventana, por donde vio pasar una figura conocida; corrió hacia la puerta y le gritó a un hombre de unos 25 años, de pelo negro crespo, que cuando lo vio quiso alejarse:

«¿Vos qué hacés aquí?».

«Estoy con unos amigos…»

«No vayás a moverte en falso, nosotros sabemos que trabajás para el enemigo», le dijo Chávez, y volvió agitado a la mesa.

«Vámonos rápido de aquí que esto se está poniendo espeso», les dijo a sus compañeros.

«¿Qué pasa? ¿Quién es ese?», le preguntaron.

«Un tal Antonio Espinosa, un tipo cagada, mano, entró al Eme en el 83 y lo echamos porque suponíamos que era tira. Después confirmamos que trabaja para el ejército. Me da mala espina porque hace días reapareció; llegó al local acompañado de una rubia, diciendo que quería volver a militar, y ahora se presenta por aquí; mejor vámonos que esto huele mal.»

Pidieron la cuenta y de lo que sucedió inmediatamente después sólo recuerdan una imagen paralizada, como una instantánea: Chávez vio a Espinosa entrar, Navarro vio la expresión de alarma en la cara de Chávez, Lucio vio una granada en la mano de Espinosa, María Eugenia no vio nada pero instintivamente se protegió la panza.

Luego vino el impacto. Después, entre las nebulosas intermitentes del sueño, Navarro se percató de que lo subían a una ambulancia, creyó llegar a un hospital, lo vio lleno de soldados, supo que había mucha gente armada, lo despertó la sospecha de estar en un cuartel, lo apaciguó el verde inconfundible del quirófano, el olor a desinfectante y se dejó llevar por la anestesia.

Los habían traído al Hospital Universitario de Cali, a Navarro moribundo, a Lucio gravemente herido y a los demás también heridos pero fuera de peligro. Justamente a ese mismo hospital, dos horas antes, habían llevado a los siete sobrevivientes del atentado contra el bus militar; por eso el lugar estaba completamente militarizado; por eso los soldados que custodiaban los pasillos, los que controlaban la entrada, los que requisaban, los que penetraron con sus fusiles en las salas donde estaban siendo operados o curados los guerrilleros, los que Navarro soñó que lo rodeaban.

El ex ministro de Trabajo, Guillermo Alberto González Mosquera, el parlamentario Carlos Morales y yo fuimos los miembros de la Comisión de Paz designados por la secretaría de la presidencia para viajar a Cali y apenas entramos al hospital nos asaltó un ambiente erizado como los pelos de un gato. Se respiraba la rabiosa indignación de los soldados que se negaban a hacer diferencias entre el grupo responsable por el atentado del bus de esa mañana, y los del M-19 que ahora tenían allí en sus manos. Se percibía también el sobresalto y la ira contenida de los guerrilleros heridos, que sentían que habían caído en manos del mismo ejército al cual acusaban de haber intentado asesinarlos minutos antes. Que unos y otros hubieran coincidido justamente en el mismo hospital, como dos gallos de pelea en un mismo ruedo, sólo podían explicarlo los inverosímiles avatares del proceso de paz, y el hecho de que era el centro médico más cercano a los lugares de los dos atentados.

Sólo faltaba quién prendiera el fósforo que hiciera estallar esa bomba de tiempo, y eso fue lo que estuvo a punto de suceder cuando un soldado, más exaltado que los demás, le dio una patada a uno de los guerrilleros en una pierna herida.

Milagrosamente dos personas lograron controlar la situación: el gobernador del Valle, Jorge Herrera Barona, un poderoso industrial de la región que había abandonado momentáneamente sus negocios para ocupar el cargo público, quien con serenidad y autoridad logró inducir a un capitán del ejército para que retirara a sus soldados del pabellón donde estaban siendo atendidos los guerrilleros. Y el director del hospital, doctor Oscar Rojas, quien actuó en todo momento con un profesionalismo impecable, dedicando todos sus esfuerzos a la mejor atención médica tanto de los soldados como de los guerrilleros, sin distingo alguno, y que en ese momento dispuso traslados de enfermos hacia otros sectores de tal manera que esa sala, a la cual se tenía acceso por un solo corredor, quedara despejada y destinada únicamente a los guerrilleros. Los seis hombres de la guardia personal del gobernador, con armas automáticas, hicieron un tapón en el corredor para no dejar entrar a nadie, y detrás de ellos un grupo de milicianos desarmados del M-19 hizo un tapón humano. Sólo tenían acceso al lugar el personal médico encargado del caso, algunos guerrilleros y los familiares de los heridos. En ese rincón no entraría el ejército, aunque controlara todo el resto del edificio y sus alrededores. De esa manera se logró, al menos por esa noche, enfriar el clima unos cuantos grados. A partir de la mañana siguiente, los guardaespaldas del gobernador fueron reemplazados por seis agentes del DAS y por cuatro enviados de la Procuraduría, los diez armados de ametralladoras.

La guerrilla reforzó su propio sistema de seguridad, apoyándose no solamente en el control permanente de los milicianos sino también en la ayuda que ofrecían médicos y enfermeras que habían conocido a Navarro en sus años de decano de la universidad —ese era el hospital universitario— y en la colaboración de las madres de los guerrilleros heridos y de otros guerrilleros; ellas eran las únicas que tenían acceso a las habitaciones, las encargadas de la comida y de los medicamentos, que eran traídos de fuera para evitar riesgos de envenenamiento.

En algún momento en medio del ajetreo, el gobernador se sentó en el banco de uno de los comedores del hospital, se puso filosófico y me comentó: «A mí me puso el presidente en este puesto para que administrara las finanzas del departamento y mire en las que acabé: administrando una guerra, una guerra a muerte contra unos muchachos que bien hubieran podido ser los novios de mis hijas…».

Lo decía porque conocía de toda la vida a las familias de Lucio y de Navarro.

Pasaron los días y las víctimas, tanto los militares como los guerrilleros, se fueron reponiendo satisfactoriamente, todos salvo Navarro, que seguía moviéndose, de operación en operación, por la raya fronteriza entre este mundo y el otro. Tenía las piernas borradas por la explosión, la arteria carótida parcialmente rasgada a la altura del cuello en un lugar inaccesible para la cirugía; la lengua y un brazo inmovilizados por rotura de nervios y músculos. Perdió los kilos que nunca tuvo y en ese abismo de flacura, de silencio y de inmovilidad, sólo en sus ojos, más azules que nunca, seguía brillando la vida.

Lo que ocurría dentro del hospital no era sino una reproducción condensada del clima que se vivía por fuera. El ejército había atacado a las columnas guerrilleras que bajaban del campamento de Los Robles y los combates volvían a generalizarse en el campo. En las ciudades los allanamientos, ya no sólo a los campamentos milicianos sino a barrios enteros, empezaban a desembocar en batallas campales. Simultáneamente el gobierno aprobaba una ley de indulto con la cual, más que perdonar a nadie, lo que hizo fue justificar la arremetida militar contra los imperdonables. Varias confederaciones sindicales votaron un paro cívico nacional para el mes de junio, y la Coordinadora Nacional Guerrillera apoyó la convocatoria. Las tropas se paseaban por las calles y los tanques se calentaban al sol en las plazas.

Había indignación por el atentado contra Navarro. Era el hombre que durante nueve meses había permanecido desarmado y de frente al país sacando la cara por el Diálogo Nacional, garantizando con su propia vida la voluntad de paz de la guerrilla. Ahora Navarro agonizaba, lo mismo que el proceso, y sin embargo el gobierno no condenaba el hecho. Ni una frase por parte del presidente Betancur, ni una declaración de los funcionarios de su gobierno.

Se rumoraba que por parte del M-19 el atentado contra Navarro y los otros dirigentes públicos marcaría el fin de la tregua, un fin forzado por sus enemigos con algo tan contundente como la imposibilidad física de la supervivencia. Lo mismo que había ocurrido antes con Carlos Toledo Plata y con el atentado contra Carlos Pizarro en Florida; lo mismo que ocurriría meses después con el asesinato de Óscar William Calvo, uno de los gemelos dirigentes del EPL; y tres años más tarde, en medio de un nuevo proceso de paz, con el crimen por la espalda del propio comandante Carlos Pizarro. Así como sucedería con la pérdida de vidas de miles de amnistiados y miembros del Diálogo Nacional, ahora con el atentado de Cali quedaba confirmado que los emisarios de la paz de la guerrilla, como los Aurelianos marcados en la frente de *Cien años de soledad*, eran sistemáticamente recibidos con la muerte. Y la muerte parecía ser el límite más allá del cual el M-19 no podría ir.

«Por la paz haremos hasta lo imposible», habían prometido sus dirigentes en Los Robles, tal vez sin medir hasta qué punto era sobrenatural semejante compromiso. Ahora con el atentado de Cali, cuando seis delegados de paz eran volados con una granada mientras desayunaban desprevenidos en un lugar público, era justamente lo imposible lo que se hacía presente para cobrar la promesa hecha en su nombre.

Y el M-19 rompió esa promesa decretando el fin de la tregua. En parte lo hizo porque hubiera sido propio de mártires y no de humanos haberla mantenido, pero en parte también alucinado por el espejismo de que el país que los había acompañado en la paz los acompañaría también en la guerra, y que las victorias políticas que les había conferido su fidelidad a la paz se las daría así mismo su habilidad en la guerra.

La situación clínica de Navarro se había estancado en un punto en que ni avanzaba ni retrocedía, y aunque parecía alejarse la inminencia de su muerte, no había sin embargo indicios de recuperación que permitieran a los médicos autorizar su salida de ese hospital militarizado en medio de una ciudad electrizada por la rivalidad y por el odio. Buscar la seguridad personal de Navarro era una tarea cada día más difícil; se tenía la certeza de que quienes casi lo matan lo volverían a intentar, y ante eso él estaba ahí, regalado más que expuesto, en una cama. A pesar de las medidas de control, de la presencia de los funcionarios armados de la Procuraduría, de la gente del DAS, de los milicianos del Eme, de las madres, un día logró colarse hasta su cuarto una mujer rubia que fue reconocida como la compañera del hombre que lanzó la granada. Así se supo que nuevamente los asesinos habían estado a un paso de lograr su cometido.

Tras una oleada de manifiestos firmados por todos los sectores de la opinión pública responsabilizando directamente al gobierno de lo que pudiera suceder con la vida de Navarro, por fin el presidente Betancur encaró el problema. Me llamó para que sirviera de intermediaria en los arreglos para la salida del dirigente guerrillero de Colombia y para su traslado inmediato a un país que le diera asilo, para lo cual se ofreció México.

Ante la reticencia de los médicos a dar el visto bueno para el desplazamiento, que incluiría vuelos en avión de Cali a Bogotá y de Bogotá a Ciudad de México, fue el propio Navarro quien tomó la decisión: «Sáquenme ya de aquí, así me les muera por el camino. En cualquier caso tengo más probabilidades a favor si me voy que si me quedo».

Los aviones fueron equipados con aparatos quirúrgicos de emergencia y personal médico especializado, Gabriel García Márquez concluyó las gestiones de asilo ante el gobierno de Miguel de la Madrid y se planificaron complejísimos operativos de seguridad para el traslado a los aeropuertos de Navarro y de los otros cinco heridos en el atentado. Una vez en el hospital mexicano, tras la incertidumbre de dos meses de agonía, de fiebre y de dolor, Antonio Navarro Wolff debió ser sometido a una amputación: perdió una pierna, pero ganó finalmente la vida.

Todas esas gestiones me dieron a mí la oportunidad de hablar con el presidente Betancur un par de veces en su despacho privado. Era curioso estar frente a ese hombre tan caballeroso y gentil, el Belisario patriarca, el paisa campechano, el culto traductor de Kavafis, y pensar que era el mismo a quien las encrucijadas de la historia habían forzado a desconocer su propio pacto de paz, pasando por encima de quien fuera —aun de sí mismo— y de lo que fuera, aun de su palabra empeñada y de las expectativas que había despertado en su pueblo. Ante mí estaba el humanista que con tanto entusiasmo había abierto las puertas de las cárceles políticas y que con tanta entereza había frenado las ínfulas militaristas del general Landazábal, su primer ministro de Defensa; el mismo presidente que ahora parecía complaciente con el proyecto aniquilador del general Vega Uribe; el mandatario que había iniciado con bríos un camino de cambios y paz para terminar encaramado en un absurdo reformismo sin reformas y en una desgarradora pacificación sin paz. El mismo que empezó diciendo que bajo su mandato no correría una gota de sangre y que terminaría bajando el pulgar, como en el circo romano.

En la última visita le conté al presidente que de su despacho saldría directamente hacia el avión que me llevaría al exilio, porque la ruptura de los pactos de paz había llenado de amenazas y puesto en serio peligro las vidas de los que nos habíamos comprometido con el proceso. Le conté también que llevaba entre la maleta todos los papeles, los documentos y los testimonios que me permitirían reconstruir esta historia.

«Cuente con una beca de mi gobierno para escribir su libro», me ofreció.

«Imposible, presidente, es un libro contra usted.»

«Ya lo sé. De todas maneras cuente con la beca, y escriba lo que le parezca.»

«No gracias, presidente.»

«Como quiera. Pero antes de que se vaya, Laura, quiero que hable con alguien», me dijo, y pidió que le pasaran una llamada a Londres.

Tomé la bocina del teléfono y allá en el fondo, detrás del zumbido de la distancia, reconocí la voz del ministro Bernardo Ramírez (que ahora era embajador) y en ese momento volví a verlo entre las balas, con la melena alborotada y agitando el trapo blanco. Sólo que ahora era una imagen quieta y borrosa, como una lámina de historia antigua.

«Dígale a mi amigo Belisario que estoy dispuesto a hacer lo que sea, ¡la paz no se puede acabar, carajo!», maldijo como hacía siempre.

Pero la paz se acababa, ministro, y estos eran sus últimos minutos. La tregua había estallado a tiros y su amigo Belisario hacía rato tenía otros planes, muy distintos, en la cabeza.

Quizá los años de soledad que se avecinaban no fueran demasiados; seguramente habría una segunda oportunidad sobre la tierra, debajo del mismo cielo pero con otros hombres y otros signos. Quizá también habría una tercera: el fatalismo histórico era un recurso poético y no político. Pero esa primera oportunidad, única e irrepetible, se había perdido, se había resentido la esperanza, y los intentos posteriores tendrían un costo social y humano cada vez más alto. Cada nueva paz llegaría arrastrando tras de sí un país agotado y más ensangrentado. Antes de que transcurrieran cuatro años, habrían de caer asesinados por las balas del ejército casi todos los protagonistas principales de esta historia, entre ellos Iván Marino Ospina, el Negro Alfonso Jacquin, Álvaro Fayad, Carlos Pizarro y más de tres mil guerrilleros amnistiados y supuestos simpatizantes de la guerrilla. Como los Aurelianos marcados con la cruz en la frente de *Cien años de soledad*, tal como había sido predicho por Fayad.

Pero todo eso sería después, si alguna vez era. Por lo pronto a nadie tomó por sorpresa la consecuencia directa que tuvo el atentado contra Navarro: el 20 de junio de 1985 el M-19 dio la tregua por definitivamente rota e inició un periodo de combates y tomas violentas que marcarían al país como una mala cicatriz en la cara.

Se habían acabado los días de la paz y habían empezado los días de la guerra. Al principio la gente no notó el cambio, sorprendida más bien al descubrir cuánto se parecían los unos a los otros. Lentamente nos fuimos dando cuenta.

Bogotá, 1984-Madrid, 1986

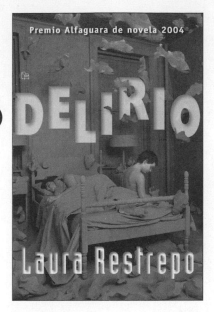

Laura Restrepo en
punto de lectura

Premio Alfaguara de novela 2004

DELIRIO

Laura Restrepo

PREMIO ALFAGUARA DE NOVELA 2004

Durante tres días, Aguilar se ausenta de su casa por razones de trabajo, y al regresar se encuentra con que Agustina, su joven esposa, ha perdido completamente la cabeza. Para ayudarla a salir de la crisis, Aguilar investiga qué ha podido suceder durante su corta ausencia. Y descubre que la perturbación mental de ella tiene en realidad una historia larga y compleja, anclada en oscuros secretos de familia. ¿Podrá el amor ganarle la partida a la locura?

«*Delirio* es una expresión de todo lo que Colombia tiene de fascinante, e incluso de terriblemente fascinante. Y cuando el nivel de la escritura llega hasta donde lo llevó Laura Restrepo, hay que quitarse el sombrero. Una de las grandes novelas de los últimos tiempos.»

JOSÉ SARAMAGO

En una ardiente zona petrolera, dos hombres compiten
por el amor de la misma mujer, una bella y enigmática
prostituta que se hace llamar *Sayonara*. Por algo ha escogido su nombre, que quiere decir *adiós:* ella sabe bien que
la primera regla de su oficio es nunca enamorarse.

«Laura Restrepo da vida a una singular amalgama de investigación periodística y creación literaria. Así, la desdi-
cha y la violencia que viven en los corazones de la sociedad colombiana siempre están presentes, pero también
están su fascinación por la cultura popular y el jugar de su
impecable humor, de esa mordaz pero a la vez tierna iro-
nía que salva sus novelas de cualquier tentación hacia el
patetismo o el melodrama y las llena de un placer inequí-
voco por la lectura.»

GABRIEL GARCÍA MÁRQUEZ

La Monita, una periodista moderna y descreída, es enviada
a un barrio popular a hacer un reportaje sobre la supuesta
aparición de un ángel que arrastra a miles de adeptos y en
torno a quien se ha creado una secta secreta. ¿Se trata de
un embustero, de un enfermo mental, de un muchacho
de aterradora belleza o de una criatura realmente celestial? Lo que en aquel barrio se va a revelar ante la Monita
pondrá en jaque las certezas de su racionalidad.

Traducida a más de veinte idiomas, *Dulce compañía* ganó
el Premio Sor Juana Inés de la Cruz en Guadalajara y el Prix
France Culture, otorgado por la crítica francesa a la mejor
novela extranjera.

«Este libro pertenece al gran estilo de las mejores novelas
de todos los tiempos.»

ÁLVARO MUTIS

Laura
RESTREPO
La Isla de la Pasión

Todo empieza con la luna de miel de una joven aristocrática y un oficial del ejército mexicano en un lugar idílico:
la Isla de la Pasión. Pero ojo, que *pasión* quiere decir amor,
y también quiere decir dolor. Por caprichos de la Historia,
los enamorados quedan abandonados y atrapados en aquel
inaccesible lugar, junto con un grupo de soldados y sus
familias. El amor, la solidaridad y el deseo de vivir podrán
más que el hambre, el escorbuto, las pugnas internas y los
efectos devastadores de un huracán. Una extraordinaria
novela de aventuras basada en hechos reales.

«Restrepo abarca un amplio e intenso rango de la experiencia humana en esta fascinante historia de náufragos.»
Washington Post Book World

«Sin duda su mejor trabajo: desgarrador, vivaz y entrete-
nido.»

Kirkus

Laura
RESTREPO
Leopardo al sol

Todo tiene sus leyes, hasta la venganza. A partir de un primer crimen pasional, Barraganes y Monsalves se trenzan en una cadena de sangre que sólo se detendrá el día en que uno de los clanes elimine al último varón del contrario. Nando, cabeza de los Barraganes, respeta los dictámenes ancestrales de la guerra, mientras que Mani, jefe de los Monsalves, se los salta sistemáticamente, buscando saltarles largo.

Con mucho de cómic y de guión de película de acción, *Leopardo al sol* electrizará al lector desde la primera página hasta la última.

«Una escritora impecable y una persona valiente.»
ISABEL ALLENDE

«Un relato increíble, una saga familiar de García Márquez reformateada por Quentin Tarantino.»
The New York Times Book Review

¿Cómo puedo yo decirle que nunca la va a encontrar, si ha gastado la vida buscándola?

Con esa frase de resonancias míticas se abre esta pequeña novela que presenta el drama inmenso del desplazamiento forzado y la búsqueda de la tierra prometida. Y del amor: el imposible y, por qué no, también el posible.

«La cuarta obra de la colombiana Laura Restrepo sigue un improbable romance entre un desplazado —criado en el infierno de la guerra civil colombiana— y una forastera. Vivazmente detallada, una floreada fantasía que sugiere el milagroso potencial de la esperanza y el amor en medio de una guerra perpetua.»

Kirkus

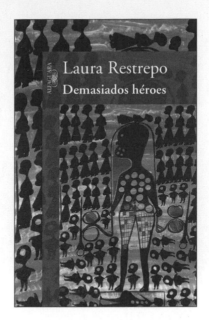

Laura Restrepo
Demasiados héroes

Thriller basado en hechos reales que tiene como trasfondo los años sucios de la dictadura argentina. Una madre busca a su hijo, que le ha sido arrebatado, y un adolescente busca a su padre, que ha desaparecido. La acción se desenvuelve vertiginosamente en torno a algo que madre e hijo llaman el *episodio oscuro*, y que tendrán que desentrañar. Restrepo lleva al lector al inquietante descubrimiento de que el enemigo puede estar también dentro de la propia casa.

«Dura, tierna, perfeccionista, *Demasiados héroes* es una novela colombiana indispensable. Valió la pena la espera.»
El País, Colombia

«Esta novela es el resultado de la fuerza de una voz real, la de una madre real que se recuerda y se narra ante un hijo real, depurada eso sí por la poesía.»
El Espectador, Colombia